ANNALES
DU MOYEN AGE.

A PARIS,

CHEZ { DELAUNAY, libraire, Palais-Royal, N° 243.
F. LAGIER jeune, libraire, Palais-Royal, N° 227.

DIJON, FRANTIN, IMPRIMEUR DU ROI.

ANNALES
DU MOYEN AGE,

Comprenant l'histoire des temps qui se sont écoulés depuis la décadence de l'empire romain jusqu'à la mort de Charlemagne.

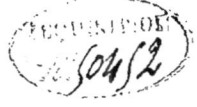

TOME CINQUIÈME.

PARIS,
LAGIER, LIBRAIRE, RUE HAUTEFEUILLE, N° 3.

1825.

SOMMAIRE

DU LIVRE DIX-SEPTIÈME.

Après la mort de Clotaire II, Dagobert son fils aîné, déjà reconnu dans l'Austrasie, envahit la Neustrie et la Bourgogne. Il cède à son jeune frère Caribert un État dans l'Aquitaine. Gouvernement de Dagobert, dirigé par Saint Arnoul de Metz et le maire Pepin. Retraite de l'évêque Arnoul. Plaids tenus par Dagobert en Bourgogne. Il fait périr Brunulfe, oncle du jeune Caribert. Dément les sages leçons de ses gouverneurs. Traité entre les Francs et l'empereur Héraclius. Mort de Caribert. Ses fils lui succèdent en Aquitaine sous le simple titre de ducs. Progrès des Eclavons-Vinides. Ils appellent à la liberté les colonies esclavonnes de l'autre côté du Danube. Font des incursions dans les provinces germaniques tributaires des Francs. Dagobert arme contre eux. Défaite des Austrasiens. Dagobert, pour réprimer les insultes des Vinides, donne un roi à l'Austrasie; il fait reconnoître à Metz son fils Sigebert, sous la tutèle de l'évêque Hunibert de Cologne et du duc Adalgisèle.

Suite de l'histoire des Goths d'Espagne. Vittéric est massacré dans un festin. Gondemar lui succède. Sisébut élu après Gondemar. Belles qualités de ce prince. Il fait avec succès la guerre aux Romains. Rétablit l'autorité des Goths dans les provinces d'Espagne qui s'y étoient soustraites durant les derniers troubles. Suintila, nouveau roi, achève de chasser les lieutenans Romains de la Péninsule. Passe la mer et conquiert une petite province dans la Mauritanie Tingitane. Perd l'affection de ses sujets en associant son fils Ricimer à la couronne des Goths qui étoit devenue élective. Les Goths conspirent contre lui. Ils appellent le secours de Dagobert. Une armée aquitanique passe en Espagne. Suintila est détrôné. Sisenand, chef des conjurés, est élu à sa place. Sisenand fait excommunier son rival dans le quatrième concile de Tolède.

Dagobert convoque un plaid général de la nation, et fait le partage de ses États entre ses deux fils, Sigebert et Clovis. Nouveaux soulévemens sur les frontières de l'empire des Francs. Les Bretons et les Gascons réprimés. Judicaël, comte des Bretons, vient faire ses soumissions à Clichy. Mort de Dagobert. Réforme de la législation des Francs par Dagobert.

Mort d'Ariovalde, roi des Lombards. Gondeberge sa veuve, du consentement des Lombards, donne la couronne à Rotharis. Ce nouveau roi, arien, s'empare des villes de l'ancienne Ligurie et de la Vénétie qui restoient à l'Empire. Confisque sur le Saint-Siège le patrimoine des Alpes Cotiennes. Défait les Grecs commandés par l'exarque Isaac sur les bords du Panaro. L'exarque Isaac pille le trésor pontifical à Rome.

Suite des affaires des Arabes. Abubècre élu calife et successeur de Mahomet. Il attaque à-la-fois par ses lieutenans l'Irak et la Syrie. Destruction de la monarchie arabe de Hira sur les frontières de Perse. Progrès des Arabes dans la Syrie. Défaites des Grecs. Prise de Damas. Mort d'Abubècre. Omar lui succède dans le gouvernement du peuple arabe. Il achève la conquête de la Syrie. Nouvelle défaite des Grecs à Yermouck. Siège et

SOMMAIRE DU LIVRE DIX-SEPTIÈME.

capitulation de Jérusalem. Omar entre dans la cité sainte où il est reçu par le patriarche Sophronius. Amrou, son lieutenant, pénètre dans l'Égypte. Conquête de l'Égypte par les Arabes. Mort d'Héraclius. Ses fils Constantin III et Héracléonas lui succèdent. Martine, sa veuve, veut retenir l'administration de l'État. Constantin meurt par les embûches de sa belle-mère et du patriarche Pyrrhus, chef des Monothélites. Chute d'Héracléonas et de sa mère Martine. Ils sont exilés. Le jeune Constant, fils de Constantin III, proclamé Auguste à leur place. Ce jeune prince favorise la secte des Monothélites, qui avoit fait périr son père Constantin.

Les Arabes attaquent la Perse. Célèbre bataille de Cadésie où la puissance perse est détruite. Dernières révolutions de cet empire. Mort funeste d'Isdegerde III, le dernier des Artaxercides. Les Arabes soumettent toute la Perse.

Sigebert III et Clovis II, fils de Dagobert, règnent dans les Gaules. Le maire Éga gouverne la Neustrie avec la reine Nantilde, et Pepin l'Ancien l'Austrasie. Pepin meurt, et son fils Grimoalde le remplace dans l'intendance du palais d'Austrasie. Archambaud succède à Éga en Neustrie. Révolte de la province Transrhénane sous le duc Radulfe. La mairie rétablie en Bourgogne. Flaochat élu maire de ce royaume, se ligue avec Archambaud. Troubles de la Bourgogne. Le jeune Clovis entre en Bourgogne, conduit par Archambaud. Nouveaux accroissemens de l'autorité de ces magistrats durant la minorité des deux rois.

ANNALES
DU MOYEN AGE.

LIVRE DIX-SEPTIÈME.

CLOTAIRE laissoit deux fils de deux femmes différentes, Dagobert l'aîné, né d'une mère inconnue, qu'il avoit institué de son vivant dans le royaume d'Austrasie, et Caribert que l'on croit né de la reine Bertrude. L'ancienne loi de la succession les appeloit également au partage des États de leur père. Mais Dagobert, suivant la politique ordinaire à sa race, se tint prêt à envahir tout l'héritage avec les forces que lui donnoit déjà l'Austrasie. A la nouvelle de la mort de son père, il convoqua ses Leudes, leur fit prendre les armes, se mit à leur tête, envoya des agens dans la Bourgogne et dans la Neustrie pour disposer les peuples à reconnoître son autorité, tandis qu'il avançoit lui-même avec une armée pour appuyer ses partisans et déterminer les irrésolus. Il poursuivit sa marche en passant par Reims. Arrivé à Soissons, il y trouva les évêques et les grands de Bourgogne

628.
Fredeg. chr. 56.
Aim. IV, 17.

628.

qui le reconnurent pour roi. La plupart des Leudes de Neustrie se déclarèrent aussi en sa faveur, et il se vit maître presque en un instant dans toute l'étendue des provinces françoises. Le jeune Caribert, appuyé de son oncle Brunulfe, s'efforça en vain de retenir une partie des peuples. Les François lui préférèrent un prince, élève des plus respectables seigneurs de la nation, et qui, dès son adolescence associé au gouvernement de son père, s'étoit jusque là montré digne du trône par des vertus. Ils méprisèrent la jeunesse et les qualités médiocres de son frère. Brunulfe lui-même fut forcé de céder au flot de la faveur populaire et de venir faire des soumissions. Mais Dagobert n'oublia point les foibles tentatives de ce seigneur qui tournèrent bientôt à sa perte.

Les conquêtes des François s'étoient d'abord divisées également entre tous les descendans de Clovis, de même que le service des Leudes et les troupes de guerriers fixés dans le pays soumis. Nos rois étoient les chefs de la nation, ainsi que le porte leur nom de rois des Francs, plutôt que les maîtres des terres conquises, patrimoine commun des vainqueurs. Ils recevoient le serment des peuples dans la portion de territoire qui leur étoit échue. L'Austrasie et la Neustrie, c'est-à-dire, la France orientale et occidentale, véritables demeures des François, n'étoient ainsi désignées qu'à cause de leur position : les rois Francs ne prenoient point le titre de ces provinces. La Bourgogne dès long-temps soumise, conservoit le nom de ses anciens maîtres d'origine germanique, et avoit acquis par là le privilège d'être considérée comme terre françoise dans les partages de la succession royale. L'Aquitaine seule, cultivée presqu'entièrement par les Romains ou anciens habitans des Gaules, n'avoit pu jusque là être la résidence d'un prince François, ni le siège d'un État particulier ; elle suivoit la loi des autres partages et changeoit de maître à chaque nouveau traité. De là tant de démembremens successifs, d'échanges, de cessions dans les provinces aquitaniques où tous ces rois possédoient des domaines enclavés les uns dans les autres.

628.

Mais depuis la mort du roi Caribert Ier jusqu'à la ruine de la maison de Brunehaut, l'empire des Francs s'étant trouvé partagé entre trois princes qui avoient laissé des héritiers directs dans leurs États ; ces trois grandes provinces, l'Austrasie, la Neustrie, la Bourgogne dans laquelle s'étoit confondu l'ancien royaume dont Orléans étoit le siège, furent reconnues enfin comme trois royaumes distincts qui ne pouvoient souffrir de démembrement. Bien plus, la Neustrie et la Bourgogne restées sous les lois du second Clotaire après qu'il en eut détaché l'Austrasie pour la remettre à son fils, puis entraînées par un même intérêt de parti dans la dernière révolution qui venoit de les donner à Dagobert, parurent unies par un lien plus étroit que les autres membres de la monarchie. Elles ne furent plus désormais séparées par les princes qui succédèrent à Dagobert. Ainsi la loi des successions royales subit une variation remarquable ; les trois royaumes françois se trouvant déterminés dorénavant par leurs titres et par leurs limites, les héritages ne se divisèrent plus à l'infini suivant la transmission du sang royal. Il arriva donc que des princes purent se voir exclus de la couronne, faute de provinces où ils pussent régner.

Dagobert déjà maître de l'Austrasie, s'étant emparé des deux autres royaumes ainsi que des trésors de son père, Caribert, le premier de tous les petits-fils de Clovis, se trouva sans héritage. Mais Dagobert eut pitié de son dénuement, ou plutôt les grands sollicitèrent leur prince de ne point réduire son frère à une telle nécessité et de lui assurer quelque établissement où il pût soutenir son rang avec honneur. Sur leurs remontrances, il céda à Caribert une province assez considérable entre la Loire et les frontières d'Espagne, laquelle comprenoit à peu près le pays qui s'étend de la Loire aux Pyrénées du côté de l'Océan, c'est-à-dire, la partie occidentale de l'Aquitaine ou les districts de Poitiers, Angoulême, Saintes, Périgueux, Agen, Toulouse et Cahors, la Novempopulanie; Arles et cette partie de la Provence qui dépendoit du royaume de Neustrie ou des domaines de Bourgogne. Dagobert se réserva la partie de l'Aquitaine qui s'étendoit du Berry au Rouergue et à l'Albigeois en comprenant le Limosin, l'Auvergne et le Velay, c'est-à-dire toute la bande orientale jusqu'aux villes de Provence qu'il abandonnoit à son frère. Mais il exigea de ce jeune prince un traité par lequel Caribert s'engagea à ne réclamer jamais rien de l'héritage de son père. Caribert fixa le siège de ses États à Toulouse. Il gouverna son petit royaume avec assez d'habileté et de sagesse pour ne point justifier le mépris des François. Il parvint même à l'agrandir un peu du côté des Pyrénées, dans la troisième année de son règne, par la réduction des Gascons. Ces peuples n'avoient point cessé leurs ravages dans la Novempopulanie. Soumis à la domination françoise par les armes de Théodebert et Thierri petits-fils de Brunehaut, ils s'étoient dans ces derniers temps révoltés contre Clotaire. Caribert les força de reprendre le joug qu'ils avoient quitté. Il paroît même qu'il fit la paix avec eux, et qu'afin

628.

628.

Diplom. Car.
Calv ap. D.
Bouquet;
t. VIII, p. 470.

de se fortifier à l'extrémité de ses États, il se lia d'intérêts avec cette nation. Il épousa Gisèle fille d'Amand duc des Gascons que l'on croit successeur de Génialis et dont il avoit rétabli l'autorité. Celui-ci devint même dans la suite un protecteur et un appui pour la famille de son gendre. Caribert eut de Gisèle trois fils, Childéric, Boggis et Bertrand qui recueillirent l'héritage de leur père, celui du duc Amand leur aïeul, et joignirent ainsi la Gascogne citérieure à leurs autres États d'Aquitaine.

629.

Fredeg. chr.
58.
Aim. IV, 19.

Vit. Pippin.
ducis ap. Bouquet, t. III,
p. 603.

Dagobert malgré son ambition, vice né pour ainsi dire avec lui et héréditaire en son sang, se montroit dans l'intérieur de son gouvernement, grand justicier, doux, libéral, équitable envers les peuples auxquels il faisoit chérir sa domination. Ses vertus naissantes avoient été cultivées par saint Arnoul évêque de Metz et par le maire Pepin. Celui-ci, depuis que le prélat s'étoit retiré de la Cour, continuoit à régler les affaires publiques et à tracer au jeune prince ses devoirs, instituteur prudent et en même temps habile ministre. C'étoit lui qui par la sagesse de ses conseils, avoit fait en grande partie depuis sept ans, les succès du règne de Dagobert. Ce jeune monarque conduit par un tel guide qui étoit encore le chef du parti des grands, avoit fait sans peine pencher la balance de son côté au préjudice de son frère Caribert. Saint Arnoul né d'une famille illustre en Austrasie, avoit servi ses rois dans les armes et dans les emplois publics, avec autant de courage que d'intégrité. Élevé à l'épiscopat vers l'an 614, par la voix des peuples qui demandèrent au prince un pontife si vertueux; choisi ensuite par Clotaire pour instruire l'adolescence de Dagobert et manier avec Pepin les rênes de son gouvernement, il avoit fait fleurir le royaume d'Austrasie de concert avec le maire, formé les mœurs de son élève et montré sur son siège toutes les vertus d'un pieux évêque. Quelques années avant la mort de Clotaire, il voulut se retirer dans la solitude pour n'y plus penser qu'à lui-même et tourner tous ses regards vers une meilleure vie. Arnoul obtint son congé des deux rois; il alla s'enfermer dans les Vosges près du monastère de saint Romaric, aujourd'hui Remiremont. Il y fut reçu par le saint fondateur qui, né comme lui d'un sang illustre parmi les Francs, et ayant servi fidèlement ses rois, avoit fui dans la solitude les vains honneurs de la Cour. Arnoul ayant quitté son siège épiscopal vers l'an 625, ne sortit plus du désert. Il avoit eu autrefois deux fils d'un mariage légitime, Clodulfe, aussi évêque de Metz, qui imita la sainteté de son père, et le duc Anségisèle. Celui-ci épousa Begga fille du maire Pepin, et fut la tige d'une fa-

629.
Vit. S. Arnulf. inter acta SS. Bened. sec. 2.

Vit. S. Romaric. inter acta SS. Bened. sec. 2.

mille illustre et puissante qui, après avoir rempli héréditairement les premières places de la monarchie, sauvé les Gaules des invasions des Barbares et de la fureur des infidèles, parvint enfin au trône des François.

Fredeg. ibid. La retraite d'Arnoul n'avoit point laissé Dagobert destitué de tout conseil. Le sage Pepin et Hunibert évêque de Cologne, le dirigeoient dans la voie que l'évêque de Metz lui avoit tracée. En sorte que son règne présentoit l'image de la prospérité publique ; sa conduite, un modèle bien rare chez un peuple dont les mœurs étoient encore si farouches. Les nations germaniques qui lui étoient soumises chantoient ses louanges ; par-tout on admiroit son zèle pour la justice, on craignoit sa valeur, et on lui comparoit à peine aucun des princes qui avoient régné jusque là sur les François. Mais ces vertus, fruits trompeurs de l'éducation et des soins de quelques seigneurs vertueux, ne résistèrent pas long-temps à la voix flatteuse de l'ambition, à l'amour des richesses, aux séductions du trône. Nous verrons bientôt à quel point elles se démentirent.

Id. ibid. Dagobert dans l'année qui suivit la mort de Clotaire, voulut parcourir les provinces pour conférer avec ses Leudes, pour écouter les plaintes des peuples, paroître de ville en ville dans ces plaids où les ordres de l'État siégeoient autour du prince et l'assistoient en son tribunal. Ainsi avoit fait Clotaire en différens lieux où il avoit ouvert des conseils publics. Dagobert se prépara à entrer en Bourgogne. Ce voyage jeta l'alarme parmi les prélats et les grands de ce royaume. Ces hommes qui avoient détruit leurs rois pour être plus libres, qui depuis la ruine de Brunehaut n'avoient presque vu chez eux aucun maître, apprirent avec une vive frayeur que le fils de Clotaire venoit exercer des droits auxquels ils s'étoient presque soustraits. Mais les foibles et les pauvres qui ne jouissoient pas apparemment de la même indépendance et qui avoient à souffrir de l'insolence des seigneurs, ne redoutoient pas comme eux la présence du prince; ils attendoient son arrivée avec une extrême joie. Dagobert s'arrêta d'abord à Langres pour y tenir un plaid de justice. Il y parut aux yeux des peuples avec une sagesse et une équité qui les charmoient. Il jugeoit avec la même impartialité entre les sujets de tout ordre et de toute fortune. Les présens que l'on offroit au prince, dit l'historien, ne faisoient point pencher sa justice qui étoit égale pour tous et l'image de la justice divine. Il prenoit sur ses repas et sur son sommeil pour satisfaire à ce premier devoir d'un souverain. Aussi étoit-il accompagné des vœux et des bénédictions des peuples, en même temps qu'il

629.

étoit la terreur des oppresseurs. Il vint de Langres à Dijon, puis à Saint-Jean-de-Laône où il tint également ses plaids, toujours admiré de ses sujets. Il resta quelques jours dans cette dernière ville. Mais le jour même qu'il en sortit, son naturel dompté en apparence par l'éducation, et la violence de ses mœurs long-temps contrainte se dévoilèrent tout-à-coup. Brunulfe, oncle de Caribert, qui avoit soutenu les droits de ce jeune prince, accompagnoit le roi dans ce voyage. Ce seigneur étoit toujours suspect à Dagobert qui le regardoit comme un traître ou un ennemi caché ; il l'accusoit d'avoir conspiré contre sa personne. Près de se remettre en route, le roi levé avant jour, voulut prendre le bain. Au moment où il y entroit, se tournant vers les seigneurs qui l'entouroient, il leur demanda la tête de Brunulfe. Trois d'entre eux se détachèrent aussitôt et coururent de ce pas massacrer l'oncle de Caribert. Après cette exécution violente faite sur le frère de la reine Bertrude, Dagobert sortit de cette ville. Il continua sa route jusqu'à Chalon-sur-Saône, après avoir démenti en un instant toutes ses vertus passées et laissant peut-être dans l'esprit des peuples qui les avoient révérées de sombres défiances de l'avenir. De Chalon il vint à Paris en passant par Autun, Auxerre et Sens : ces deux dernières villes dépendoient de la Bourgogne depuis la réunion du royaume d'Orléans. Il s'arrêta dans chacun de ces lieux pour rendre la justice. Il répudia la reine Gomatrude. Il la laissa à la métairie de Reuilly près de Paris où il l'avoit épousée, et prit pour femme Nantilde qu'il tira du service domestique pour lui donner le titre de reine.

On peut croire que Dagobert parcourut ainsi durant son règne une grande partie de ses États, visitant de près ses sujets; quoique Frédégaire, Bourguignon de naissance et le seul des historiens de ce siècle dont l'autorité ait quelque poids, ne parle que des plaids tenus en Bourgogne. La réputation du jeune roi étoit alors au plus haut point. Les nations du voisinage qui redoutoient le joug des Esclavons et des Avares, appeloient sa domination. Elles le sollicitoient de prendre les armes contre ces nouveaux venus qui inquiétoient la liberté et le repos de la Germanie. Dagobert lui-même, dit-on, annonçoit d'avance qu'il les soumettroit sans peine à ses lois. Par la réduction des Avares et des Esclavons et la conquête du pays qui bordoit la Bavière, il se flattoit de reculer sa frontière le long du Danube jusqu'aux provinces romaines. Plein de ces pensées, il quitta Paris pour aller se montrer à ses anciens sujets. Il passa dans l'Austrasie où il prit pour concubine Ragnetrude dont il eut dans

629.

630.
Id. 59.

l'année un fils nommé Sigebert; puis il retourna dans la Neustrie où son père avoit régné. Il y fixa sa résidence et le siège de ses États.

<small>630.</small>

Ce fut là le terme des vertus de Dagobert. Ce prince les méconnut bientôt comme des inspirations étrangères. Les sages leçons de ses précepteurs furent oubliées; cette équité devant qui la faveur ne pouvoit rien, disparut; ses mœurs commencèrent à se corrompre, et Dagobert tomba dans les vices opposés à ces mêmes qualités dont il avoit offert en sa personne le modèle. De juste, de libéral, de modeste en sa conduite, il devint avide et déréglé; il perdit même le respect qu'il avoit montré jusque là pour les lieux saints. Dagobert viola le patrimoine des églises qu'il avoit ornées de ses dons; il en vint à piller la fortune de ses sujets; il accrut son trésor par l'injustice et la rapine. Ses débauches surpassèrent encore son avarice, au grand scandale de sa Cour, quoique sur ce point tout semblât permis aux princes par la licence des mœurs publiques. Outre trois femmes qui portoient le titre de reines, Nantilde, Vulfegonde et Berthilde, il entretenoit un grand nombre de concubines.

<small>Id. 60. Aim. IV, 20.</small>

<small>Gest. Dagob.</small>

Ces excès qui déshonoroient le monarque, faisoient gémir les meilleurs de ses sujets, et l'exposoient aux conjurations des grands. Le sage Pepin qui avoit dirigé l'éducation de son maître,

<small>Fredeg. 61. Aim. IV, 20.</small>

craignant de voir tout le fruit de ses soins perdu, accourut d'Austrasie. Il venoit essayer s'il pourroit reprendre son premier ascendant sur l'esprit d'un jeune prince qui n'avoit point encore peut-être rejeté toute bonne discipline. Il parut à la Cour de Neustrie comme un sujet puissant et un ministre habile, ami des lois et attentif à les faire observer. Sa prudence dans les délibérations publiques, ainsi que l'ancien respect qu'il avoit inspiré à Dagobert, l'élévation de son poste de maire d'Austrasie, le maintinrent en crédit près de son élève et lui prêtèrent même quelque force pour le bien. Dagobert le retint à la Cour de Neustrie. Mais la faveur dont il jouissoit et son intégrité éveillèrent la jalousie ou les craintes de quelques Austrasiens qui eussent mieux aimé profiter des désordres de l'État que de devoir la paix à la grandeur de Pepin. Ils s'efforcèrent de le ruiner dans l'esprit du roi. Pepin, en même temps qu'il ne cessa de prouver sa fidélité par ses bons offices, sut échapper habilement aux pièges qu'on lui tendoit. Il avoit pour lui l'amour des peuples, et comptoit parmi les hommes les plus sages un grand nombre de partisans qu'il pouvoit opposer à ses ennemis. Éga, l'un des principaux conseillers, et quelque temps après maire de Neustrie, le secondoit dans ses sages desseins.

630.
Fredeg. 61, 62.

Vit. S. Amand. inter act. SS. Bened. sec. 2.

Ce fut même à Pepin que Dagobert confia le jeune Sigebert qu'il avoit eu cette même année de sa concubine Ragnetrude, pour le conduire à Orléans où il devoit être présenté au baptême par Caribert et reçu sur les fonts sacrés par saint Amand, évêque missionnaire. Dagobert avoit d'abord persécuté et chassé du royaume ce prélat parce qu'il avoit osé lui reprocher la répudiation de la reine Gomatrude. Saint Amand, né dans l'Aquitaine, avoit prêché l'Évangile chez divers peuples Barbares, et particulièrement dans la Toxandrie ou le Brabant. Il consacroit son exil aux mêmes travaux. Rappelé par Dagobert qui le fit chercher de toutes parts, Amand ne quitta qu'avec peine le saint ministère auquel il se dévouoit; mais croyant devoir obéir aux ordres du roi, il vint le trouver à Clichy. Dagobert le reçut avec respect; il lui apprit qu'il l'avoit choisi pour servir de père à son fils. L'évêque connoissoit trop bien les devoirs et les dangers qu'impose la faveur des rois. Il voulut se refuser à prendre un titre que l'on regardoit comme sacré et inviolable et qui engageoit éternellement le père spirituel envers le fils. Mais vaincu par les prières de saint Éloi et de saint Ouen qui furent eux-mêmes dans la suite de vénérables pasteurs de l'Église et qui servoient alors dans le palais de Neustrie, il partit pour Orléans avec Pepin et le jeune Sigebert. Caribert s'y étoit rendu de son côté du fond de l'Aquitaine. Saint Amand reçut l'enfant royal des mains de son oncle; il le lava dans l'eau du baptême. Le saint prélat fut élevé ensuite à l'évêché de Tongres ou de Maëstricht, voisin du théâtre de ses prédications.

630.

Cette même année, Dagobert vit revenir deux ambassadeurs, Servatus et Paternus, qu'il avoit envoyés à l'empereur Héraclius pour renouer des négociations négligées, à ce qu'il semble, depuis Childebert II, et qui paroissent avoir toujours été précieuses aux rois François. Ce n'est pas qu'elles leur fussent alors bien nécessaires; mais ces relations formées, pour ainsi dire, dès le commencement de la monarchie, devenues plus étroites et plus fréquentes lorsque les deux États s'étoient ligués pour la ruine des Lombards, étoient encore respectables aux yeux des François à qui le nom romain avoit imposé long-temps. Ils pensoient sans doute que les Lombards d'un côté, de l'autre les nations Avares et Esclavonnes donnoient du prix à cette alliance qui pouvoit contribuer à la sûreté de leurs frontières comme à la prospérité de leurs provinces. Les deux ambassadeurs, à leur retour, annoncèrent à Dagobert qu'ils avoient conclu avec Héraclius un traité de paix perpétuelle.

Fredeg. 62.

L'année suivante, 631, Caribert mourut après

631.
Fredeg. chr.
67.

trois ans de règne, laissant trois fils en bas âge, nommés Chilpéric, Boggis et Bertrand. Chilpéric l'aîné suivit son père de quelques jours. On accusa Dagobert de la mort de cet enfant. L'intérêt du monarque ni même ses vices ne sembloient point peut-être justifier suffisamment un tel soupçon. Quoi qu'il en soit, Dagobert ne perdit point de temps. Il s'empara des États de son frère ainsi que du pays des Gascons que Caribert avoit reconquis. Mais comme Boggis régna lui-même en Aquitaine sous le titre de duc, on doit croire que Dagobert se contenta de faire reconnoître sa domination dans le pays; qu'il força seulement les jeunes princes à déposer le titre de roi que leur père avoit porté, et leur rendit bientôt la meilleure partie des provinces qu'il avoit usurpées sur eux. Car nous verrons la postérité de Caribert dominer sur l'Aquitaine, de la Loire aux Pyrénées, dans la même étendue de pays qui avoit appartenu à Caribert, et servir de dernier boulevard aux princes mérovingiens contre la tyrannie toujours croissante des maires du palais.

La paix ne pouvoit durer long-temps entre les François et les nations esclavonnes qui touchoient à leur empire du côté de la Bavière et de la Thuringe. Les Esclavons-Vinides, sujets de Samon, affranchis de la domination des Avares, formoient déjà un peuple capable de défendre sa liberté. De la Carinthie, de la Stirie, des bords de la Save et de la Drave qui avoient été le siège de leur rebellion, ils avoient appelé à la liberté les peuplades sclavonnes établies de l'autre côté du Danube, celles qui occupoient la Bohême et le pays voisin jusqu'à l'Elbe. Ces colonies qui étoient tombées également sous le joug des Avares, reconnurent Samon pour roi. Cet aventurier heureux détacha ainsi de l'obéissance du Khan une partie des peuples sujets; il fonda des deux côtés du Danube une monarchie qui s'étendoit des bords de la mer Adriatique jusqu'au centre de la Germanie, et séparoit la Bavière et la Thuringe, c'est-à-dire l'empire des Francs, de celui des Avares. Telle étoit leur confiance en leurs forces, que déjà ils ne craignoient pas de braver la puissance des Francs. Cette même année, ces Barbares égorgèrent des marchands François qui étoient venus trafiquer dans leur pays, et s'emparèrent de leurs dépouilles. Dagobert résolut de tirer raison de cet attentat. Il députa à leur roi un seigneur nommé Sichaire, chargé d'exposer ses plaintes, d'exiger une réparation pour le sang répandu et le pillage des marchandises. Samon instruit de l'ambassade, ne voulut point donner audience au député ni même le laisser venir à sa Cour. Il fallut que Sichaire, pour arriver jusqu'à lui, se déguisât avec

631.

sa suite sous l'habit esclavon. Il se présenta ainsi devant le roi, se plaignit de l'injure faite à son maître et à la nation des Francs, et demanda une satisfaction qui devoit être évaluée en argent selon l'usage. Mais Samon enorgueilli de son élévation récente et des succès qu'il avoit obtenus sur les Avares, ou même craignant d'offenser des peuples féroces qui venoient de lui décerner la royauté, et de mettre en danger sa couronne s'il prétendoit les forcer à faire justice, refusa la composition demandée. Il fit des plaintes de son côté, allégua des torts réciproques et presque inévitables entre voisins. Il offrit d'ouvrir des conférences où l'on discuteroit de part et d'autre les griefs. A ces mots, l'ambassadeur, avec une fierté brutale, éclata en menaces contre Samon; il s'écria que cette satisfaction qu'il réclamoit pour le sang françois versé, n'étoit point tout ce qui étoit dû à son maître et tout ce que Dagobert le forceroit bientôt à lui rendre; que Samon et tout son peuple et la terre qu'ils habitoient dépendoient du domaine des rois Francs. Il falloit donc qu'ils s'apprêtassent à se reconnoître sujets et tributaires. Le prince Esclavon répliqua que si Dagobert espéroit de lui quelque chose, il n'avoit qu'un moyen pour l'obtenir, c'étoit de conserver avec soin son amitié et celle de son peuple. Et comment, s'écria le François, des chrétiens qui sont les serviteurs de Dieu pourroient-ils lier amitié avec des chiens ? « Si vous êtes les serviteurs de Dieu et nous les chiens, reprit l'Esclavon, comme vous ne cessez d'offenser Dieu, il nous a donné le droit de vous déchirer de nos morsures. » Ayant dit ces mots, il le fit chasser avec mépris de sa présence.

631.

L'ambassadeur rapporta à son maître les refus de Samon et le traitement qu'il en avoit reçu. Dagobert indigné de ce nouvel outrage, arma les milices d'Austrasie et se disposa à châtier les Vinides. Il leur chercha des ennemis chez leurs voisins les Lombards. Ceux-ci depuis quelque temps vivoient en paix avec les François ; ils avoient même, comme nous l'avons vu, renouvelé les anciens traités d'amitié avec le jeune Clotaire, et obtenu de lui la remise du tribut. Ariovalde gouvernoit alors l'empire des Lombards. Les États des ducs de Frioul ses sujets, touchoient au territoire des Esclavons. Ces ducs, agissant presque en princes indépendans, eurent de fréquens démêlés avec les Esclavons de Stirie ; ils leur imposèrent même un tribut, si l'on en croit l'historien Lombard. Ce furent probablement ces Lombards du Frioul, anciens ennemis des Esclavons, que Dagobert engagea dans sa querelle. Ils reprirent sans peine les armes à son instigation. Tandis qu'ils faisoient leur attaque du

Paul. Diac: IV, 40.

631.

côté du midi par où ils joignoient la province esclavonne, les Alemans que Dagobert avoit fait lever, fondoient sur ces Barbares par le couchant. Les Austrasiens, d'un autre côté, traversant les plaines de Germanie, sembloient devoir écraser avec des forces supérieures un peuple vil et sans réputation, à peine échappé aux fers des Huns, et dont le chef n'étoit qu'un aventurier de leur nation. Dagobert ne fut point présent à l'expédition. On combattit sur divers points, et l'événement varia ainsi que l'attaque. Les Lombards mirent en déroute l'ennemi qui leur étoit opposé, firent le dégât, enlevèrent grand nombre de prisonniers. Les Alemans ayant à leur tête leur duc Chrodobert, obtinrent le même avantage; et sans pousser plus loin leurs progrès, remportèrent de même leur butin pour fruit de la victoire. Pendant que les alliés de Dagobert pilloient et ruinoient le pays, les Austrasiens moins heureux, entroient aussi chez les Vinides. Ils arrivèrent devant un château nommé Vogastisbourg, où la principale armée esclavonne s'étoit retranchée. Ils entourèrent la place et se mirent à en faire le siège. On combattit durant trois jours hors des murs ou du haut des remparts. L'armée austrasienne toujours repoussée, fit de grandes pertes. Enfin, en un moment où les François n'étoient pas sur leurs gardes, les Esclavons firent une sortie furieuse, les repoussèrent et les forcèrent à lever le camp. Les Austrasiens se retirèrent toujours fuyant. Ils regagnèrent honteusement la frontière, abandonnant leurs tentes et leurs bagages. Mais les Vinides, selon Frédégaire, durent moins cette victoire à leur courage qu'à la mauvaise conduite des Austrasiens. En effet, depuis que Dagobert avoit fixé son séjour en Neustrie, il traitoit ses anciens sujets avec peu de ménagement. C'étoit sur eux principalement qu'il exerçoit son avarice. Ceux-ci mécontens de leur prince, saisirent l'occasion de se venger en refusant de faire leur devoir.

Les Vinides délivrés du joug des Avares et vainqueurs des François, ne redoutèrent plus d'ennemis. Ils attaquèrent à leur tour les voisins, firent des courses presque journalières dans la Thuringe. Sortant de tous côtés de leurs confins, ils ravageoient et pilloient les terres des Francs ou de leurs tributaires. Les Sorabes, tribu sclavonne fixée sur les limites de la Thuringe entre l'Elbe et la Sale, et qui obéissoit depuis long-temps aux rois d'Austrasie, excités à la révolte par la nouvelle fortune des Vinides, abandonnèrent la domination françoise et retournèrent à leurs compatriotes. Dervan leur duc reconnut l'autorité de Samon.

631.
Fredeg. chr.
72.

L'empire des Avares, en même temps que les peuples sujets lui échappoient, étoit déchiré par des dissentions intestines. Le Khan avoit terminé son règne : il falloit lui donner un successeur. Le prince qui venoit de mourir étoit, à ce qu'il semble, le successeur du vieux Bajan qui avoit amené sa nation sur la frontière de l'empire romain, et s'étoit rendu tributaires les peuplades scythiques établies de la Bavière au Pont-Euxin. Dès que le Khan eut cessé de vivre, peu s'en fallut qu'on ne vît renaître les mêmes tumultes par qui furent signalées la fin d'Attila et celle de tous les conquérans qui, plus violens qu'habiles, n'ont pensé qu'à subjuguer des peuples sans prendre le temps d'assortir les diverses parties d'un empire. Les sujets des Avares voulurent suivre l'exemple des Vinides, et essayèrent de s'affranchir. Il s'éleva une guerre civile dans la Pannonie entre les Avares et les Bulgares. Des colonies de cette dernière nation s'étoient montrées sur les bords de l'Ister dès les temps de Zénon et d'Anastase. Elles avoient, comme les Esclavons, ravagé cruellement la Thrace et les autres provinces romaines; puis étoient tombées sous la dépendance des Avares, qui parurent bientôt à leur tour dans ces mêmes déserts, ancienne patrie des Goths. Maintenant égaux en nombre et en courage à la nation dominante, jaloux de reprendre leur liberté ou de commander, les Bulgares tournèrent contre les Huns leurs armes employées jusqu'alors au service de ces conquérans farouches. Chacune des deux nations prétendit donner un maître à l'autre, et faire tomber le choix sur un de ses guerriers. La querelle se décida dans une bataille rangée. Mais cette fois les anciens vainqueurs l'emportèrent sur les sujets. Les Bulgares furent défaits, forcés de rentrer sous la domination des Huns. Neuf mille guerriers, ne voulant plus reprendre un joug qu'ils avoient secoué et qui alloit devenir beaucoup plus pesant, s'échappèrent avec leurs femmes et leurs enfans et sortirent de Pannonie. Réduits, comme autrefois les Avares leurs maîtres, à errer dans des terres étrangères, à obtenir un asile de la pitié ou à conquérir une patrie par les armes, ils s'adressèrent à Dagobert. Ils espéroient que ce prince leur céderoit dans les vastes provinces qui lui obéissoient de-là le Rhin, quelque terrain pour y fixer leurs familles fugitives. Dagobert leur permit de prendre des quartiers d'hiver dans la Bavière, jusqu'à ce qu'il eût recueilli l'avis de ses Leudes et décidé quelle terre il leur donneroit à habiter. Il ordonna aux Bavarois de les recevoir sous leurs toits et de leur accorder pour quelque temps l'hospitalité. Mais cette générosité apparente couvroit un dessein noir et qui, tout hor-

631.

rible qu'il est, n'est point le seul de cette espèce dont l'histoire ait conservé le souvenir. Les François consultés par le roi, se défiant de ces hôtes dangereux, jugèrent qu'il falloit s'en débarrasser à quelque prix que ce fût; qu'autrement on risquoit fort d'avoir attiré sur ses frontières, au lieu de nouveaux serviteurs, des voisins jaloux et inquiets, fiers et habitués à la révolte, qu'il faudroit surveiller ou réprimer sans cesse, et bientôt peut-être combattre à force ouverte. Dagobert, sur l'avis de son conseil, envoya ordre aux Bavarois de profiter de la sécurité des fugitifs et d'exterminer toute la tribu. Comme les Bulgares dispersés par logemens dans chaque famille, se reposoient sur les droits de l'hospitalité et sur la foi publique, en attendant qu'on leur désignât une patrie; chaque Bavarois égorgea de nuit son hôte. Toute la colonie fut massacrée en une seule nuit, hommes, femmes, enfans. Un seul chef, nommé Alticus, s'échappa avec sept cents hommes suivis de leurs familles, et se retira sur la Marche des Vinides, aujourd'hui le Windischmark. Ils se confondirent dans cette nation qui leur donna facilement retraite, comme à des malheureux dont elle avoit partagé le sort. Ils accrurent ainsi les sujets de Samon.

Cependant les Vinides reparurent l'année suivante. Ils entrèrent dans la Thuringe pour faire

631.

632.
Fredeg. chr.
74.
Aim. IV, 26.

du butin et des prisonniers. A cette nouvelle, Dagobert leva une armée nombreuse. Se ressouvenant de la conduite des Austrasiens qui, par leur indocilité ou leur lâcheté avoient fait échouer sa dernière entreprise, il appela près de lui des troupes d'élite de Neustrie et de Bourgogne, commandées par leurs ducs et leurs comtes. Il sortit de Metz où il avoit rassemblé l'armée austrasienne, traversa la forêt des Ardennes avec ces troupes réunies et se dirigea sur Mayence. Il se disposoit à passer le Rhin, lorsqu'il reçut une ambassade des Saxons qui l'envoyoient prier de leur remettre le tribut de cinq cents vaches auquel ils avoient été assujettis par le vieux Clotaire, et qu'ils venoient présenter au fisc chaque année. Ils promettoient à cette condition de prendre eux-mêmes les armes, et de se charger perpétuellement du soin de défendre cette frontière, d'en écarter les Vinides ainsi que les autres Barbares qui voudroient y faire des courses. Dagobert, de l'avis des Leudes neustriens qui l'accompagnoient et qui lui servoient principalement de conseil, accepta la proposition. Il remit le tribut aux ambassadeurs. Ceux-ci, au nom de leur nation, jurèrent sur leurs armes (telle étoit la formule du serment chez les peuples germaniques) de remplir fidèlement la condition imposée. Dagobert ne passa point le Rhin. Il revint sur ses pas avec

632.

632.

son armée, se fiant aux Saxons du soin de le venger des insultes de ses ennemis. Mais ces peuples déchargés du tribut, se soucièrent peu de tenir parole, ou bien ils ne purent protéger la frontière françoise. Les Esclavons continuèrent impunément leurs déprédations.

633.
Fredeg. chr. 75.

Ces irruptions devinrent si incommodes, les Vinides poussés par leur roi Samon dès-lors ennemi violent des François ses compatriotes, causèrent tant de maux aux provinces voisines où ils venoient tomber en furieux, que Dagobert ne pouvant de la Neustrie veiller sur cette frontière et réprimer ces brigandages, crut qu'il falloit avoir recours aux mêmes mesures que son père Clotaire avoit autrefois employées en pareil cas, lorsqu'il l'avoit établi à sa place sur le trône d'Austrasie. Dagobert se rendit à Metz. Il y convoqua une assemblée générale des évêques et des grands du royaume. Il leur présenta son fils Sigebert et les engagea à le reconnoître pour roi. Les évêques et les grands y donnèrent un plein consentement. Ils désiroient voir au milieu d'eux un prince enfant qui déposât encore une fois en leurs mains l'autorité royale, et affranchît l'Austrasie d'un pouvoir qui résidoit chez ses voisins. Le jeune Sigebert fut proclamé à Metz, et élevé sur le bouclier. Dagobert voulant procurer à cet enfant qui entroit à peine dans sa quatrième année, le double avantage d'une éducation heureuse et d'un bon conseil dans le gouvernement, bienfaits dont il avoit joui lui-même, donna à Sigebert pour conseillers et pour guides, Hunibert évêque de Cologne, le même qui avoit succédé à saint Arnoul dans la conduite du père, et le duc Adalgisèle qui gouverna le palais à la place de Pepin. Ces deux personnages furent chargés principalement des rênes de cet État. Quant au maire Pepin, ancien ami du prélat, il continuoit à résider en Neustrie avec plusieurs autres seigneurs des plus distingués de l'Austrasie que Dagobert avoit retenus pour lui servir d'otages de la fidélité du reste de la nation. Dagobert remit au jeune roi une partie de ses trésors, afin qu'il pût soutenir avec honneur la dignité royale. Il confirma suivant l'usage, cette donation, ainsi que le traité qui donnoit un nouveau chef aux François, par des actes publics ou des diplomes qui tenoient lieu de loi. Un tel traité, quoiqu'émané de la puissance royale, étoit arrêté et signé, comme nous l'avons vu, dans une conférence publique à laquelle intervenoit l'autorité des évêques et des grands. L'événement justifia la sagesse du conseil de Dagobert. Depuis ce temps, les Vinides n'insultèrent plus impunément les provinces françoises. Les Austrasiens réunis sous un roi et gouvernés par de sages ministres, reprirent leur

633.

ancienne audace. Ils montrèrent que leurs mécontentemens et leurs passions avoient eu la principale part au mauvais succès de la campagne contre les Esclavons. Car bien que la négligence des historiens n'indique qu'en passant ces démêlés des grands avec la couronne, on voit assez clairement que la prérogative royale avoit toujours à lutter contre eux. Dès que les Austrasiens, comme ils l'avoient souhaité, se virent séparés de la Neustrie où Dagobert avoit transporté le siège de son gouvernement; seuls, ils surent repousser leurs ennemis et défendre leurs frontières contre toutes les invasions. Le jeune Sigebert III fut salué roi d'Austrasie en l'an 633. Deux ans auparavant, Dagobert avoit prêté son appui à un nouvel usurpateur pour s'élever à la monarchie des Goths. Cette monarchie étoit toujours sujette aux mêmes vicissitudes et troublée par de violens orages.

Isid. chr. Chr. Reg. Goth. ap. Bouquet, t. II, p. 705.

Vittéric parvenu au pouvoir suprême en l'an 603, par la ruine du fils de Reccarède, avoit occupé durant sept années un trône usurpé. Ce tyran avoit régné avec peu de gloire. Quoique belliqueux par son génie, il fit la guerre sans fruit et sans fortune. Il essaya d'attaquer les Grecs dans les provinces qu'ils tenoient encore en Espagne. La domination sanguinaire de Phocas, qui venoit d'envahir l'empire en Orient par un crime semblable, paroissoit offrir une conjoncture favorable pour dépouiller les Grecs de ce qui leur restoit dans ce coin reculé de l'Occident. Mais Vittéric, que sa propre tyrannie rendoit peut-être non moins foible, ne put, malgré des efforts constans et réitérés, faire aucun progrès contre les lieutenans de l'empereur. Sa violence et sa perfidie qui avoient fait périr son prince, n'épargnant point ses sujets, il se forma une conjuration contre lui. Vittéric fut assassiné dans un festin par les grands du palais et par ses propres serviteurs. La fureur des conjurés s'exerça même sur son cadavre. On le jeta hors du palais, on le livra aux insultes de la populace, on le traîna ignominieusement et on lui donna à peine la sépulture. Ainsi Vittéric avoit payé en l'an 610, ce qu'il avoit fait souffrir à l'innocent Liuba, jeune prince de grande espérance et fils de l'excellent roi Reccarède. Les conjurés élevèrent à sa place Gondemar, qui étoit apparemment l'un des principaux seigneurs Goths et l'un des chefs de la conspiration. Celui-ci ne tint le sceptre que deux ans, et mourut paisiblement à Tolède en l'an 612. Ce règne si court dont la fin, contre l'ordinaire, ne fut point ensanglantée par la rebellion et le régicide, fut un peu plus glorieux que le précédent. Gondemar réprima par ses armes les Gascons montagnards qui faisoient des courses dans la Tarragonoise, de même qu'ils infestoient la Novempopulanie de l'autre côté des monts. Il fit la guerre avec moins de désavantage que son prédécesseur contre les lieutenans romains. Les Goths lui avoient donné pour successeur Sisébut, prince destiné à une plus grande gloire, en l'an 612, deuxième du règne d'Héraclius, l'année même de la conquête de l'Austrasie et de la défaite de Théodebert par Thierri et les Bourguignons. Les révolutions fréquentes de l'empire des Goths, les conjurations du palais et la succession rapide des princes, avoient fini par abolir dans ce royaume les droits de l'hérédité assez peu fixés et par y rendre le sceptre électif.

 Lorsque Sisébut parvint au trône, les Grecs, maîtres de toute l'Afrique, se maintenoient encore sur la côte opposée. Les historiens n'indiquent point avec précision quelles étoient les provinces restées à l'Empire de son ancien domaine. Mais on suppose avec vraisemblance que les Grecs s'étendoient dans les parages situés en face de l'Afrique, dans la Bétique et la Lusitanie. Ils étoient encore rentrés en possession de la Cantabrie, aujourd'hui la Biscaye. Cette province avoit été soumise autrefois par Childebert et Clotaire, fils du grand Clovis. Cette conquête eut lieu dans l'expédition qu'ils firent de-là les Pyrénées, en l'an 542, du vivant du roi Theudis.

Greg. Tur. III, 29.
Fredeg. chr. 33.

lorsque les deux princes Francs ravagèrent la Tarragonoise et mirent le siège devant Saragosse. Ils avoient même établi dans la Cantabrie un duc pour la gouverner et y lever le tribut qu'ils lui avoient imposé. Ainsi vers les Pyrénées occidentales, l'empire des Francs s'étoit étendu en Espagne, de même que les Goths s'avançoient dans la Gaule vers la partie opposée des monts. La domination françoise avoit subsisté assez long-temps dans le pays. Mais les troubles qui agitoient les Gaules, les nombreux démembremens et les partages des rois mérovingiens, ayant affoibli leur empire au dehors, cette petite province de Cantabrie s'étoit soustraite à leur obéissance, moins par la force des armes que par l'insouciance des François ou par l'abandon qu'eux-mêmes sembloient en avoir fait. Ils étoient assez occupés à se défendre sur cette frontière des courses des Gascons. Toutefois les Goths ne se mirent point en possession de la Cantabrie. Les gouverneurs Grecs y rentrèrent. Profitant apparemment de la bonne volonté des habitans qui étoient plus disposés à se ranger sous les lois de l'empereur que sous le joug des Barbares, ils se rendirent maîtres sans effort de cette province. Les Goths distraits par d'autres embarras ne purent y porter leurs armes.

Leur nouveau roi étoit doué de toutes les belles

qualités qui pouvoient justifier le choix des peuples, et l'on n'avoit point vu de prince plus accompli depuis Reccarède. Il sembloit fait pour relever les prospérités des Goths, pour donner une nouvelle vigueur à leur gouvernement ébranlé par les secousses des factions. Aux vertus militaires qui avoient autrefois tant illustré sa nation, ce prince joignoit une humanité, une douceur de mœurs qui lui étoient propres, un cœur généreux, une piété vive et sincère, l'amour de la justice et celui des peuples; et afin que ces belles qualités ne manquassent d'aucun ornement, elles étoient couronnées par une éloquence naturelle et même par la culture des arts de l'esprit, telle qu'on pouvoit l'attendre dans ce siècle et chez cette nation. Sisébut élevé au trône par les suffrages des Goths, se proposa des desseins dignes de son courage, capables de remplir l'attente publique, et qui avoient été tentés par les deux derniers rois avec plus de zèle que de talent ou de succès. C'étoit de faire rentrer sous le joug des Goths les peuples qui s'y étoient soustraits; d'attaquer en même temps les Grecs dans le pays qui leur restoit, et de réunir enfin toute l'Espagne sous un même sceptre. Héraclius, d'abord endormi sur le trône, puis arraché aux affaires de l'Occident par celles d'Orient, par la nécessité de

défendre ses provinces d'Asie contre le Perse et
par les entreprises extraordinaires qu'il forma,
n'étoit guère en état de donner ses soins à quelques provinces situées à l'autre extrémité de l'Empire et à la pointe de l'Afrique. Les gouverneurs
devoient être réduits à leurs propres forces ; et
pourtant telle avoit été la foiblesse de l'ennemi,
triste effet des discordes domestiques, que ces
forces leur avoient suffi pour protéger les côtes
où ils commandoient. Les Goths vainqueurs des
Alains, des Suèves, des Vandales, n'avoient pu
jusque-là se rendre maîtres d'un pays abandonné
pour ainsi dire à leurs armes. Toute la côte septentrionale de l'Espagne située en face de l'Océan
aquitanique, étoit alors presque entièrement indépendante. Les Asturies étoient révoltées ainsi *Isid. chr.*
que le pays des Roccons, que l'on nomme au- *Fredeg chr.*
jourd'hui la Rioxa, défendu par des montagnes *Append. ad*
escarpées et situé au-dessous de la Cantabrie. *Isid. Pac.*
Sisébut porta d'abord la guerre dans ces cantons
peu abordables qu'il étoit sur-tout important
de soumettre. Il fit passer dans les deux premières provinces de bonnes armées commandées par ses lieutenans, et principalement par
Suintila, que l'on dit fils du roi Reccarède et *Vasæi chr.*
frère de Liuba II. Ces capitaines réduisirent les
rebelles malgré les difficultés des lieux. Il en-

tra ensuite lui-même dans la Cantabrie, si l'on en croit Frédégaire, et fit une guerre vigoureuse aux lieutenans Grecs qui y avoient porté les forces dont ils pouvoient disposer. Le roi Goth poussa jusqu'à l'Océan. Il battit ou dissipa les partis grecs ou romains, c'est-à-dire espagnols sujets de l'Empire, qui tenoient la province; il conquit toutes les places, démantela les citadelles assises sur les bords de la mer, afin que l'ennemi ne pût dorénavant s'y loger. Il montra dans cette guerre une activité et une valeur égales à sa fortune. Mais vainqueur humain et généreux, Sisébut arrêta la fureur de ses soldats qui versoient avec trop d'ardeur le sang des vaincus. Ce prince établit solidement les lois des Goths jusques aux Pyrénées et sur toute cette côte septentrionale dont les habitans, soit redevenus libres, soit soumis de tout temps à l'empire romain, avoient échappé à la domination des Barbares.

Les exploits de Sisébut ne se bornèrent point là. Il paroît qu'il attaqua encore les Grecs vers l'autre extrémité voisine de l'Afrique d'où les gouverneurs pouvoient principalement tirer des secours. L'histoire remarque que Sisébut triompha deux fois en personne des Romains; qu'il leur prit un grand nombre de villes, leur enleva la meilleure partie de leur territoire : il ébranla tellement leur puissance, qu'il ouvrit une voie facile à son successeur pour terminer son ouvrage et abolir entièrement le nom romain en Espagne. Il rétablit encore par ses lois la discipline militaire des Goths. Il est vraisemblable que ces travaux occupèrent presque tout son règne, qui dura huit ans et six mois. Mais le fort de la guerre et les principales victoires de Sisébut eurent lieu dans la quatrième année de ce règne, c'est-à-dire en 615. Du reste, la clémence, la bonté et la grandeur de son ame ne se démentirent point. Autant il avoit été jaloux d'épargner le sang chrétien, autant il s'appliqua à soulager les maux des vaincus. Comme suivant les lois de la guerre, les captifs formoient une partie du butin qui appartenoit de droit aux vainqueurs pour être partagé entre eux, ce généreux prince rachetoit à ses frais les prisonniers des mains des soldats, et vidoit son épargne pour rendre ces malheureux à la liberté. Vasæi chr.

La même année, Sisébut, moins éclairé dans sa piété que dans sa clémence, fit une tentative que réprouvoient également le véritable esprit de la Religion et la justice humaine. Ce fut de convertir par la force tous les Juifs de ses États : entreprise que le roi Chilpéric avoit autrefois Isid. Hispal. Append. ad Mar. chr. Isid. Pac.

tentée en vain dans les Gaules. Sisébut en arracha une fausse profession de foi par l'autorité et par la crainte. Un grand nombre de ces misérables embrassèrent le Christianisme, du moins à l'extérieur. Les autres préférant leur foi à leur patrie, prirent la fuite et vinrent chercher une retraite chez les François. Les Juifs se vengèrent ensuite bien cruellement de cette violence tyrannique. Ils devinrent les plus acharnés ennemis de l'Espagne, et même en partie les auteurs de la ruine des Goths. C'est là le seul trait où l'on ne reconnoisse point la prudence de Sisébut, et le seul aussi que les plus sages des contemporains aient blâmé en lui. Ce bon roi comblé de gloire avoit terminé sa vie en l'an 620, par la maladie, ou par un remède trop violent et pris à contre-temps, ou même, dit-on encore, par le poison. On croit que son fils Reccarède II, encore enfant, lui succéda. Mais celui-ci n'ayant survécu à son père que quelques jours, d'autres disent trois mois, l'histoire n'a conservé que son nom. Isidore de Séville, écrivain contemporain, en parlant de la mort de cet enfant, ne le compte point parmi les rois. Quoi qu'il en puisse être, c'est à-peu-près le dernier exemple que l'on trouvera dans cette monarchie d'une transmission tranquille du sceptre, exempte d'usurpation et de violence. Les Goths élevèrent à la place de

Reccarède, ou plutôt de son père Sisébut, Suintila, que quelques modernes, par une supposition peu vraisemblable et dont on ne trouve aucun fondement chez les contemporains, ont prétendu fils du roi Reccarède I. C'étoit l'un des plus braves guerriers de la nation, et le compagnon des victoires de Sisébut.

Vas. chr.

Suintila parvenu au trône en l'an 621, onzième d'Héraclius, trente-septième du roi Clotaire II, se montra d'abord digne de gouverner. Il soutint la réputation que ses exploits lui avoient acquise sous le règne précédent. Il commença par réprimer les incursions des Gascons qui ne cessoient d'infester la Tarragonoise. Suintila alla les chercher à la tête de son armée. Il les effraya tellement par sa seule présence, qu'ils ne pensèrent qu'à faire des soumissions. Les Gascons vinrent se jeter à ses pieds ; ils implorèrent leur pardon et livrèrent des otages. Suintila voulut se servir des bras même des vaincus pour assurer le repos de ses provinces. Il leur fit construire une ville nommée Ologitum, que l'on croit être celle d'Olite dans la Navarre. Il y plaça des habitans et une garnison de Goths pour tenir le pays en respect et servir de boulevard contre les insultes des montagnards.

Isid. Hispal.
Isid. Pac.

Après cette heureuse expédition entreprise au commencement de son règne, Suintila voyant toute la partie supérieure de l'Espagne tranquille et soumise, tourna ses armes à l'extrémité opposée, contre les provinces des Grecs dont le roi Sisébut n'avoit point achevé de les dépouiller. L'empereur Héraclius étoit alors engagé dans son expédition de Perse. Deux gouverneurs Grecs commandoient sur la côte d'Espagne voisine de l'Afrique. Les rivalités assez ordinaires à deux chefs qui exercent un pouvoir égal loin des yeux du maître, servirent merveilleusement les desseins du roi Goth. Suintila joignoit la politique à la valeur. Ne voulant pas avoir affaire aux deux ennemis, et afin d'endormir l'un tandis qu'il combattroit l'autre, il gagna un de ces gouverneurs par des promesses ou par ses propres mécontentemens. Puis il parut en armes sur le territoire romain. Une bataille rangée le rendit maître de tout le pays. On peut même croire que ces partis grecs, affoiblis et désunis, ne firent qu'une résistance assez molle. Suintila, maître de la campagne, ayant dissipé les troupes qui avoient voulu résister, attaqua et fit tomber l'une après l'autre toutes les villes que les Grecs occupoient encore. Ce prince, le premier des rois Goths, eut ainsi la gloire de réunir sous ses lois toutes les Espagnes : entreprise que les derniers rois s'étoient proposée, qui avoit dû être le but principal de leur politique, et qui eût sans doute été consommée plutôt sans les factions et les divisions intestines qui troublèrent toujours ce royaume. Les Goths ne parvinrent à ce terme constant de leurs efforts, qu'après environ deux cent dix ans écoulés depuis leur entrée en Espagne sous la conduite d'Ataulphe. Cet événement rend mémorable le règne de Suintila, prince habile et guerrier; si toutefois Euric, contemporain de Clovis, n'avoit déjà conquis toute l'Espagne où il semble que les lieutenans de Justinien étoient rentrés peu après. On peut, je pense, attribuer encore au règne de Suintila plutôt qu'à celui de Sisébut, le passage des Goths sur la côte d'Afrique; car il est peu vraisemblable que ces peuples aient tenté des conquêtes delà la mer avant d'avoir entièrement chassé l'ennemi d'une terre qu'ils regardoient comme échue en partage à leur nation. A la vérité on fait honneur au roi Sisébut de l'éta- Mariana, VI, blissement d'une marine chez les Goths; ce qui 3. peut-être l'a fait considérer par quelques-uns comme l'auteur de cette expédition maritime. Mais à quelque époque que l'on veuille la rapporter, il est certain que les Goths, peu de temps après Suintila, avoient pris pied sur la côte opposée à l'Espagne. Ils passèrent le détroit d'Hercule, débarquèrent à la pointe d'Afrique, y surprirent Tingis, aujourd'hui Tanger, et Septa ou Ceuta, et conquirent ainsi dans la Mauritanie Tingitane, une petite province dont ces deux villes, situées en face l'une de l'autre, étoient les places principales. Le but de cette expédition fut apparemment d'ôter aux Grecs tout moyen de rentrer dans la péninsule, en se procurant une barrière sur leur propre territoire. Arrivé à ce comble de gloire dans la cinquième année de son règne, maître paisible de toute la monarchie des Goths de l'embouchure du Rhône jusqu'aux bords de la mer Atlantique, Suintila présuma assez de sa puissance pour associer au trône son fils Récimer encore enfant. Récimer, dans cet âge tendre, sembloit annoncer aux peuples qu'il succéderoit à la réputation comme à la fortune de son père, affermie par tant d'exploits. Toutefois c'étoit en quelque sorte braver le privilège que les seigneurs Goths s'étoient arrogé dans les derniers temps, de disposer en maîtres d'un trône si fragile. Ils s'étoient habitués au milieu des révolutions, à ne plus reconnoître dans leur prince d'autres droits que ceux qui lui étoient conférés par leurs suffrages. L'honneur d'une naissance royale n'étoit le plus souvent qu'un titre d'exclusion et même une source de périls de la part d'une nation si indocile, trop accoutumée à verser le sang de ses rois.

<small>Vasæi chr.</small> Aussi Suintila perdit bientôt l'affection des Goths. L'on prétend que ses mœurs changèrent,

qu'il s'attira la haine de ses sujets par ses tyrannies. Saint Isidore de Séville qui a terminé sa chronique des Goths dans la cinquième année du règne de ce prince, peu après l'association de Récimer, représente Suintila comme orné de toutes les vertus qui peuvent rendre la majesté royale chère et vénérable aux peuples. Ami de la justice, fidèle à sa parole, magnifique et libéral, il se faisoit admirer encore par ces hautes qualités que n'accompagnent point toujours les vertus privées ; par la valeur militaire et la science de la guerre, les talens du gouvernement, l'art d'entretenir la paix et le bon ordre dans l'intérieur et de faire fleurir l'État. Il méritoit autant, dit le saint prélat, de porter le titre de père des pauvres que celui de pasteur des peuples ; et son jeune fils Récimer, élevé dans cette excellente discipline, sembloit retracer déjà les vertus comme les traits de son père. Mais soit que Suintila se corrompît par la prospérité, soit que la faction qui finit par prévaloir ait voulu noircir ses actions et son caractère, il fut proclamé tyran, comme nous le verrons tout-à-l'heure, par une voix non moins respectable que celle de l'évêque de Séville. Ce prince si sage appesantit, dit-on, son joug et enrichit son trésor des sueurs des peuples. Quelque opinion que l'on adopte parmi des témoignages si divers, il est à croire que la principale cause des malheurs de Suintila, ce qui lui ôta l'amour des peuples et sur-tout des Grands devenus arbitres du sort de leurs maîtres, ce fut son ambition opposée à la leur et qui cherchoit à s'en affranchir; ce furent sur-tout les nouveaux fondemens qu'il posoit à sa domination en se destinant dès-lors un héritier dans son fils, apparemment contre le vœu de ces seigneurs ombrageux et jaloux. Ils s'indignèrent que Suintila voulût se rendre indépendant de leur faction, et disposer d'un prêt qu'ils lui avoient fait. Les prélats qui étoient comptés parmi les conseillers du prince en Espagne ainsi que dans les Gaules, partagèrent, comme il paroît, la jalousie et le mécontentement des seigneurs.

(631.)
Fredeg. chr. 73.
Gest. Dagob. 29.
Chron. Reg. Goth.

On conspira donc contre lui. Les Grands du royaume tramèrent sa perte et résolurent de le précipiter du trône. Ce prince étoit arrivé à la dixième année de son règne, lorsque cette conjuration depuis long-temps préparée par leur haine, éclata. Mais les seigneurs Goths ne se fiant point assez à leurs propres forces pour entreprendre seuls de détruire un prince aussi brave, aussi habile que Suintila, et qui paroissoit bien affermi, tournèrent leurs regards vers la Cour de France. Dagobert étoit alors au plus haut point de sa puissance. Il dominoit dans l'Aquitaine et jusqu'aux Pyrénées par la mort de son frère Caribert et de son neveu Chilpéric qui avoit péri, comme l'on crut, par ses artifices, et dont il venoit de saisir le patrimoine. La jalousie que pouvoit inspirer à Dagobert un voisin aussi puissant que Suintila, et qui avoit étendu si loin la réputation de ses armes, étoit peut-être un motif suffisant pour l'entraîner dans le parti des rebelles. Mais l'avarice sur-tout, vice dont l'ame de ce prince étoit souillée, le rendoit facile à ouvrir l'oreille aux propositions des mécontens. Sisénand, l'un de ces seigneurs, fut l'agent de la trahison. Il s'adressa à Dagobert au nom de la noblesse des Goths. Il promit que si, par ses secours, les Goths parvenoient à se délivrer de la tyrannie de leur prince, ils lui livreroient en reconnoissance un bassin d'or d'un poids énorme, dont le patrice Aétius avoit fait don autrefois au roi Thorismond, fidèle allié des Romains, à l'aide duquel il avoit triomphé d'Attila dans les plaines de Châlons. Dagobert n'eut point honte de s'entendre avec les conjurés. Il fit publier le ban et convoquer les milices dans tout le royaume de Bourgogne. Afin que le secours fût plus prompt, l'armée bourguignonne devoit être précédée de troupes aquitaniques. Celles-ci reçurent ordre de leur côté de se diriger du territoire de Toulouse vers les Pyrénées. Les mécontens se tenoient prêts à recevoir ces auxiliaires, à joindre les enseignes de Dagobert pour agir de concert contre leur roi qu'ils n'eussent osé attaquer seuls et sans appui dans le centre de sa puissance. Abundantius et Vénérandus, deux capitaines ou ducs de ces provinces, faisoient filer leurs milices sur l'Espagne.

Mais il ne paroît point que toutes ces forces pénétrassent dans le pays. La révolution étoit consommée avant que l'armée bourguignonne eût touché les Pyrénées. Les milices d'Aquitaine, plus voisines, ayant pris les devans, passèrent les monts et entrèrent en Espagne sous le commandement des deux chefs. Elles furent reçues à la frontière par Sisénand et ses partisans. Les conjurés avec leurs auxiliaires arrivèrent ainsi jusqu'à Saragosse où étoit le rendez-vous des mécontens. Tous y étoient accourus. La présence des troupes venues de Toulouse, la nouvelle qu'une nombreuse armée françoise étoit en marche pour les renforcer, fit soulever en un instant toute la nation des Goths, inquiète, avide de changemens, et plus que jamais impatiente de secouer le joug. Sisénand, le principal agent, et comme il paroît, le chef de la conjuration, fut reconnu roi et salué à Saragosse d'une acclamation universelle. Suintila fut chassé du palais avec son fils sans que l'on sache ce qu'il devint en cette catastrophe. L'on ignore s'il vit opérer ces mouvemens de Tolède, comment il échappa à la vengeance des Goths et où il trouva un asile. On voit seulement que ce prince survécut ainsi que sa famille à la révolution qui ruina sa puissance, et que Sisénand s'étant mis à sa place, fut même obligé de prendre des précautions contre lui, de peur qu'il n'aspirât à remonter sur le trône. Les annalistes François sont les seuls qui rendent compte de ces événemens. L'histoire d'Espagne, plus stérile encore que la nôtre, se contente de dire que Sisénand envahit le trône par usurpation. Les troupes d'Aquitaine, devenues inutiles aux conjurés, reprirent la route de leur pays sous le commandement de leurs deux capitaines que les Goths comblèrent de présens.

Isid. Pac. Assumpsit per tyrannidem.

Cependant le nouvel usurpateur ne s'empressoit pas de payer au roi François le prix de ses secours. Dagobert envoya le duc Amalgaire accompagné du même Vénérandus, pour réclamer le bassin d'or qui lui avoit été promis. Sisénand le livra à regret. Les ambassadeurs portoient ce trésor à leur maître. Mais les Goths mécontens de voir enlever de leur patrie cette espèce de trophée si honorable à la nation, leur dressèrent sur la route une embuscade. Dagobert indigné envoya de nouvelles ambassades pour demander satisfaction. Enfin à force de négocier, on convint que Dagobert recevroit deux cent mille sous pour tenir lieu du don qu'on lui avoit ravi. Ce fut à ce prix que Sisénand acquit le royaume des Goths et conserva l'amitié des François.

(633.)
Isid. Pac.
Vasæi chr.
Fleury, hist.
eccl. xxxvii,
46 et suiv.

Ce prince régna cinq ans. Dans la troisième année de son règne il assembla un concile national des évêques d'Espagne et de Narbonnoise. Ce fut le quatrième tenu à Tolède. Isidore de Séville y présida et fut l'un des principaux évêques qui en dictèrent les canons. Mais il parut que l'objet du roi Sisénand, en convoquant ce concile, avoit moins été de régler les affaires de l'Église et de travailler à l'édification des peuples, que d'affermir dans une assemblée si imposante sa puissance usurpée; et en même temps d'accabler sans retour son rival, en lui opposant, outre le suffrage des seigneurs, la voix de tous les prélats du royaume. Non content de l'avoir déposé et chassé du palais, il voulut qu'il fût frappé d'anathême et d'excommunication. Redoutant pour lui-même l'esprit remuant et l'inconstance des Goths, Sisénand prit encore des mesures dans ce concile pour se mettre à l'abri des revers dont un si grand nombre de ses prédécesseurs avoient été victimes. On peut juger par là quelle influence les prélats avoient acquise dans le gouvernement temporel, puisqu'on pensoit dès-lors que leur suffrage pouvoit en quelque sorte fixer les destinées de l'État ou en suspendre les révolutions. Cette influence qui devint si puissante, fit de plus grands progrès, ce semble, chez les Goths que chez les autres Barbares. Sisénand entra dans l'assemblée avec quelques seigneurs ; il se prosterna devant les évêques, suivant la coutume. Les Pères du quatrième concile de Tolède dressèrent plusieurs sages ordonnances sur divers points de discipline et de police ecclésiastique. Tel fut entr'autres un réglement par lequel on défendit d'user de force pour contraindre les Juifs à recevoir le baptême (ce qui avoit été pratiqué sous le roi Sisébut) ; ordonnant pourtant que leurs enfans seroient séparés des parens pour être instruits dans la loi chrétienne. Enfin on fit un dernier canon sur l'obéissance et la fidélité dues au prince. Par ce canon, on prononce l'anathême contre ceux qui violent le serment qu'ils ont fait au roi, qui attentent contre son autorité ou contre sa vie. « Que personne donc, disent les Pères, n'usurpe le royaume ou n'excite des séditions ; mais quand le prince sera mort, les grands de toute la nation avec les évêques lui donneront un successeur. » Nouvelle preuve du gouvernement électif substitué au gouvernement héréditaire, et de la grande part que les prélats avoient acquise dans les assemblées nationales. « Mais quant à ce qui regarde Suintila, ajoute le concile, qui s'est lui-même privé du royaume par la crainte de ses crimes, nous avons décrété, de l'avis de la nation, de ne jamais recevoir dans notre communion ni lui, ni sa femme, à cause des maux qu'ils ont commis, ni ses fils ; de ne les élever en aucun temps aux honneurs dont ils ont été dépossédés par l'effet de leur iniquité. Et de même qu'ils sont devenus étrangers à la dignité royale, nous voulons aussi qu'ils restent privés de la possession des biens qu'ils ont accrus aux dépens des misérables, à la réserve de ce qui leur en aura été laissé par la piété de notre prince très clément. Qu'il en soit de même de Géla, frère de Suintila par le crime ainsi que par le sang, qui a violé la foi qu'il avoit promise à notre glorieux prince. Nous avons jugé à propos de les séparer également, lui et son épouse, de la société de la nation et de notre communion ; de ne point permettre qu'ils rentrent dans les biens qu'ils ont perdus et qui étoient les fruits de leurs injustices, excepté de même ce qu'ils auront pu obtenir de la clémence du prince. » Sisénand, employant en prince habile l'autorité ecclésiastique à consacrer son usurpation aux yeux des peuples, mais donnant par-là aux évêques le moyen de s'agrandir, parut en effet s'être mis à l'abri des révolutions. Monument singulier d'une autorité sacrée qui colore à-la-fois et condamne une iniquité ! Le concile, en anathématisant le prince détrôné et sa famille innocente, et en confisquant leurs biens, recommandoit à l'avenir la fidélité au prince, et prononçoit un anathême semblable contre ceux qui y contreviendroient.

Dans les Gaules Dagobert, en même temps qu'il élevoit la puissance de son fils, appréhendoit qu'un jour, à son exemple, ce jeune prince ne fît servir à la ruine des siens une grandeur acquise par la libéralité de son père. La naissance d'un second fils qu'il eut de la reine Nanthilde l'année suivante, treizième de son règne, lui inspira le désir de faire de son vivant un partage dans sa famille, en vertu d'un traité public confirmé de la même manière que le précédent, par la voix des grands et des évêques, afin qu'il fût irrévocable, à l'abri de toute violence, et qu'il garantît à jamais les dispositions du père et les droits des enfans. Ce furent les Neustriens eux-mêmes qui l'en sollicitèrent. Ils avoient craint, en voyant un nouveau roi institué dans l'Austrasie, de recevoir encore une fois un maître de ce royaume par la force, au mépris des droits du second fils de Dagobert. Il semble en effet que l'intérêt de ces partages étoit devenu propre aux

634.
Fredeg. chr.
76.

634.

peuples non moins qu'aux princes : ce qu'il faut bien remarquer ici comme la source d'un nouvel intérêt de parti qui divisa ces royaumes, et en fit en quelque sorte comme deux grandes factions dans l'empire françois. Les Austrasiens qui se flattoient de dominer dans les Gaules sous un prince nourri parmi eux, tâchoient de mettre obstacle à cet arrangement. Mais enfin Dagobert qui avoit embrassé de toutes ses forces le conseil des Neustriens, comme le seul moyen d'assurer la succession légitime de ses fils, parla avec tant de vigueur que les Austrasiens intimidés furent obligés d'y souscrire. On convint dans un plaid général des grands, des évêques et des autres Leudes, convoqué des deux royaumes (il faut y comprendre apparemment les Bourguignons) que l'Austrasie avec toutes ses provinces et les peuples qui en dépendoient en qualité de sujets et de tributaires, appartiendroit en son entier au domaine de Sigebert; que Clovis fils de Nanthilde, après le décès de son père, entreroit également en possession de la Neustrie, de la Bourgogne et de leurs dépendances : qu'en même temps Sigebert reprendroit, pour n'en être plus séparées, toutes les terres qui avoient appartenu autrefois à la couronne d'Austrasie, ce qui comprenoit les villes d'Aquitaine et de Provence que Dagobert avoit sans doute retenues sous son gouvernement, n'ayant institué son fils vers les provinces germaniques que pour l'opposer aux Barbares. Mais l'on excepta le duché de Dentelen compris entre la Seine et l'Oise, qui étoit dans son origine une terre neustrienne, envahie par les armes des Austrasiens, et que le jeune Clotaire avoit été forcé d'abandonner à Théodebert II, après la perte de la bataille de Dormeille. On décida que ce duché ne seroit plus séparé du royaume de Neustrie. On voit par là que des terres qui avoient d'abord été divisées indifféremment entre les fils des rois, étoient devenues propres à chaque royaume ou à chaque peuple par une sorte de prescription. Ainsi, quoique Clotaire eût confondu dans sa personne, par conquête ou par hérédité, tous les droits de ses prédécesseurs, les anciennes limites reparoissoient dans le partage d'une nouvelle succession, et ne devoient plus souffrir d'atteinte. Au moyen de ce partage, les deux frères parurent traités d'une manière égale. L'un et l'autre royaume avec ses dépendances renfermoit à-peu-près le même nombre de provinces et de sujets. L'Austrasie elle seule pouvoit se comparer à la Neustrie et à la Bourgogne réunies, en raison des grands domaines qui n'avoient fait que s'accroître successivement dans la Germanie. Une grande partie des peuples germaniques qui avoient cessé d'être errans,

Bavarois, Suèves et autres, et qui touchoient à l'empire des Huns ou à des contrées toujours dévastées, étoient tombés sous la domination des rois d'Austrasie : de sorte que l'empire françois étoit alors le plus considérable de tous ceux que les Barbares avoient fondés, et presque aussi étendu qu'il l'a jamais été dans les temps les plus glorieux de la monarchie. Les évêques et les grands d'Austrasie ratifièrent malgré eux le traité de partage par serment. Ce pacte fut, comme le premier, confirmé par une charte. Il eut une pleine exécution après la mort de Dagobert. Les Grands qui l'avoient souscrit le maintinrent inviolablement.

Cependant les Esclavons n'éprouvoient plus que des échecs dans toutes leurs entreprises. Les Austrasiens défendoient vigoureusement leurs frontières. Radulfe, que Dagobert avoit élu duc de la Thuringe, repoussa ces Barbares en plusieurs rencontres. Ces succès lui enflèrent tellement le courage, qu'il se déclara ennemi du duc Adalgisèle, l'un des tuteurs de Sigebert, qui tenoit pour le maire Pepin le gouvernement du palais d'Austrasie. Il se mit bientôt en révolte ouverte, et brava à main armée l'autorité royale.

Sur tous les points les invasions des Barbares avoient besoin d'être réprimées. Les Bretons, à l'extrémité de la Neustrie, ne cessoient de piller le territoire françois. D'un autre côté, les Gascons recommençoient leurs courses dans la Novempopulanie, ils battoient le plat pays et rentroient dans les montagnes avec leur butin. Amand leur duc avoit repris les armes, apparemment pour soutenir la cause de ses petits-fils, Boggis et Bertrand, que Dagobert avoit dépouillés de la royauté après la mort de leur père Caribert. Dagobert résolut de mettre un terme à ces brigandages et de pousser les Barbares jusque dans leurs retranchemens. Il fit lever les milices de Bourgogne, mit à leur tête le référendaire Chadoinde, ancien serviteur de Thierri et de Brunehaut, qui avoit acquis une grande expérience de la guerre au service des rois de Bourgogne. Dix ducs, parmi lesquels on comptoit le patrice bourguignon Villebaud et le Saxon Égina, plusieurs comtes gouverneurs de provinces qui ne reconnoissoient point l'autorité supérieure des ducs, conduisoient leurs milices sous les enseignes du référendaire. Les capitaines Bourguignons se portèrent à grandes marches sur le pays des Gascons. Ils couvrirent de leurs soldats les vallons et les plaines. Les Gascons près d'être forcés dans leurs retraites, en sortirent; ils se montrèrent entre les roches et les défilés. Ils descendirent pas à pas dans la plaine, engagèrent le combat et parurent d'abord le sou

636.

tenir avec assez de vigueur. Mais après quelques efforts, près de ployer sous le nombre, ils reculèrent, tournèrent le dos, gagnèrent les gorges des vallons, et se cachèrent dans les Pyrénées. L'armée bourguignonne les suivit le plus loin qu'elle put, fit grand nombre de prisonniers, porta le fer et le feu dans les endroits les plus praticables, et se chargea de dépouilles. Les Gascons réduits aux abois, demandèrent la paix; ils promirent d'aller se présenter devant le roi, de se remettre à sa discrétion et d'exécuter tout ce qui leur seroit prescrit. A ces conditions, les capitaines leur firent grâce et suspendirent l'incendie du pays. Après cette heureuse expédition, l'armée bourguignonne regagna en paix ses foyers, laissant les Gascons humiliés, hors d'état de se révolter et de rien entreprendre.

Encouragé par ce succès, Dagobert résolut de s'adresser sur-le-champ aux Bretons et d'en tirer la même vengeance, s'ils ne faisoient satisfaction des dégâts qu'ils avoient commis sur les terres de ses sujets. Mais avant de prendre les armes, il leur envoya des ambassadeurs pour les sommer de réparer ces dommages par composition. Il les menaça, en cas de refus, de faire marcher sur leur pays l'armée bourguignonne qui venoit de châtier les Gascons rebelles et qui lui feroit bientôt la même justice des Bretons. Éloi, un de ses conseillers, étoit à la tête de cette ambassade. Ce saint personnage étant entré en conférence avec le prince Breton, lui exposa les torts de ses sujets et la nécessité d'une réparation. Il lui présenta des conditions de paix et sut si bien gagner l'esprit de ce prince par sa sagesse et ses manières conciliantes, qu'il l'amena au point de se laisser conduire devant Dagobert pour y traiter lui-même du pardon de ses sujets. Judicaël, comte des Bretons, ne songea plus qu'à fléchir la colère du roi. C'étoit un prince d'une piété sincère, entièrement étranger à la barbarie de son peuple, et qui, depuis, las de commander, abdiqua la couronne et acheva saintement sa vie dans un monastère. Judicaël prit avec lui de grands présens pour Dagobert, il se rendit à Clichy où le roi résidoit, et s'engagea en sa présence à réparer tout le dommage que ses sujets avoient pu faire à ceux de Dagobert. Il promit, ajoute l'historien, que son État et lui-même seroient à jamais sujets et tributaires de Dagobert et des rois François. Dagobert touché de la soumission de ce prince, le renvoya le lendemain comblé de caresses. Mais celui-ci, après l'audience, au lieu d'accepter le repas du roi, alla trouver Audoën, alors référendaire du palais, et depuis évêque de Rouen. Il s'assit à sa table pour jouir quelques instans de la sagesse et des pieux entretiens de

636.
Aim. IV, 29.
Vit. S. Elig. 13.

ce personnage qui étoit déjà en grande vénération dans les Gaules. Ce fut ainsi que Judicaël détourna par sa prudence l'orage qui menaçoit ses États. Il retourna chez lui, laissant la Cour de Neustrie pénétrée d'estime pour son mérite et sa vertu.

636.

637.
Fredeg. ibib.

L'année suivante, Dagobert reçut aussi l'ambassade des Gascons. Les chefs de cette nation, ayant à leur tête leur duc Amand, vinrent le trouver à Clichy. Mais le souvenir de leur révolte, du châtiment qu'ils avoient déjà subi, de la condition qu'ils avoient acceptée de se livrer à la merci du roi, leur inspira tout-à-coup une telle frayeur qu'ils n'attendirent pas l'audience royale. Craignant d'être mis à mort, ils coururent prendre un asile dans l'église de saint Denis. Dagobert leur fit promettre la vie sauve. Alors les Gascons vinrent se présenter devant lui en supplians, ils demandèrent grâce et jurèrent au nom de leur nation de rester à jamais fidèles à Dagobert, à ses fils et à l'empire des Francs. Après ce serment, Dagobert les laissa retourner tranquillement dans leur pays. Ce fut peut-être par ce traité que Boggis reprit possession du duché d'Aquitaine, sous l'autorité et du consentement du roi Dagobert. La mort du roi qui arriva bientôt, suivie d'une minorité, aida probablement encore les fils de Caribert à relever leur fortune.

Dagobert fut attaqué au commencement de l'année 638 d'une dyssenterie, dans sa métairie d'Espinay sur la Seine, près de Paris. Il se jugea dangereusement malade et se fit transporter à la basilique de saint Denis. Ce prince avoit toujours témoigné une grande dévotion pour ce martyr et pour son temple. Il y avoit fait de nouvelles constructions, il en avoit enrichi le trésor de présens magnifiques et accru le domaine par des donations de terres. Il y avoit institué une psalmodie perpétuelle à l'exemple du roi Sigismond. Touché dans ses dernières années du souvenir de ses rapines et de ses excès, il s'étoit efforcé d'attirer sur lui la miséricorde du Ciel par d'abondantes aumônes. Le mal ne faisant qu'empirer, Dagobert qui se sentoit frappé à mort, fit appeler près de lui Éga, le seigneur le plus vertueux de Neustrie et l'un de ses plus sages ministres. Il lui remit son fils Clovis qui étoit alors dans sa cinquième année, avec la reine Nanthilde, lui recommandant ces deux personnes comme ce qu'il laissoit de plus cher et les confiant à sa fidélité. Il mourut dans la fleur de son âge, après un règne de seize ans depuis qu'il avoit été élevé par son père au trône

637.

638.
Fredeg. chr. 79.
Gest. Dagob. 39.
Aim. IV, 30.

Fredeg. chr. 60.

638. — d'Austrasie et dix ans après la mort de Clotaire. Il laissa par de sages dispositions ses deux fils tranquillement établis dans le partage de ses États. L'auteur presque fabuleux des gestes de Dagobert rapporte que ce prince avoit convoqué un an auparavant dans une de ses métairies un plaid général des évêques et des grands de son royaume; que là, il leur mit sous les yeux les diplômes des donations et des legs qu'il avoit faits à la plupart des lieux saints et des églises célèbres des Gaules, les conjura de confirmer ces actes de leur autorité, d'y apposer leurs seings et de ne jamais permettre qu'ils fussent violés : Qu'avant de mourir, consolant ses Leudes qui pleuroient autour de lui, il renouvela ce testament, le fit signer de rechef par les grands qui se trouvoient présens et par son jeune fils Clovis qui promit aussi de respecter ses dernières volontés et de conserver les bienfaits qu'il avoit conférés aux églises. Car Dagobert, malgré sa passion pour accumuler des trésors, avoit montré une grande munificence dans ses largesses envers les lieux saints; et malgré les vices qu'on lui reproche, on voit par les événemens de son règne et sur-tout par le choix de ses officiers, que ce prince sut gouverner sagement son royaume, le maintenir dans la paix et dans la prospérité. On peut juger à la magnificence de ce règne,

LIVRE DIX-SEPTIEME. 67

que le commerce florissoit et que le royaume abondoit en richesses. Dagobert eut à lutter plus d'une fois contre l'indocilité de ses sujets et principalement des Austrasiens toujours jaloux de l'autorité royale. Il sut la maintenir sur son déclin dans les assemblées générales et les plaids qui furent fréquens sous ce règne. Enfin ce qui prouve sur-tout dans un prince la force de ' esprit et la droiture naturelle du cœur, c'est qu'il ne craignit point de rechercher pour lui servir d'appui et qu'il sut réunir à sa Cour des ministres habiles et les plus vertueux personnages du royaume. Car ce règne fut plus qu'aucun autre en ces temps barbares, fécond en hommes de mérite et d'une vertu supérieure. Tels furent Éga, le référendaire Audoën et Éloi, deux amis fidèles, rivaux de sainteté. Dagobert eut encore pour comte de son palais saint Vandrille qui fonda le monastère de Fontenelle dans le diocèse de Rouen où il prit lui-même l'habit religieux, après avoir rendu à ses rois de fidèles services.

Saint Éloi, ouvrier habile dans l'orfèvrerie et dans la fabrique des monnoies, florissoit sous le règne de Dagobert. Né dans le Limosin, il étoit venu exercer son art en Neustrie. Le trésorier de Clotaire II, auquel il fut connu, le proposa à son maître comme un artisan industrieux. Éloi fit par ordre du roi un trône d'or

638.

Vit. S. Wandreg. inter act. SS. Bened. sec. 2.

Vit. S. Eligii.

enrichi de pierreries. Car le luxe et la somptuosité étoient alors portés au plus haut point chez les Mérovingiens et dans les provinces des Gaules. Honoré de la confiance de Clotaire, il parvint à la plus haute faveur sous le règne de Dagobert son fils. Il n'employa jamais cette faveur que pour l'utilité publique et l'honneur de la Religion. Il fit de beaux ouvrages d'or et d'argent, tant pour l'usage des princes que pour la décoration des basiliques et des tombeaux des martyrs. Il joignoit à cette grande habileté dans son art, le talent de gouverner les esprits et une sagesse éminente que Dagobert sut apprécier, comme nous l'avons vu, en lui confiant d'importantes ambassades. Il employa ses biens à délivrer des captifs, à secourir des indigens, à construire des monastères. Il portoit le roi aux mêmes œuvres de piété. N'étant encore que simple laïc ainsi qu'Audoën, sa sainteté lui avoit donné un tel crédit dans l'Église et dans l'État, qu'il sollicita de concert avec son ami la convocation d'un concile pour faire condamner les élections simoniaques qui déshonoroient les chaires épiscopales ; entreprise dans laquelle le pape saint Grégoire le Grand avoit lui-même échoué. La piété de deux laïcs obtint momentanément cet heureux effet. Éloi parvint avec la faveur du roi Dagobert à faire assembler ce synode à Orléans vers l'année 638, dernière de ce prince. Il fut élevé enfin sous le règne de Clovis à l'évêché de Noyon, le même jour que saint Ouen ou Audoën référendaire, fut ordonné évêque de Rouen. Il se montra un pasteur vigilant, occupé à la réforme des mœurs ecclésiastiques et à la conversion des infidèles voisins de son diocèse, chez lesquels il alloit prêcher la parole de Dieu avec de grands dangers et un zèle infatigable.

Dagobert I doit être considéré sur-tout comme législateur. Il entreprit la rédaction et la réforme des différentes lois ou coutumes anciennes des peuples de sa domination. Il se servit pour cette sage opération des personnages les plus éclairés et les plus illustres des divers peuples auxquels il consacroit ses travaux. Tels furent Agilulfe l'un des princes qui gouvernoient la Bavière, et Claude, le même, à ce qu'on peut croire, qui occupa la mairie du palais de Bourgogne sous Thierri II, après la mort de Protade. Les Barbares établis dans les provinces romaines, avoient senti de bonne heure la nécessité de fixer leur législation dans le mélange de tant de coutumes et de lois, parmi la confusion de tant de tribus d'origines différentes. Dès qu'ils connurent l'usage des lettres, ils empruntèrent ce nouveau secours pour confier d'une manière plus sûre à la mémoire des hommes, les plus an-

Lex salica cum præfat. Eccardi. Eadem ex bibl. reg. cum observ. Baluz.

ciens monumens de leur existence politique, je veux dire ces coutumes immémoriales qui précèdent les lois écrites. Ce fut Euric, contemporain de Clovis, qui rédigea la loi des Visigoths; Gondebaud, celle des Bourguignons; et l'on est fondé à croire par un préambule d'une des éditions de la loi salique, que notre grand Clovis lui-même fit la première rédaction de cette loi particulière aux Francs Saliens, lesquels étoient ses propres sujets. Les Francs Ripuaires qui habitoient sur les bords du Rhin dans une partie du pays qui fut compris ensuite sous le nom d'Austrasie, avoient aussi, comme nous savons, leur loi particulière. Ces deux lois concordent dans la plupart de leurs points : en effet, il étoit naturel que deux peuples d'origine germanique et pour ainsi dire commune, unis entre eux par les alliances et par le sang, qui portoient un même nom et dont les rois descendoient peut-être d'une même source, conservassent des coutumes à-peu-près pareilles. Clovis s'étant, comme nous l'avons vu, emparé de Cologne et du pays des Ripuaires par la ruine de Sigebert leur prince et son parent, conserva leurs lois à ces nouveaux sujets, suivant un usage respecté des Francs, de même qu'aux autres peuples qui reconnoissoient son autorité dans la Gaule ou dans la Germanie. C'est ce que prouvent ces différens codes barbares qui sont parvenus jusqu'à nous, et qui furent rédigés par les soins de Thierri I, son fils. Thierri assembla à Châlons-sur-Marne un conseil des plus prudens personnages de ces diverses nations, des plus instruits dans les lois antiques, comme s'exprime le préambule même de la loi salique. Il présida lui-même cette assemblée auguste ; et là, sous ses ordres, en sa présence, les grands et les sages de ces nations mirent par écrit les lois des Francs, des Alemans ou Suèves et des Bavarois. Il fit écrire ces lois, continue le même texte, suivant les coutumes propres à chaque peuple soumis à sa puissance. Il y ajouta les articles que l'on crut nécessaires, en retrancha d'autres qui parurent irréguliers ou vicieux, et réforma, d'après les principes du Christianisme, ce qui dérivoit des coutumes païennes. Ceci doit s'entendre particulièrement des Suèves et Bavarois chez qui la lumière de l'Évangile pénétroit à peine. Ses deux frères, Childebert et Clotaire, poursuivirent son ouvrage. Ils s'occupèrent surtout de déraciner ce que Thierri n'avoit pu corriger entièrement à cause de l'attachement des peuples germaniques à leurs vieilles croyances. Soigneux d'abolir ces superstitions et d'étendre l'empire de la loi évangélique, ils s'efforcèrent à son exemple de consacrer, pour ainsi dire, par cette loi leurs lois nationales, d'extirper de celles-ci tout ce qui rappeloit encore le paganisme. Ces princes jugeoient prudemment qu'ils auroient fait le plus grand pas vers l'accroissement de la société civile et l'affermissement de leur propre autorité, et rendu tout ensemble le plus important service à la Religion, en imprimant cette loi sainte dans les vieilles coutumes si respectées des Barbares. Reconnoissons par là que nos pères, dans leur législation et leur gouvernement, ne sont point dignes de notre mépris; qu'avec un sens brut et sans culture, ils ont souvent compris les vraies fins de la politique ; que ce fut autant au zèle de nos rois qu'aux travaux des missionnaires apostoliques que la Germanie dut sa conversion au Christianisme, et par conséquent les lumières, les mœurs, les lois, et les premiers bienfaits de la vie civile. Nos rois suivirent ce but constamment; ils furent, dès l'origine de la monarchie, législateurs autant que guerriers; législateurs grossiers, si l'on veut, et guerriers sanguinaires : mais il suffit à leur mémoire, comme à la postérité qui les juge, qu'au milieu de cette barbarie des lois, on aperçoive les sources d'un bon gouvernement; ainsi que dans les actions publiques l'on découvre le principe d'un courage élevé et d'une ame fière. Childebert et Clotaire qui avoient survécu à Thierri ne se contentèrent pas de perfectionner son œuvre : on croit qu'ils firent après Clovis une seconde rédaction de la loi salique, et entreprirent ainsi pour les Francs Saliens qui leur obéissoient, le même travail que Thierri avoit fait apparemment en faveur des Francs Ripuaires, lesquels faisoient une grande partie de ses sujets. Enfin Dagobert I, le dernier des législateurs Mérovingiens, fit une nouvelle révision de tous les codes barbares, salique, ripuaire, aleman, bavarois : (la loi de Gondebaud seule n'avoit point eu besoin de cette réforme). Il les renouvela, dit le texte que nous citons, améliora tout ce qui étoit vicieux dans ces anciennes lois ; il les remit par écrit à chaque nation, telles qu'elles nous sont parvenues. Jusqu'à ce qu'enfin Charlemagne, le grand législateur des Francs, entreprit lui-même une nouvelle correction de la loi salique ; mais ce fut moins une réforme qu'une simple révision et une conférence du texte. L'ouvrage de Dagobert resta sous Charlemagne même, en son entier, comme le vrai monument de la législation des premiers Francs.

Tels étoient les événemens qui se passoient dans les Gaules. En Italie, le roi Ariovalde, quoiqu'arien, conservoit la trêve avec les Grecs, content de recevoir le tribut de trois cents livres d'or qui étoit le prix auquel Agilulfe la leur avoit accordée. Le pape Honorius, tout occupé des affaires de l'Église, de l'instruction du clergé et de la dé-

<small>Anast. Vit. Pontif.</small>

coration des temples, n'eut point à défendre la ville de Rome contre les aggressions des Lombards, ni à consoler les peuples des fléaux de la guerre, à l'exemple de saint Grégoire. Il jouit en paix de son pontificat et gouverna l'Église dans un repos profond que ses successeurs moins heureux virent troubler. Ces pontifes virent bientôt leur siège insulté de nouveau par les exarques, et l'Église affligée par l'hérésie des Monothélites. Cette secte qui naquit vers ce temps dans l'Orient, trouva des protecteurs chez les empereurs, et le pape Honorius lui-même n'en connut point d'abord le venin.

<small>Fredeg. chr. 59, 69. Paul. Diac. IV, 40.</small>

Ariovalde n'étoit point parvenu au trône sans opposition. Les ducs de Frioul, principalement, avoient soutenu la cause du fils d'Agilulfe et de Théodelinde. Mais après la mort de ce jeune roi qui survécut peu à son expulsion, Tason qui gouvernoit le duché, avoit reconnu l'usurpateur. Ariovalde regardant toujours le duc de Frioul comme un ennemi secret, résolut de le perdre. Il s'adressa à l'exarque et lui persuada de le faire tomber dans un piège en feignant d'être son allié. Il offroit à cette condition de remettre à l'Empire le tiers du tribut dû aux Lombards en vertu des derniers traités. En effet l'exarque Isaac, qui avoit pris la place de l'eunuque Éleuthère vers l'an 620, lia une intelligence avec le duc Tason; il lui proposa une ligue contre le roi.

Il l'invita à venir conférer avec lui à Oderzo, lui promit le secours de ses armes et de la puissance dont il disposoit en Italie. Tason se laissa séduire à ces belles paroles. Il marche sur Oderzo avec son frère Caccon et une bonne escorte. Aveuglé par une confiance imprudente, il fait mettre bas les armes à sa troupe hors des murs de la ville; mais à peine entré dans Oderzo avec une suite désarmée, il est assailli par des soldats embusqués et périt avec ceux qui l'accompagnoient. C'étoit par de telles perfidies que les gouverneurs servoient la cause de l'Empire. A ce prix, Isaac obtint en l'an 635 la diminution du tribut annuel dû par l'empereur aux Lombards.

Ariovalde mourut en 636, après environ dix ans de règne, deux ans avant Dagobert, sans laisser d'enfans mâles. La succession qui paroît d'ailleurs avoir été assez peu réglée dans la monarchie lombarde, alloit être encore soumise à une élection ou aux brigues des partis. Les Lombards convinrent de remettre le choix de leur roi à la prudence d'une femme : ce même moyen leur avoit déjà réussi après la mort d'Autharis. La reine Gondeberge, fille d'Agilulfe et de Théodelinde, avoit hérité des vertus comme de la beauté de sa mère. Dévouée, comme elle, à la foi catholique, sa sagesse, sa générosité, lui avoient gagné l'affection de toute la nation lombarde. Ces peuples s'engagè-

Fredeg. chr. 70.

Fredeg. chr. 51.

(636.)

rent par serment à recevoir comme leur roi celui qu'elle se donneroit pour époux. Gondeberge jeta les yeux sur Rotharis duc de Bresce, seigneur plein d'habileté et de courage, mais qui professoit l'arianisme. Elle lui manda de venir en sa présence et lui annonça qu'elle l'avoit choisi pour roi des Lombards; mais elle lui déclara que pour aspirer à ce titre, il devoit répudier sa femme; condition qui indique combien étoit encore grossière et peu éclairée la religion de ces nouveaux prosélytes. Rotharis s'y soumit sans peine. Il accepta le trône et la main de Gondeberge. Il s'engagea solennellement devant les autels à la maintenir dans le rang où il l'avoit trouvée et où elle-même l'avoit placé. Les Lombards approuvèrent le choix de Gondeberge, et Rotharis fut reconnu par la nation.

<small>Fredeg. 70.
Paul. Diac.
IV, 44.</small>

Le nouveau roi se montra aussi belliqueux, aussi digne de régner qu'aucun de ses prédécesseurs, ami et restaurateur des lois et zélateur de la justice, autant du moins que peut l'être un prince ombrageux pour qui la première loi est celle de sa sûreté. Il accorda une protection publique à l'arianisme. Cette secte jouit sous son règne de tant de faveur que, dans presque toutes les villes lombardes, l'on vit siéger à-la-fois deux évêques, l'un catholique et l'autre arien. Dès qu'il fut monté sur le trône, il commença par assurer son autorité en perdant plusieurs sujets trop puissans qui voyoient son élévation avec dépit. Rotharis les fit mourir. Il fonda à-la-fois son gouvernement sur le bon ordre de l'administration et sur la crainte qu'il inspira aux esprits mutins; il établit ainsi dans le royaume la paix publique et l'obéissance.

Lorsqu'il crut sa puissance affermie, il s'occupa de son agrandissement. Les Lombards n'étoient point encore maîtres de toute la partie supérieure de l'Italie, des Alpes au Pô et à la mer de Ligurie. Dans la partie transpadane, les Grecs possédoient encore une petite province qui faisoit partie de la Vénétie depuis Opitergium ou Oderzo jusqu'à Trévise, ville qui appartenoit aux Lombards, c'est-à-dire, à peu près de la rivière de Livenza jusqu'à la Sile. Dans la partie inférieure, ils étoient maîtres des côtes qui s'étendent des Alpes maritimes au port de Luna placé à l'embouchure de la rivière d'Audenna, aujourd'hui la Magra; ces côtes faisoient partie de l'ancienne Ligurie. La nouvelle province de Ligurie s'étendoit alors des Alpes à la mer de Toscane entre les provinces de Vénétie et des Alpes Cotiennes. Tels étoient les changemens qui avoient eu lieu dans la géographie du moyen âge. Ainsi le pays des Bruticns ou l'antique Abruzze avoit pris le nom de Calabre qui avoit appartenu à la pointe

Circà 638.

Sigon.

opposée de l'Italie. Au milieu des bouleversemens de cette contrée, le nom d'une province avoit passé à l'autre, comme si elles les eussent échangés. Rotharis porta d'abord ses armes dans la partie inférieure qui regarde la mer Tyrrhénienne. Il s'empara de toute la côte depuis Luna, frontière de Toscane, ville aujourd'hui détruite, jusqu'à la frontière françoise. Les villes de Gènes, Albinga, Savone, Luna, furent emportées d'emblée, livrées au pillage et brûlées. Rotharis, vainqueur barbare, abandonna le pays à la fureur et à l'avarice du soldat. Il réduisit en captivité une foule d'habitans, fit raser les murs jusqu'aux fondemens. Ces villes, jadis florissantes, restèrent presque en ruines, et l'on dit qu'elles furent réduites à l'état de simples bourgades. Maître de l'ancienne Ligurie, Rotharis s'empara du riche patrimoine des Alpes Cotiennes qui appartenoit à l'Église de Rome et le réunit à son domaine.

Des côtes de la mer Tyrrhénienne, il reporta la guerre dans la Vénétie. Il enleva avec la même rapidité et démantela Oderzo, ainsi que les autres petites places situées entre le Frioul et le duché de Trévise, lesquelles appartenoient encore à l'Empire. L'exarque Isaac, plus avare que guerrier, étoit peu capable de défendre l'Italie. Héraclius qui voyoit ses provinces d'Orient déjà ravagées et envahies par un nouvel ennemi plus redoutable que le Perse, étoit hors d'état de songer à porter des secours à l'Occident. Rotharis s'empara donc, sans trouver beaucoup de résistance, de presque toute la partie de la Vénétie située dans le continent, qui commença dès-lors à prendre le nom commun de Lombardie. Il ne resta de cette province à l'Empire que l'Istrie, ainsi que les côtes maritimes et les îles, de Grado jusqu'à l'embouchure de l'Adige, qui conservèrent l'ancien nom de Vénétie.

Cependant l'exarque Isaac n'ayant pu secourir à temps ses places, résolut de se mettre en campagne et de faire une diversion sur les terres lombardes. Tandis que Rotharis faisoit tomber en vainqueur les villes de la Transpadane, l'exarque rassembloit ses garnisons. Il sort de Ravenne à la tête d'une armée, passe sur le territoire de Bologne, se dirige sur Modène et pénètre dans l'Émilie. Mais Rotharis encore plus actif, marchoit à sa rencontre. Il l'atteignit avant qu'il eût touché les murs de Modène. Les deux armées en vinrent aux mains sur les bords de la Scultenna, aujourd'hui le Panaro, qui baigne le territoire de Modène. Les Grecs soutinrent mal le choc, ils tournèrent le dos et furent entièrement défaits. L'historien Lombard dit qu'ils laissèrent huit mille hommes sur le champ de bataille. Cette

638.

Sigon.

Murat., Annal. d'Ital. ad ann. 641.

639.
Anast. bibl. Vit. Pontif.

action décisive couronna la dernière guerre qui ait eu lieu entre les princes Lombards et les exarques jusqu'au temps du roi Luitprand. Les Lombards gênés jusque là par des villes, des provinces et des garnisons romaines qui coupoient leur territoire et avançoient dans le cœur de leur pays, se virent maîtres de tout le continent qui s'étend de la mer Ligurienne jusque près des côtes de l'Adriatique, borné au nord et à l'occident par les Alpes et traversé par le Pô, lequel a retenu d'eux le nom de Lombardie. D'un autre côté, une partie des habitans d'Oderzo et de tout ce pays qui venoit d'être ravagé, fuyant le joug lombard et leurs villes ruinées, imitèrent l'exemple des anciens Vénitiens; ils allèrent chercher des asiles dans les marais et les îlots situés à l'embouchure des fleuves. Ce fut à ces migrations, dit-on, que la ville d'Héraclée dut son origine; mais les critiques les plus éclairés en font remonter plus haut la fondation. Ces nouveaux habitans se fortifièrent : entourant de murs les villes qu'ils avoient fondées, ou qui leur avoient donné retraite, ils parvinrent à conserver leur liberté à la vue et malgré la jalousie des Barbares.

Vers ce temps l'Église de Rome eut à souffrir un nouvel outrage, non de la part du prince arien, mais du lieutenant même de l'empereur. Le pape Séverin, successeur d'Honorius, avoit été élu sur la fin de l'an 638. Il attendoit le consentement de l'empereur pour prendre possession de son siège. Ce nouveau pontife, avant son exaltation, vit son Église patriarcale de Saint-Jean-de-Latran dépouillée par la collusion criminelle de l'exarque Isaac et de Maurice cartulaire de l'empereur à Rome. Maurice avoit d'abord tenté de faire piller le trésor de l'Église par les soldats de la garnison qu'il avoit ameutés et excités à ce sacrilège en leur représentant que l'Église régorgeoit de richesses, tandis qu'eux-mêmes ne touchoient pas la solde qui leur étoit due. Cette harangue séditieuse avoit enflammé leur cupidité et leur avarice. Soulevée par cet officier turbulent, la soldatesque s'étoit portée en foule au palais patriarcal; mais elle avoit été repoussée par les clercs et par la jeunesse de la ville qui s'étoit rendue près de Séverin : celui-ci, qui n'étoit point encore ordonné, n'avoit pas dans son caractère une autorité suffisante pour réprimer la sédition. Maurice voyant son entreprise avortée étoit accouru, entouré des magistrats de la ville, en apparence pour apaiser le tumulte. Il avoit placé des sentinelles comme pour garder le trésor, et y avoit apposé son sceau. Mais il écrivit à Ravenne à l'exarque Isaac et l'invita à profiter de cette conjoncture favorable. L'exarque, dévorant déjà le trésor, se mit en

639. marche sur Rome. Il y fut reçu avec de grands honneurs. Il signala son entrée par l'exil des principaux personnages de l'Église, sous prétexte qu'ils avoient pris part à la sédition, mais en effet pour ne trouver aucun obstacle à son dessein : (on voit que les exarques exerçoient encore la suprême autorité dans Rome). Au bout de quelques jours, il se porta lui-même au palais patriarcal. Il y resta huit jours, occupé à faire l'enlèvement de ces richesses dès long-temps accumulées, dont les empereurs, les princes Barbares, les consuls et les patrices avoient fait don à l'Église, et qui étoient destinées au soulagement des pauvres, à l'entretien des temples et au rachat des captifs. Il s'empara de tout le trésor qu'il fit porter à Ravenne. Seulement, il en envoya une partie à l'empereur Héraclius qui, dans l'embarras de ses affaires, ne rougit pas de partager le fruit de cette odieuse et sacrilège rapine.

Héraclius, héros au milieu de sa carrière, la termina comme il l'avoit commencée. Ce fut comme un astre qui, sans éclat à son lever, jetteroit une grande lumière vers son midi pour s'éclipser avant d'être arrivé à son couchant. Héraclius manqua de force pour s'élever au point où il pouvoit atteindre, avant que les dangers extrêmes de l'Empire l'y eussent, pour ainsi dire, porté ; et de force pour s'y soutenir lorsque l'excès des maux eut lassé sa constance. Il fournit un règne de trente années dont on pourroit faire trois parts égales. La première fut donnée à la mollesse. Dans l'intervalle qui suivit, il se plaça au niveau des plus grands hommes. Le découragement, peut-être le désespoir de relever l'État d'une seconde chute pire que la première, se montra seul dans les dix dernières années. Le vainqueur de la Perse, le vengeur du nom romain s'évanouit, et Héraclius retourna à sa première obscurité. Ce prince s'étant laissé surprendre par les Monothélites, aida imprudemment à troubler l'Église par son édit que l'on appelle l'Echtèse, et par la faveur qu'il accorda au patriarche Sergius infecté de cette hérésie. Spectateur inutile des conquêtes des Sarrasins (ainsi l'on nomma les Arabes du nom des tribus supérieures soumises aux Grecs ou aux Perses), et bientôt dépouillé avec honte de ces mêmes provinces qu'il avoit si glorieusement reconquises; après cinq ans de séjour dans l'Asie où il avoit repassé à la suite de ses triomphes pour y rétablir l'ordre public et la Religion, pour replacer l'orthodoxie avec la croix de Jésus-Christ dans les temples de l'Orient; il en sortit, n'espérant plus rien des affaires, et se représentant déjà en idée Jérusalem profanée de nouveau par les infidèles. Il se contenta de dérober à leur impiété ce sacré gage, reporta à Constantinople ce même trophée qu'il avoit enlevé des mains des Perses, apprenant ainsi à l'Empire qu'il ne pouvoit désormais le protéger non plus que la Religion, et qu'il les abandonnoit à leur commun ennemi. En effet les Sarrasins, comme nous l'allons voir, battirent ses généraux, ils lui enlevèrent la Palestine, la Phénicie, la Syrie, la Mésopotamie, l'Égypte, et rentrèrent dans la ville sainte. Ils rejetèrent ainsi l'Empire dans de plus grandes extrémités que celles où il étoit tombé avant l'expédition de Perse. Car ce n'étoit plus un peuple dégénéré, un État affaissé par les vices et les ans, qui en attaquoit un autre non moins foible : c'étoient de nouveaux peuples qui sortoient de leurs déserts avec toute la fureur de l'ambition et celle du fanatisme religieux et guerrier. En même temps qu'ils désoloient les provinces grecques, ils méditoient la destruction de l'empire des Perses à qui tout le génie d'Héraclius et tous les efforts des armes romaines n'avoient pu qu'à grand'peine arracher la restitution des provinces envahies ; ils doubloient ainsi leurs forces aux dépens des deux adversaires, environnoient de nouveaux périls celui qui ne succomboit point encore, et l'effrayoient de cette chute qui sembloit lui annoncer la sienne.

Mahomet laissoit sa doctrine établie dans

l'Arabie, d'abord obscure et persécutée, puis s'étendant peu-à-peu par les armes, près de succomber par les revers des combats, et enfin surmontant tout par l'ardeur et la patience du fanatisme. Né dans la pauvreté, il mouroit prince des Arabes sur qui sa vocation prophétique lui avoit donné l'autorité royale. Cet enthousiasme de religion qui avoit fait sa grandeur, prompt à s'exalter chez un peuple ignorant et doué d'une imagination vive, avoit fait naître des ambitieux qui aspirèrent comme lui à la prophétie. Mais moins heureux, moins éloquens, ou moins habiles, ils ne firent plus la même fortune ; et toute la puissance des superstitions arabes concourut à l'élévation d'un seul qui parvint à se faire regarder comme le véritable apôtre de Dieu, envoyé pour ressusciter la foi d'Abraham et l'antique religion des hommes. Néanmoins ces faux prophètes soutinrent quelque temps la légitimité de leur mission, par les mêmes voies et avec les mêmes droits. Tel fut le prophète Mosséléima qui écrivit aussi le livre de ses révélations, leva des armées, et du vivant même de Mahomet, rival d'ambition et de fanatisme, espéra balancer par la force des armes et par le nombre de ses sectateurs la fortune de l'alcoran d'où dépendoit celle de l'Asie. Mahomet, quoique vainqueur, n'avoit pu étouffer cette secte rivale.

Pontife et monarque, il avoit fondé dans l'Arabie une domination à laquelle on ne pouvoit résister sans attaquer en sa personne ce double caractère qu'il s'étoit attribué. Aussi sa mort fut-elle le signal d'une double révolte. Une partie des Arabes qu'il avoit vaincus, refusèrent de payer le tribut; d'autres retournèrent à l'idolâtrie, au judaïsme, même au christianisme qu'ils avoient professé; en même temps il s'élevoit en différens lieux des prophètes encouragés par ses exemples, animés par cet esprit de fanatisme que sa prédication avoit rallumé dans toute l'Arabie, qui cherchoient à rassembler des partis et à se former une puissance en séduisant les peuples.

632.

Elmacin.
Abul-faraj.
Theophan.
Cedren.
D'Herbelot.
Hist. univ. des Anglois.

Les capitaines de Mahomet étoient assemblés dans l'appartement où le prophète venoit d'expirer. Ils se regardoient avec des yeux jaloux, et l'ambition du commandement alloit les rendre ennemis. Déjà les cimeterres étoient tirés. D'un côté, les compagnons de la fuite du prophète, de l'autre les habitans de Médine qui l'avoient recueilli dans leurs murs, vouloient lui donner un successeur et diviser le pontificat dès sa naissance. Les Médinois se portèrent en foule à la maison du prophète. Ils amenoient avec eux un de leurs citoyens qu'ils vouloient faire reconnoître, laissant aux Mecquois la liberté de se

donner un autre chef. « Voici notre prince, di-
soient-ils, choisissez le vôtre, réfugiés de la Mecque. » Mais Abubècre élevant la voix, « Peuples,
dit-il, craignez-vous que le reste de l'Arabie ne
vous estime point assez, si vous ne séparez votre
cause de celle des compagnons du prophète ? Je
souhaite seulement pour vous et pour nous un
chef tel que ces deux que je vous présente. » Disant ces mots, il prit par la main Omar et Abu-
Obéidas. Mais Omar tendit la main à Abubècre,
et lui demandant la sienne, il lui jura fidélité.
Les Mecquois l'imitèrent, puis ceux de Médine;
et l'action vigoureuse d'Omar ayant étonné les
esprits et ramené le calme dans l'assemblée,
Abubècre, beau-père de Mahomet, fut reconnu
son successeur, le jour même de la mort du prophète. De tous ses compagnons, le seul Ali son
gendre et son plus proche parent, chef de la maison d'Haschem, qui aspiroit en secret à remplir
sa place, refusoit avec son parti de reconnoître
cette élection tumultuaire. Mais intimidé par le
consentement général, il y souscrivit enfin et
entraîna les autres Haschémites.

L'œuvre de Mahomet avoit encore besoin du
zèle de ses disciples, non-seulement pour s'étendre au loin, mais pour achever de s'établir dans
l'intérieur de l'Arabie. La nouvelle des révoltes
qui éclatoient de toutes parts, répandit la terreur

632. dans Médine. Les habitans cachèrent leurs enfans dans les montagnes, craignant d'être surpris par l'ennemi, effrayés sur-tout des progrès de Mosséléima et des autres prophètes qui relevoient leurs étendards en différens cantons de l'Arabie. Abubècre s'empressa donc de faire sortir ses troupes de Médine. Il se mit lui-même en campagne. Divisant ses forces en plusieurs corps, il les envoya contre les différens partis de fanatiques ou de rebelles. Caled, l'un de ses principaux lieutenans, à la tête de quarante mille Musulmans, alla chercher Mosséléima qui s'étoit ligué avec une prophétesse dont il avoit fait sa femme. Le faux prophète vint à sa rencontre. On combattit avec la fureur de deux sectes rivales. Les Musulmans plièrent et furent rompus; Mosséléima fut tué dans l'action, et la chute du chef ennemi leur rendit la victoire. Le calife, ou vicaire de Mahomet, acheva sans beaucoup de peine de soumettre ce qui restoit de rebelles. Il reçut en grâce ceux qui revinrent à l'islamisme, fit passer au fil de l'épée ceux qui persistèrent dans leur apostasie, réduisit leurs enfans en servitude, distribua leurs dépouilles à ses soldats. Ses armées parcouroient l'Arabie pour faire ces exécutions et ces conversions : et l'année de la mort de Mahomet vit assurer les fondemens de l'islamisme par la ruine entière des doctrines

rivales, étouffées dans le sang ou réduites au silence.

632.

Ce dernier effort de la liberté des tribus et des sectes une fois étouffé, l'islamisme triomphant ne devoit plus trouver d'obstacles. Maître désormais de toute l'Arabie, il pouvoit porter ses enseignes au dehors. Abubècre envoya Caled dans l'Irak babylonienne ou Chaldée qu'occupoit la monarchie arabe de Hira ou des Mondars dont nous avons déjà parlé. C'étoit le nom héréditaire de ces princes qui reconnoissoient la protection des rois Perses dont ils étoient les lieutenans sur cette frontière, de même que les rois Arabes de Gassan commandoient pour les empereurs Grecs sur celle de Syrie. Une grande partie de ces peuples avoient reçu le Christianisme. La province d'Irak étoit défendue par les princes du pays et par les généraux Persans. La Cour de Perse voyant l'orage approcher de ses frontières, avoit envoyé des troupes pour défendre ce royaume allié. Mais que pouvoit contre l'ardeur des Musulmans la Perse épuisée et défaillante, à qui les victoires d'Héraclius et des révolutions successives avoient ôté le reste de ses forces? Caled, général aussi brave que sanguinaire, battit les Irakiens et les Persans en plusieurs rencontres. Le prince Arabe fut tué avec son fils, une multitude de leurs sujets massacrés ou faits

632.   esclaves. Le lieutenant d'Abubècre prit la ville de Hira et mit fin à cette monarchie qui avoit duré plusieurs siècles. Ce fut la première province étrangère soumise à l'islamisme hors de la presqu'île d'Arabie.

633.   Abubècre ne perdoit point de vue le plan tracé par Mahomet. En même temps qu'il soumettoit l'Irak, il tournoit ses regards vers la Syrie que le prophète avoit regardée d'avance comme sa conquête, où les Arabes avoient déjà fait quelques courses et montré de loin leurs armes à l'empire grec. Une seconde armée envoyée par Abubècre dans la deuxième année de son règne, marchoit vers cette province sous le commandement d'Yézid et d'Abu-Obéidas. Les Arabes chrétiens, alliés de l'Empire, gardoient le désert de Syrie. Mais l'avarice imprudente des Grecs avoit frayé le chemin et épargné une victoire aux Musulmans en aliénant ces Barbares qu'il étoit si important de ménager, puisqu'ils tenoient la clef de la Syrie. Un eunuque du palais chargé de la solde des troupes, étant venu dans ces quartiers, ces guerriers, non moins pauvres que braves, s'étoient présentés à lui pour réclamer le prix de leurs services. Mais ce vil ministre, apercevant une troupe de misérables à demi-nus, les avoit repoussés rudement, en leur disant que l'empereur pouvoit à peine payer ses soldats : étoit-ce pour jeter son ar-

gent à ces chiens? Indignés de ce traitement, ces Arabes Gassanites avoient déserté le service grec; une partie s'étoient retirés vers leurs compatriotes, et abjurant le Christianisme avoient pris parti dans les troupes musulmanes.

633.

Maintenant, ces déserteurs servoient de guides à l'armée arabe qui, après avoir traversé le désert, s'avançoit sur le territoire de Gaza, pays riche et abondant. Héraclius alarmé de l'apparition de ce nouvel ennemi qui ravageoit à-la-fois ses frontières et celles de Perse, s'étoit rapproché de Damas pour veiller au salut des provinces reconquises. Il détacha Sergius, un de ses lieutenans, avec un corps assez peu nombreux, afin de reconnoître l'ennemi. Ce capitaine sortit de Césarée de Palestine et se mit en marche pour Gaza. Il rencontra le corps d'Abu-Obéidas, fort d'environ vingt mille hommes, dans le voisinage de cette ville. L'action s'engagea. Mais la petite armée grecque put à peine soutenir le choc des Arabes supérieurs en nombre et en valeur. Les Grecs tournèrent le dos. Sergius blessé fut entraîné par la fuite des siens. Trop foible pour les suivre, il tombe deux fois de cheval, ses serviteurs le relèvent et s'empressent autour de lui : «Allez, dit-il, c'est assez, dérobez-vous à l'ennemi et laissez-moi périr seul.» Les Sarrasins surviennent et le massacrent. Ils se répandirent ensuite dans

633.

la campagne, firent un riche butin, enlevèrent une foule de captifs. Héraclius toujours plus inquiet des progrès des Sarrasins, fit avancer sur la frontière un nouveau corps de troupes qui répara un peu ce premier échec. Abu-Obéidas ayant eu du désavantage en une rencontre, le calife déterminé à pousser vivement la guerre, rappela Caled de l'Irak dont il achevoit la conquête, et lui confia le commandement général des troupes de Syrie.

A l'ordre du calife, Caled quitte le théâtre de ses victoires et marche sur la Syrie avec neuf mille hommes. Il joint l'armée arabe qui en occupoit la frontière. Son arrivée et sa réputation donnent une nouvelle vigueur aux opérations et raniment le courage des Sarrasins. Il laisse Amrou sous les murs de Gaza pour en former le siège. Il marche lui-même sur Bostra, ville importante par sa position et par la force de sa garnison, dans le voisinage de Damas. Il la surprend par la perfidie du gouverneur, et se dispose à assiéger Damas.

634.

Caled vint camper sous Damas à la tête d'environ cinquante mille hommes. Les assiégés montrèrent d'abord beaucoup de résolution; ils firent plusieurs sorties dans le cours du siège. Mais comme ils étoient divisés entre eux, et ne pouvoient d'ailleurs lutter contre le nombre et l'ardeur des Musulmans ; ils ne s'obstinèrent pas long-temps à défendre les dehors. Ils se retirèrent dans leurs murailles que les ennemis commencèrent à battre. Réduits bientôt aux extrémités, et ne voyant venir aucun secours, ils cherchèrent à racheter leur ville à prix d'argent. C'étoit bien peu connoître des hommes encore plus ambitieux qu'avares, et qui ne faisoient la guerre que pour étendre leurs conquêtes et leur religion. Caled leur répondit par la condition ordinaire imposée aux amis comme aux ennemis, d'ouvrir leurs portes, de se soumettre au tribut ou d'embrasser sa religion.

634?

Cependant Héraclius contemploit de loin les périls qui menaçoient la Syrie, espérant en vain les détourner sans les partager. Il oublioit qu'en des dangers moins imminens, il avoit lui-même pris généreusement les armes, porté le fer et la flamme sur les terres de son ennemi, et l'avoit forcé de lâcher sa proie. La crainte de perdre encore une fois cette terre reconquise à si grands frais, le retenoit en Orient. Mais content d'agir par ses lieutenans, d'épuiser les ressources que fournissoient ces provinces affoiblies qui eussent pu à peine être sauvées par son ancien héroïsme, il ramassoit les milices et les garnisons de la Syrie. Il en formoit des armées qu'il confioit à des lieutenans sans valeur ou sans fortune, et qu'il

Theophan. Cedren.

634. envoyoit l'une après l'autre faire épreuve du courage et de la destinée irrésistible de ces Sarrasins naguère si méprisés. Pour lui, il s'approchoit ou s'éloignoit du théâtre de la guerre, parcourant avec son épouse Martine ces contrées délicieuses de l'Asie, se transportant d'Émèse à Antioche, puis à Édesse, et oubliant dans les voluptés sa gloire passée.

Ce prince sollicité par les habitans de Damas, mit sur pied une nouvelle armée dont il donna le commandement à son frère Théodore qui l'avoit déjà servi avantageusement dans les affaires d'Orient. Théodore marcha en diligence sur Damas, dans l'intention de faire lever le siège ou de livrer bataille. Mais Caled, sans être effrayé de la supériorité de l'armée grecque, divisa la sienne. Il laissa Abu-Obéidas autour de la place pour empêcher qu'on ne pût y introduire des secours, et alla chercher Théodore. Il le rencontra à Gabitha, ville de la Palestine dans le voisinage de Bostra. Les Arabes attaquèrent avec leur ardeur accoutumée. Les Grecs, de leur côté, firent une vigoureuse résistance; mais enfin il fallut céder. Théodore battu complètement, alla retrouver son frère à Édesse où l'empereur se tenoit alors. Héraclius irrité de cette défaite, aigri déjà par les reproches que ce frère faisoit à sa mollesse, le traita ignominieusement et l'envoya sous garde à Constantinople. Héraclius ne pouvoit plus guère compter sur les forces de l'Empire après avoir vu battre une armée florissante, au nombre de cent mille hommes, si l'on s'en rapporte aux historiens Arabes dont le récit est d'ailleurs chargé de circonstances fabuleuses ou romanesques. Ils supposent que les Arabes, avec quelques poignées d'hommes, détruisirent de puissantes armées grecques. A la vérité rien n'est comparable au courage fanatique des Arabes de ce siècle. Les femmes même d'une naissance illustre vouloient combattre dans les rangs, elles animoient leurs frères, leurs époux dont elles partageoient les dangers et les exploits. Toutefois il faut convenir qu'une des causes principales de leurs prodigieux succès, ce fut la foiblesse même de deux ennemis qui s'étoient épuisés dès long-temps dans de sanglantes querelles et des révolutions intestines. Ces peuples attaquèrent avec un courage neuf et toute l'ardeur de l'enthousiasme religieux, mais aussi avec des forces assez considérables, des États qui languissoient et penchoient vers leur ruine.

634.

La défaite de Théodore n'avoit point entièrement ruiné les Grecs. Leurs troupes battues s'étoient ralliées. Tandis que Caled retourné devant Damas, en pressoit toujours le siège, Héraclius leur envoyoit des renforts, sous la conduite de Théodore Triture son sacellaire ou trésorier et du Perse Baane. Ces deux capitaines devoient se rendre à Émèse, diriger de là leurs mouvemens sur Damas, afin d'arrêter les progrès des Sarrasins et sur-tout leur faire lever le siège : c'étoit là le point important ; du sort de cette place sembloit dépendre celui de la Syrie.

Depuis leur victoire, les Arabes battoient librement le pays. Leurs partis, maîtres de la campagne, s'étoient avancés des murs de Damas jusqu'à ceux d'Émèse. Les deux généraux, dans leur marche, firent replier ces troupes de pillards et les remenèrent battant jusqu'aux portes de Damas. Ils campèrent sur les bords du Bardanise qui baigne les murs de la ville. Puis ils divisèrent leurs corps et firent quelques excursions dans la province, tenant toujours leur poste principal à Émèse. Mais enfin voyant que les Sarrasins ne s'ébranloient pas, qu'ils continuoient tranquillement le siège et renforçoient chaque jour leur armée ; ils se décidèrent à agir sérieusement, sans attendre que la ville ne fût plus en état de tenir. Baane donna avis à son collègue de venir le joindre. Tous deux partirent d'Émèse et marchèrent sur Damas avec leurs forces réunies.

Caled, de son côté, étoit résolu de porter un coup décisif. En l'état où étoient les choses, une

LIVRE DIX-SEPTIÈME.

victoire le rendoit maître de Damas et de la province. Il rappela donc tous les corps arabes qu'il avoit dispersés sur les différens points limitrophes de la Syrie, de la Palestine et de l'Arabie, pour y faire la guerre. Il leva le siège et alla chercher l'armée grecque. Il la joignit à Aïnadin, lieu inconnu et apparemment voisin de Damas. Comme du côté des Grecs, la résolution étoit également prise de remettre l'événement à la fortune des armes, le jour de la rencontre fut celui du combat.

634.

23 juin 634.

Avant que l'action commençât, tout l'avantage étoit déjà pour les Sarrasins. L'armée grecque qui d'Émèse s'étoit portée sur Damas, étoit pleine de confusion et de trouble. Les dissentions inévitables entre deux chefs, divisèrent aussi l'armée. L'habile Caled en profita, et fondant à propos sur le corps de Théodore, il le rompit et en fit un grand carnage.

Alors le désordre redouble dans le camp des Grecs. Les soldats, pleins de mépris pour Théodore et même pour Héraclius qui négligeoit le soin des affaires et la conduite des armées, renoncent à l'obéissance de l'empereur. Dans leur retraite, presque sous le glaive des Arabes, ils proclament empereur le Perse Baane. Les troupes de Théodore mécontentes, quittent le camp et se séparent de leurs compagnons qu'elles laissent exposés au

634. fer du Musulman. Caled saisit encore l'occasion, et quelques jours après, il vient attaquer l'autre corps d'armée. Un vent du midi qui s'étoit élevé, donnoit avec force au visage des Grecs. Des nuages de poussière que le vent amasse dans ces climats brûlans et sablonneux couvroient la face des soldats, les enveloppoient, leur ôtoient la vue de l'ennemi et les livroient presque à sa merci. Ce ne fut bientôt qu'une déroute. Pressés par la rage des Arabes, poursuivis par le vent et par les tourbillons de poussière, ils fuient, leur fuite les porte vers une rivière qui couloit près du champ de bataille et où ils périssent en grand nombre. Baane ayant perdu à-la-fois en un jour ses vains honneurs et la bataille, n'a plus d'autre ressource que d'échapper à la colère de son maître; il traverse le désert et va cacher pour toujours sa honte dans le monastère du mont Sinaï.

Caled entièrement maître de la campagne, revint sur Damas. Il pouvoit désormais en faire tomber les murs sans obstacle. Les assiégés se défendirent quelque temps encore avec assez de découragement. Enfin, après un siège de six mois, n'ayant plus d'espoir d'être secourus, ils pensèrent à se rendre et ménagèrent un traité avec Abu-Obéidas dont la modération inspiroit plus de confiance que la férocité de l'autre chef. Mais tandis que ce capitaine étoit reçu par une des portes, Caled profitant de ce moment de sécurité, enlevoit l'autre par surprise, il massacroit impitoyablement les habitans. Les cris des malheureux qu'on égorgeoit et ceux des fugitifs étant parvenus à l'autre quartier dont Abu-Obéidas étoit déjà maître, et les deux troupes victorieuses s'étant rencontrées au milieu de la ville, Abu-Obéidas avec la sienne arrêta le massacre. Il fit valoir la capitulation, malgré la résistance de Caled qui disoit qu'ayant pris la ville d'assaut, il avoit le droit d'en livrer les habitans au tranchant du glaive. Abu-Obéidas l'emporta près des chefs arabes qui craignoient de pousser les autres villes syriennes au désespoir. Les habitans de Damas et la garnison obtinrent quartier. Ils conservèrent la jouissance d'une partie de leurs églises et l'exercice de leur religion, en se soumettant au tribut et se reconnoissant sujets du calife. Damas fut dès-lors acquis à l'empire arabe. Ainsi dans une seule campagne, les Arabes avoient acquis toute la frontière de Syrie depuis Gaza jusqu'à Damas; ils tenoient encore Bostra, Palmyre, d'autres villes qui bordoient le désert, tout le pays qui appartenoit aux Arabes protégés des deux empires grec et persan; ils poussoient encore leurs courses dans la Palestine. La nouvelle de ces brillans succès, le désir d'avoir part aux richesses que leurs frères acquéroient, excitant

634.

634. l'ardeur des Arabes par le double mobile de la gloire et du gain, ces guerriers pauvres et fanatiques accouroient au camp de Syrie. Ils partageoient le butin suivant le rang que chacun occupoit dans l'armée, à l'exception d'un cinquième qui étoit prélevé, selon la loi de Mahomet, pour le calife, et déposé dans le trésor public. Le courage et l'espérance croissoient au camp arabe avec le nombre des soldats, tandis que les Grecs ne voyoient autour d'eux que la honte, le désespoir, l'abattement, la ruine de leurs provinces, l'opprobre de la Religion et de l'Empire.

Les malheureux habitans de Damas, après avoir payé la rançon de leur liberté et de leur vie, quittoient tristement leurs foyers abandonnés aux Infidèles. Chargés de leurs femmes et de leurs enfans, portant avec eux quelques provisions et quelques armes que l'ennemi leur avoit laissées pour protéger leur route, ils traversoient la Syrie sous la conduite de la garnison. Ils laissoient dans leurs murs ceux qui n'avoient pu les suivre ou qui n'avoient pas eu le courage d'abandonner leur patrie. Mais le féroce Caled qui regrettoit de voir ses victimes échappées, les suivoit à la trace. Quatre jours écoulés après leur départ, il prend un corps de cavalerie, marche avec une rapidité et des fatigues extrêmes, et atteint enfin ces malheureux chrétiens qui se reposoient dans une prairie, excédés d'une marche pénible, à quelque distance de Laodicée du Liban. A l'aspect de l'ennemi qui paroît sur divers points et qui les enveloppe, les Damascéniens se voient indignement trahis. Néanmoins, ramassant le reste de leurs forces, retrouvant du courage dans leur désespoir, ils se rangent en bataille, font face de toutes parts et combattent avec valeur. Mais ils tombent sous le cimeterre des Arabes; tout ce qui ne périt point est fait prisonnier, le vainqueur ramène en triomphe vers le camp ses captifs, des enfans, des femmes, qui après avoir perdu leur patrie, regrettent encore des pères, des époux que le farouche Caled vient d'égorger.

634.

Abubècre ne put jouir de toute la gloire de son règne. Il mourut de phtisie le jour même de la prise de Damas, après avoir occupé la chaire de Mahomet durant deux ans et quelques mois. Ce prince fut un Musulman dévot, d'une justice rigoureuse, d'une humilité exemplaire, entièrement détaché des biens du monde. Son abstinence, sa pauvreté volontaire, sa vie austère et mortifiée et les autres vertus extérieures assez communes à ces premiers pontifes-rois, sembloient faites pour donner crédit à une nouvelle secte fondée sur l'enthousiasme des imaginations échauffées. Abubècre qui avoit entrepris la conquête de l'Asie, vécut et mourut pauvre au milieu des richesses. Il désigna Omar pour son successeur et recommanda à sa fille Aïscha, veuve de Mahomet, de restituer aux Musulmans tout ce que le gouvernement des Fidèles avoit pu ajouter à son patrimoine. Mais Abubècre, outre l'habit qu'il portoit, ne laissoit que quelques pièces de monnoie, et il n'avoit tiré de son vivant du trésor public que ce qui lui étoit nécessaire pour l'entretien d'un chameau et de son esclave. Il ordonna qu'après sa mort on portât ces richesses à Omar, comme pour le faire souvenir de garder au sein de la puissance suprême, la modestie des anciens Arabes, vertu qui avoit été aussi celle du prophète. Les Musulmans lui doivent la rédaction de l'Alcoran qu'il forma après la défaite du faux prophète Mosséléima, de crainte que ce dépôt précieux ne se perdît au milieu des troubles de l'Arabie. Il recueillit à cet effet tout ce qui pouvoit se trouver de ces prétendues révélations sur des feuilles écrites ou même dans la mémoire des compagnons du prophète.

Le choix d'Abubècre fut approuvé des Musulmans. Le seul Omar effrayé du fardeau sacré qu'on lui imposoit, parut résister au vœu public. Il eut presque besoin des ordres du calife mourant pour accepter la dignité pontificale et royale. Il reçut en pleurant le legs d'Abubècre, et dit :

« Dieu fasse miséricorde à son serviteur Abubècre ; mais il a laissé un exemple difficile à suivre à ceux qui viendront après lui. » Il fut reconnu prince des Fidèles : ce fut le titre qu'il prit. Abubècre n'avoit porté que celui de calife, c'est-à-dire, vicaire ou successeur.

 Les derniers revers des armes romaines achevèrent d'abattre le courage d'Héraclius. L'esprit plein de funestes images, se représentant déjà la Syrie tombée au pouvoir des Sarrasins, il s'apprêta à dire adieu à l'Orient ; mais en perdant ces provinces reconquises sur les Perses avec tant de gloire et de fatigues, il ne voulut pas du moins délaisser aux mains des Infidèles le signe précieux de la Rédemption, qui avoit fait le plus bel ornement de son triomphe. Il alla prendre à Jérusalem la sainte Croix des mains du patriarche Sophronius, témoignant par là en quelque sorte qu'il leur abandonnoit cette terre où les mystères de la Religion s'étoient accomplis. Puis traversant en fugitif ces provinces qu'il avoit naguère arrachées au joug des Barbares, où il étoit venu ensuite rétablir l'ordre et la dignité de la Religion, il arriva par terre sur le bord du Bosphore. Il s'arrêta au palais d'Hérée à la vue de Constantinople. Il n'osoit rendre témoin de son ignominie cette capitale où il avoit triomphé. Il séjourna quelque temps sur cette côte, retenu,

634.

*Theophan.
Cedren.
Niceph.*

634. dit-on, par une timidité qui l'empêchoit de se mettre en mer. Seulement aux jours des solennités il envoyoit ses fils dans la ville impériale pour célébrer les fêtes avec le peuple, s'abstenant lui-même de prendre part à la joie ou aux prières publiques.

Omar, dans les premiers jours de son califat, apprit les heureuses nouvelles de l'armée de Syrie par le courrier adressé à Abubècre. Dès son élévation, il avoit envoyé un ordre au camp, par lequel il rendoit le commandement à Abu-Obéidas, et révoquoit Caled dont il désapprouvoit la conduite violente et cruelle. Il les invitoit à poursuivre leurs progrès et à employer toujours leurs bras avec le même zèle à la propagation de l'Islamisme. Caled, en descendant au rang de lieutenant, témoigna qu'en quelque poste qu'on le plaçât, il se tiendroit toujours heureux de servir la cause de Dieu. Tels étoient ces guerriers arabes, devenus héros par esprit de religion, et qui comptoient pour rien leurs affronts au prix de la cause commune. Mais comme Caled étoit alors le plus grand capitaine de l'Arabie, il ne cessa point d'être considéré comme le personnage le plus important de l'armée et d'en diriger les succès.

635,636. Caled étoit emporté par un fanatisme barbare qui n'aspiroit qu'à verser le sang des chrétiens. Abu-Obéidas suivit un plan de conduite 635, 636. tout opposé, et sa modération jointe à l'activité de Caled ne fut pas moins utile aux affaires des Arabes. Il accordoit volontiers des trèves aux villes, sous la condition de se rendre au terme échu si elles n'étoient secourues, condition que la foiblesse de l'empire grec rendit toujours favorable au vainqueur. Il les recevoit à composition moyennant le tribut ordinaire et à la charge de se soumettre à l'empire du calife, leur laissant l'exercice libre de leur religion. Le nouveau général se mit en campagne, il marcha sur Émèse dont il forma le siège. Les habitans effrayés demandent une trève et promettent d'ouvrir leurs portes si les Arabes se rendent maîtres de quelques autres places. Le Sarrasin y consent, il décampe, il prend Héliopolis malgré la résistance opiniâtre de la garnison, il pousse de succès en succès jusque dans le voisinage de Béroé ou Alep. Puis il revient sur Émèse qui, dépourvue de vivres, surprise, et trouvant encore une dernière ressource dans le désespoir de ses habitans, est forcée enfin de se rendre et de reconnoître le joug du calife. Ainsi la férocité, la clémence, la trahison réunies, ouvrirent à Abu-Obéidas et à Caled les places de la Syrie.

Il faut avouer pourtant que dans cette guerre, bien plus funeste que celle de Perse, puisqu'elle

635, 636. livra pour jamais l'Orient aux ennemis du nom chrétien, la vue de nouvelles et plus grandes calamités pour l'Empire et la Religion, sembla relever la valeur des Grecs. Si les Arabes enflammés par le fanatisme et l'ardeur du butin, et qui croyoient voir le ciel ouvert pour les recevoir, combattoient en furieux et mouroient en martyrs pour une religion qui alloit leur donner des récompenses sensuelles conformes à leurs passions; les Chrétiens, de leur côté, se représentant les outrages de cette religion divine qui étoit née et avoit triomphé dans ces mêmes lieux qu'ils défendoient; les Chrétiens frappés du souvenir récent de ce qu'ils avoient souffert de la part des Perses également ennemis du Christianisme, firent des efforts extraordinaires. Malgré leurs divisions dont la racine étoit ancienne, malgré la trahison de quelques-uns d'entre eux, l'imminence du péril leur rendit des forces que l'on croyoit abattues, un courage qui sembloit éteint dans l'épuisement général de l'Empire. Plusieurs fois les garnisons et les habitans des villes, réduits aux dernières extrémités, firent des sorties sanglantes, non moins funestes aux ennemis qu'à eux-mêmes. Mais les secours tardifs d'Héraclius ne secondèrent pas assez le dévouement des habitans, ou peut-être l'empereur et le citoyen manquèrent également de fortune contre l'ascen-

dant d'un peuple nouvellement sorti de ses déserts 635, 636.
et d'une secte enthousiaste et conquérante.

 Héraclius, en enlevant de Jérusalem la Croix 636.
du Sauveur, avoit annoncé en quelque sorte
qu'il n'espéroit plus rien des affaires. Il résolut
néanmoins de faire un dernier effort pour renvoyer dans leurs déserts ces troupes de Barbares
jusque-là si méprisés de l'Empire, et qui, mêlant à leur nouvelle discipline l'image de leur
premier brigandage, sembloient plutôt nés pour
piller des marchés et des caravanes que pour
faire des conquêtes régulières. Il renforça les
garnisons de Syrie et de Phénicie ; il mit sur
pied une armée plus considérable qu'aucune de
celles qu'il avoit jusque-là opposées aux Sarrasins ; il la confia à un général nommé Manuel,
et la dirigea sur la Syrie. Il comptoit encore sur
de bons auxiliaires. C'étoient les Arabes chrétiens, anciens protégés de l'Empire. Ces peuples
chassés par la présence des armes musulmanes,
dispersés par la révolution de l'Arabie, s'étoient
séparés en deux partis. Les uns, comme nous
l'avons vu, rebutés par l'avarice des Grecs, s'étoient retirés vers leurs anciens compatriotes ; ils
les avoient introduits dans leur pays et dans la
Syrie. Les autres s'étoient rejoints aux armées
romaines ; ils combattoient pour leur liberté,
pour une religion commune, ou pour recouvrer

636.

leur patrie envahie. Ceux-ci avoient à leur tête Jabalah, roi Gassanite, qui avoit d'abord abjuré le Christianisme, et même s'étoit rendu à la Mecque; puis, s'étant échappé de la Cour d'Omar avec ses amis et son escorte, il avoit fui à Constantinople. Réuni maintenant à l'armée grecque, il y commandoit les restes de sa nation.

Theophan.
276, 280.

Les Arabes terminoient le siège d'Émèse, lorsqu'ils furent frappés de la nouvelle de l'approche d'une formidable armée grecque. Forcés de rassembler toutes leurs troupes et de prendre un parti prompt s'ils ne vouloient perdre leurs avantages, ils délibérèrent à la hâte. Ils ne se donnèrent pas même le temps d'occuper Émèse qui venoit de se rendre à eux, ni d'y mettre garnison : quelques-uns pensoient déjà à rentrer en Arabie. Mais le plus grand nombre ayant rejeté ce conseil honteux, on se détermina à rappeler tous les corps, à lever le camp, à prendre une position plus voisine des frontières de l'Arabie, à écrire au calife pour lui demander des secours, et à attendre courageusement l'attaque de l'ennemi dans le nouveau poste qu'on auroit choisi.

Cependant l'armée grecque continuoit sa marche. Elle s'avança jusqu'à Yermouk, lieu inconnu, où les Sarrasins avoient fixé leur camp. Ce fut là que s'engagea une sanglante action, où Héraclius exposa les dernières forces qu'il destinoit à la défense de l'Orient. Cette action décida en effet du sort de la Syrie. Les Grecs animés par tous les motifs d'honneur, de religion, de patrie, défendoient leur dernier champ de bataille; et les Arabes transportés d'une fureur religieuse plus forte que tout le reste, avoient encore à conserver les grands avantages qu'ils s'étoient acquis. Abu-Obéidas, jugeant que cette journée alloit être décisive, avoit confié le soin de la diriger au brave et farouche Caled. Il se tenoit lui-même à l'arrière-garde sous le grand étendard qui avoit été celui de Mahomet. Les Arabes avoient reçu un renfort de huit mille hommes que le calife, instruit à temps de leur danger, leur avoit envoyés. Avant l'action, ils avoient cherché inutilement à gagner les Sarrasins chrétiens qui leur sembloient les plus redoutables de leurs adversaires. Ces auxiliaires combattirent en effet avec une ardeur accrue par l'animosité réciproque, et les Grecs disputèrent avec eux d'acharnement. Cette bataille si meurtrière dura deux jours. L'action fut balancée et long-temps incertaine. Les femmes montrèrent un courage égal et peut-être supérieur à celui des hommes. Les Grecs, dans la première journée, forts de leur nombre et de leur désespoir, firent plier jusqu'à trois fois les Sarrasins, qui trois fois furent renvoyés au combat par les fem-

636.

636.

mes Arabes placées à l'arrière-garde avec Abu-Obéidas. Dans la seconde journée, la victoire pencha encore pour les **Grecs**; les Chrétiens en auroient eu peut-être l'honneur, peut-être eussent-ils arrêté sur ce champ de bataille le débordement du fanatisme musulman, si la fureur des femmes Arabes, échauffant la valeur des guerriers, ne les eût élevés au-dessus d'eux-mêmes, et ne leur eût, pour ainsi dire, rendu la victoire qui leur échappoit. Elle ne fut décidée qu'à la nuit. Enfin les Chrétiens prirent la fuite après une perte considérable. Cette victoire rendit les Arabes presque entièrement maîtres du pays. Ils n'eurent plus rien à faire dorénavant qu'à continuer tranquillement leurs sièges, à vaincre le désespoir des habitans des villes et le courage des garnisons, sans crainte d'être interrompus ou gênés par des armées capables de tenir la campagne.

637.
Elmacin.
Theophan.
Cedren.
Hist. univers.
des Anglois.

Mais l'événement qui suivit fut bien plus douloureux à toute la Chrétienté. Les Sarrasins entrèrent dans la Palestine, terre sacrée pour eux comme pour les Juifs et les Chrétiens, et où leurs superstitions leur promettoient un plus beau triomphe pour l'Islamisme. Ils vinrent mettre le siège devant Jérusalem. N'ayant pu amener les habitans à un traité, ils donnèrent l'assaut, et continuèrent ainsi durant plusieurs mois, toujours repoussés avec une valeur égale. Aucun jour presque ne se passa sans combat, comme si les Chrétiens eussent mis dans ces murs sacrés leur dernière espérance. Ils se défendirent contre toutes les attaques des Sarrasins durant près de deux ans, si l'on en croit les historiens grecs, et quatre mois, suivant les Arabes. Enfin réduits aux abois, ils furent forcés d'en venir à une composition. Le patriarche Sophronius se porta sur la brèche, d'où il conféra avec Abu-Obéidas. Ce saint personnage offrit de capituler; mais voulant assurer une garantie inviolable à cette ville le berceau de l'Église et le rendez-vous de tant de Fidèles qui venoient y visiter les saints lieux, il demanda que les conditions fussent reçues et confirmées par le calife en personne, auquel il remettroit les clefs de la ville. Abu-Obéidas, peut-être fatigué d'un siège qui duroit depuis long-temps, et touché de la constance des habitans, accéda à cette proposition.

Omar se mit en route, laissant Ali pour son lieutenant en Arabie. Il part de Médine, monté sur un chameau, portant avec lui sa provision de riz et son outre remplie d'eau dont il faisoit part à ses compagnons de voyage, mangeant avec eux dans un même plat de bois, leur récitant la prière qu'il accompagnoit de pieuses exhorta-

637.

Theophan.

637. tions, et rendant la justice aux peuples sur sa route. Dans cet équipage grossier d'un simple pélerin, sous lequel il cachoit sa profonde ambition, le pontife-roi, maître de l'Arabie, conquérant de la Syrie, arriva au camp de Jérusalem. Le lendemain de son arrivée, il monta dans la chaire de Mahomet d'où il prêcha ses troupes. Il fit dresser sa tente sous les murs de la ville et signa la capitulation. Il accorda aux Chrétiens de Jérusalem la jouissance de leurs biens, de leurs temples, l'exercice de leur religion, et reçut la souveraineté de la ville. Alors les habitans ayant ouvert les portes de la cité sainte et mis bas les armes, Omar s'achemina vers les remparts de Jérusalem.

Il y fut reçu par le patriarche Sophronius. Omar accompagné du prélat, entra dans Jérusalem, couvert d'un habit grossier de poil de chameau. Jérusalem vit avec horreur dans ses murs ce prince dont l'extérieur abject et mortifié, peu ordinaire aux conquérans, l'air hypocrite et les vêtemens en lambeaux, lui annonçoient une nouvelle espèce de servitude plus effrayante que celle du Perse. Omar demanda qu'on lui montrât le temple que Salomon avoit fait construire. Sophronius qui lui servoit de guide, le conduisit dans l'église de la Résurrection. Le calife y entra et s'assit au milieu du temple. A cette vue, le

LIVRE DIX-SEPTIÈME.

saint prélat ne put retenir ses sanglots ; son esprit lui représenta en ce moment les outrages de la Religion et les malheurs du peuple chrétien que Dieu livroit à ses ennemis ; il versa des larmes amères, et se tournant vers les Chrétiens qui l'accompagnoient : « Voici vraiment, dit-il, l'abomination de la désolation prédite par le prophète Daniel, établie dans le sanctuaire. » Comme le calife se tenoit dans l'intérieur du temple, le patriarche s'approcha de lui et le pressa de recevoir des vêtemens pour réparer le désordre de la route ; il n'obtint enfin qu'à force d'instances qu'il changeât d'habits et qu'il prît ceux qu'on lui offroit en attendant que les siens fussent lavés. L'heure de la prière étant venue, Omar demanda à Sophronius qu'il lui donnât un lieu propre à s'acquitter de ce devoir. Le patriarche le conduisit à l'église de Constantin, où on lui avoit préparé une natte pour prier ; mais il refusa d'y entrer et s'assit sur les degrés du temple. Ayant achevé sa prière, il expliqua le motif de cette conduite singulière, et dit au patriarche : Que s'il n'avoit point voulu entrer dans le temple pour y faire sa prière, c'étoit par respect pour les traités. Car les Musulmans, ajouta-t-il, se seroient sur-le-champ emparés d'un lieu où le calife auroit prié, comme étant devenu sacré pour eux. Ainsi parut dans Jérusalem le successeur

637.

637. de Mahomet, montrant dans toute sa personne la simplicité et l'ignorance d'un peuple pauvre et misérable qui venoit détruire des empires pour étendre sa croyance, mais observant encore scrupuleusement les lois de la justice et la foi des traités. Le patriarche Sophronius qui avoit fait l'accord par la nécessité de sauver les habitans, ne survécut pas long-temps au désastre de la cité sainte. Ses jours furent abrégés par la douleur de voir l'impiété de Mahomet assise à côté de la religion du Christ. Ce vénérable prélat tiré du cloître pour remplir un des premiers sièges de la Chrétienté, au milieu des ténèbres qui commençoient à se répandre sur l'église d'Orient et des troubles qui la déchiroient, s'en montra une des plus grandes lumières par sa piété, sa doctrine et ses écrits. Il avoit combattu avec zèle l'hérésie des Monothélites, et avoit même résisté à l'empereur Héraclius protecteur de cette secte. Il n'abandonna point la conduite de son troupeau parmi les épreuves les plus douloureuses ; il le sauva du fer des ennemis, et n'ayant pu lui épargner la vue de l'infidélité triomphante, mourut de regret.

637, 638.
Elmacin.
Theophan.
Cedren.

Omar, en quittant la Palestine, prit des mesures pour mettre à fin sa conquête et pour en former de nouvelles. Ayant tenu conseil avec ses généraux, il divisa son armée en trois corps,

dont l'un sous la conduite d'Abu-Obéidas, de- 637, 638.
voit achever de soumettre la Syrie jusqu'à Antioche ; l'autre sous celle d'Yézid, étoit chargé
de la Palestine et de la côte maritime. Il confia
la troisième division à Amrou, qui devoit entrer
dans l'Égypte dès que les deux premiers corps
pourroient se passer de ses secours. En effet, les
places de Syrie ouvrirent leurs portes l'une après
l'autre ou furent emportées de vive force. La
trahison qui suit de près l'infortune, les dissentions et les jalousies entre les Chrétiens de diverses
sectes, plaie la plus invétérée de ces provinces,
servirent la valeur arabe. Les gouverneurs voisins
effrayés de ces progrès, attendoient leur tour.
Celui de l'Osrhoène, province de Mésopotamie
où les armes arabes n'avoient point pénétré,
s'empressa de venir conférer avec Yézid, et se
soumit à payer un tribut. Le Sarrasin, de son
côté, s'engagea à respecter cette province. Mais
Héraclius indigné d'une négociation qui étoit
plus propre à attirer l'ennemi qu'à l'éloigner,
rappela cet imprudent gouverneur, le condamna
à l'exil et en envoya un autre à sa place. En vain
les garnisons et les habitans des villes syriennes
luttèrent encore avec constance pendant près de
deux années ; en vain, comme le prétendent
quelques historiens, Constantin, fils aîné de l'empereur, vint lui-même en Orient pour soutenir

637, 638. leur courage et essayer de relever des affaires désespérées; Antioche, la métropole de l'Orient, d'où Héraclius avoit dirigé si malheureusement les mouvemens de ses armées, Béroé ou Alep, Tripoli, Tyr, Césarée, tombèrent tour-à-tour dans les mains de l'ennemi, et toute la Syrie fut réduite en province arabe, après six ans de guerre écoulés depuis la première expédition entreprise sous le califat d'Abubècre.

639. Sur la fin de la guerre de Syrie, les Arabes se rapprochèrent de l'Euphrate. Ils passèrent le fleuve, invités par la négociation du gouverneur de l'Osrhoène qui s'étoit reconnu leur tributaire, ou irrités du refus d'Héraclius qui avoit désavoué ce traité honteux. Ils entrèrent dans Édesse, une des villes principales de cette province, dont les habitans traitèrent pour la sûreté de leurs biens et de leurs personnes, et pour celle de la garnison. Ils prirent d'assaut Constantine sur l'Euphrate, passèrent la garnison au fil de l'épée. Dara, ancien boulevard de l'Empire contre les Perses, Nisibe, Amide, tombèrent ensuite, et toute la Mésopotamie reconnut encore le joug des Sarrasins.

Elmacin.
Abul-faraj.
Theophan.
Niceph.
D'Herbelot.
Hist. univers.
des Anglois.

Cependant Amrou pénétra dans l'Égypte avec une armée de quatre mille hommes seulement, si l'on en croit les Arabes. Quatre ans auparavant, les Sarrasins avoient paru sur la frontière.

Cyrus, patriarche d'Alexandrie, voyant les ravages qu'ils faisoient en Syrie et ne croyant pas qu'on pût arrêter ce torrent, avoit essayé de le détourner. Il étoit donc entré en négociation avec eux ; il avoit obtenu qu'au moyen d'un tribut de deux cent mille pièces d'or par an, les Arabes laisseroient l'Égypte tranquille. Ceux-ci qui faisoient alors la guerre à l'empire grec et à la Perse, et qui apparemment se croyoient chargés d'assez d'embarras, avoient accepté cette condition. Cyrus mettant à profit la crainte des peuples, avoit trouvé moyen de l'exécuter, du moins en partie. Cependant le patriarche est accusé près de l'empereur de livrer aux Sarrasins l'or de l'Égypte. Héraclius le mande pour venir rendre compte de sa conduite. En même temps il envoie dans le pays Jean, duc de Barcène, et l'Arménien Manuel qui commandoit les troupes de Thrace, et les charge de s'opposer aux Sarrasins s'ils tentent de mettre le pied dans la province. Sur les entrefaites les députés des Sarrasins étoient venus demander l'or du tribut échu. Mais Manuel qui ignoroit quelles gens il avoit en tête, et qui se sentoit fort du désaveu que l'empereur avoit donné à la conduite du patriarche : « Ce n'est plus, leur dit-il, à un prêtre désarmé et qui vous a promis de l'or, que vous avez à faire aujourd'hui : quant à moi, je porte des armes. » Cela dit, il les congédia

639.

639. les mains vides. Les députés se retirèrent, frémissant d'indignation.

Le sentiment de l'injure reçue donnant un nouvel aiguillon à l'ambition, Amrou, libre de la guerre de Syrie, s'avançoit à grandes marches sur l'Égypte. Un motif particulier l'animoit encore. Il se sentoit assez mal placé dans la faveur du calife, et avoit reçu en Syrie un courrier qui lui ordonnoit de revenir sur ses pas s'il n'avoit pas encore mis le pied en Égypte. Amrou qui se doutoit de cet ordre, s'étoit fait accompagner par le courrier sous prétexte qu'il n'avoit pas le temps de lire les dépêches et hâtoit sa marche. Arrivé à la première bourgade de l'Égypte, il prend la lettre des mains du courrier, l'ouvre, et après en avoir fait lecture en présence des principaux officiers de son armée : Sommes-nous en Égypte, dit-il, ou en Syrie ? Ceux-ci ayant répondu qu'ils étoient en Égypte : En ce cas, reprit-il, nous continuerons notre route avec l'aide de Dieu, et nous nous rendrons maîtres du pays. Il poursuit sa marche et rencontre les troupes de Jean et de Manuel qui venoient au-devant de lui. Il leur livre bataille et les défait complètement. Jean est tué dans l'action. Manuel s'échappe avec peine. Amrou débarrassé de ce premier ennemi, arrive devant Farma, place située près de l'ancienne Peluse, sur la première branche du Nil, et qui étoit alors la clef de l'Égypte. Il l'attaque et la force après un mois de siège. Ce capitaine n'avoit point seulement le courage et l'activité de Caled, la prudence d'Abu-Obéidas : mais il semble qu'à ces vertus il joignoit un génie grand et éclairé, bien remarquable dans ces premiers temps de l'Islamisme, où les Arabes conservoient encore presque toute l'ignorance qui avoit précédé l'âge de Mahomet.

639.

Amrou s'étant ouvert l'entrée de l'Égypte par la défaite des troupes qui la défendoient et par la prise d'une place importante, vint à la tête de sa petite armée mettre le siège devant Misra, que l'on croit être avec beaucoup de vraisemblance la Babylone d'Égypte, située sur la rive orientale du Nil, en face de l'antique Memphis.

Cette ville étoit bien fortifiée : les Grecs qui attendoient la visite des Arabes avoient pourvu à sa défense. Amrou resta sept mois devant les murs, occupé à les battre avec ses machines, sans pouvoir les forcer. Peut-être eût-il été obligé de se retirer de devant la place, sans la perfidie du gouverneur Mocaucas, Cophte de nation, de la secte eutychéenne, ennemi déclaré des Grecs, qui lui livra la ville en traitant à part pour toute sa nation. Ce traître s'étoit emparé des revenus de la province. Appréhendant un châtiment rigoureux de la part d'Héraclius qui connoissoit

640.

640. dès long-temps ses mauvaises dispositions, il profita de l'animosité naturelle et ancienne entre les Égyptiens et les Grecs, pour entraîner ses compatriotes dans sa révolte. Il fut même sur le point de livrer la garnison grecque à l'ennemi. Une partie de ces Grecs surpris dans le château trouvèrent moyen de rejoindre leurs compagnons que Mocaucas avoit postés hors de la ville dans une île du fleuve, afin de consommer à son aise sa trahison. Ces troupes réunies firent leur retraite sur Alexandrie, éclairées par les Égyptiens qui s'étoient tournés contre elles. Elles soutinrent avec courage les attaques de l'ennemi jusques aux murs d'Alexandrie, où elles parvinrent sans cesser de combattre. Elles s'y renfermèrent.

On peut remarquer en passant combien les dissentions des Chrétiens servirent les progrès des Arabes. Les Égyptiens et les Grecs, quoique gouvernés depuis tant de siècles par les mêmes princes héritiers de l'empire romain et des Ptolémées, n'avoient jamais pu former un même corps de nation. Ces peuples n'avoient point une langue commune. Les Égyptiens, non plus que les Syriens, n'avoient pu adopter celle de la Grèce. Alexandrie, la plus grande ville du pays, n'étoit presque considérée que comme une colonie grecque; et Misra, ville égyptienne, étoit la vraie capitale des Cophtes. Aussi les historiens Arabes la regardent-ils comme la métropole d'Égypte. Dans ces derniers temps sur-tout, la mésintelligence avoit éclaté ouvertement entre les deux nations. Le Cophte Mocaucas, cet indigne gouverneur, s'étoit constitué comme chef particulier de la sienne. Ajoutez les hérésies nombreuses, fortifiées sous des évêques schismatiques, et qui déchiroient depuis long-temps l'Égypte comme le reste de l'Orient où elles avoient fait des maux irrémédiables. De là s'engendroient des animosités mortelles entre les sujets d'un même empire, qui plioient, pour ainsi dire, avec moins d'horreur sous le joug des Barbares et des Infidèles que sous l'autorité légitime des Chrétiens d'une autre secte. En ces provinces si divisées, les intérêts de la patrie et du salut commun devoient être abandonnés comme ceux de la Religion. L'Église y étoit aussi malade que l'État ; elle se ruinoit d'elle-même et se confondoit par la multiplicité des sectes ; les vices des Chrétiens étoient à leur comble, et l'hérésie concouroit à trahir l'État après avoir trahi la Religion. Mocaucas, par le traité qu'il fit avec le général Arabe au nom de toute sa nation, assujettit les Cophtes à un tribut de deux pièces d'or par tête, en exceptant les vieillards, les femmes et les enfans : ce qui produisit annuellement au trésor du calife

640.

640. un tribut de douze millions de pièces d'or. Ainsi cette somme indique une population de six millions d'hommes dans l'âge viril, dans lesquels sont compris les seuls Égyptiens : nombre considérable, si on le compare sur-tout à la dépopulation que le pays a éprouvée depuis qu'il est tombé sous le joug des ennemis du nom chrétien. Amrou marcha ensuite sur Alexandrie ; il comptoit avec raison que la prise de cette ville le rendroit maître du reste de la province. Il arriva sous ses murs en l'an 640 ; et après avoir fait la sommation ordinaire de se soumettre au tribut et de reconnoître l'autorité du calife ou d'embrasser sa religion, il commença le siège.

Cependant l'empereur n'espérant plus rien de ses armes, et voyant que l'Égypte alloit bientôt suivre le sort de la Syrie, imagina d'y renvoyer le patriarche Cyrus qu'il avoit mandé près de lui, et qu'il avoit même d'abord voulu punir sévèrement comme traître à l'État. Ne sachant plus à quel remède recourir pour sauver la province, il revint à la médiation du patriarche ; il le chargea de faire tous ses efforts, d'employer tout le crédit que ses négociations lui avoient acquis près des Sarrasins, pour les engager à quitter le pays, à s'en tenir aux premières conditions du tribut imposé. Cyrus débarqué en Égypte, sortit des murs d'Alexandrie et se rendit au camp des Sar-

rasins. Il exposa l'objet de sa mission et s'efforça
d'y faire accéder le général. Mais Amrou lui
montrant du doigt une colonne énorme : « Pour-
rois-tu bien, lui dit-il, avaler cette colonne?
Non certes, dit le prélat. Eh bien! reprit le Sarrasin, il nous est maintenant tout aussi impossible de sortir de cette terre d'Égypte. »

 Héraclius mourut l'année suivante (641) dans
la trente-unième de son règne et la soixante-
septième de son âge, laissant l'Empire dans une
situation aussi déplorable que celle d'où il l'avoit
tiré, et la mémoire de ses hauts faits presque
éteinte par les dernières calamités auxquelles il
n'avoit pu porter remède. Il mourut l'esprit plein
de pressentimens sinistres, même sur le sort des
siens; car il laissoit dans sa famille le même désordre que dans l'État. Quatre fils succédoient à
ses affaires délabrées. Constantin l'aîné étoit né
d'Eudocie, la deuxième année du règne de son
père. Ce prince, qui approchoit alors de sa trentième année, avoit été couronné par le patriarche Sergius et proclamé empereur dans le huitième mois qui suivit sa naissance. Il étoit marié
à Grégoria fille de Nicétas. Les trois autres, nés
de Martine, étoient Héracléonas, prince adolescent, déclaré César après les campagnes de Perse
et le retour d'Héraclius, puis empereur deux ans
avant la fin de son père; David et Marin, créés

640.

641.
Niceph. p. 18.
Theophan.
p. 283.

Niceph. p. 16.

641. Césars l'année même de sa mort. L'impératrice Martine, associée au lit et au trône de son oncle, au mépris des lois romaines, contre les vœux du peuple et du clergé, restoit pour protéger ses trois fils contre leur aîné, ou plutôt pour semer la discorde dans la maison de son époux. Le peuple de Constantinople avoit attribué à cette union incestueuse une partie des malheurs de ce règne, la négligence d'Héraclius, l'oubli des affaires, la honte de son palais, la foiblesse de sa vie privée. Femme ambitieuse et avide de régner, elle entraîna la ruine de sa propre race, et commença le cours de ces tragédies domestiques qui ensanglantèrent jusqu'à la fin le trône de Byzance. Elle prouva que le peuple grec ne s'étoit point trompé dans ses appréhensions, et dévoila par sa conduite tout l'aveuglement d'Héraclius qui n'avoit point senti qu'une marâtre, toujours dangereuse dans une succession ordinaire, devient une peste dans l'État. Ce prince, près de mourir, lui avoit remis par testament la tutèle de sa famille et le gouvernement de son palais. Il instituoit ses deux fils aînés, Constantin et Héracléonas, héritiers de l'Empire, conjointément et aux mêmes droits; leur ordonnant de regarder toujours Martine comme leur mère et même comme leur impératrice.

Niceph. p. 19. L'ambitieuse Martine accoutumée à partager

le sceptre, peut-être à le diriger dans les temps où Héraclius oublia sa vertu, ne voulut point tarder à prendre l'exercice du pouvoir, tandis que les peuples le voyoient encore en sa main. Elle assembla le peuple de Constantinople. Déployant le testament d'Héraclius, elle rendit compte des dernières volontés de l'empereur qui lui déféroit le droit d'administration et de tutèle sur ses enfans et sur le palais. Mais ces citoyens déjà mécontens d'une impératrice qu'Héraclius leur avoit donnée malgré eux, virent avec un nouveau chagrin cette femme entrée dans le palais par un inceste, usurper tous les attributs de la puissance impériale, lorsqu'Héraclius laissoit deux héritiers en âge de prendre les rênes. Ils sentirent leur humiliation en voyant la mère des empereurs les haranguer à la place où ceux-ci avoient dû paroître. Le peuple s'émut. Il demanda à grands cris Constantin et Héracléonas. Ce fut un coup de foudre pour Martine qui s'étoit proposé de gouverner seule. Elle se contraignit pourtant; et forcée de céder à la voix publique, elle fit paroître les deux jeunes Augustes. A leur vue, le peuple fit éclater sa joie par des acclamations. On leur adressa des félicitations et des vœux, à Constantin principalement, plus capable par son âge de régir l'Empire et qu'ils avoient nommé leur empereur dès le berceau,

641.

641. à Constantin qui avoit déjà gouverné en paix Constantinople et l'Empire pendant que son père en recouvroit les frontières, à qui d'ailleurs l'État n'avoit point à reprocher les vices d'une mère. Le transport du peuple, par un mouvement naturel, se tournant en défaveur contre celle qui avoit voulu rabaisser ses princes et les mettre à l'écart, il s'éleva plusieurs voix pour déclarer à Martine que la mère et la veuve des empereurs avoit droit à de simples respects et à des égards; mais qu'à ses fils seulement étoit dû le pouvoir suprême. Étoit-ce à une femme qu'il appartenoit de prendre la conduite des provinces, de repousser les aggressions des Barbares, de rendre réponse à leurs ambassadeurs? La gloire du nom Romain s'y opposoit non moins que l'incapacité du sexe. Les empereurs congédièrent ensuite le peuple. Martine alla cacher son dépit et sa honte dans le palais, sans renoncer toutefois au fond du cœur à ses projets.

Constantin III commença à régner. Profitant de la bienveillance des peuples, il voulut tenir et tint presque seul les rênes, bien que son frère partageât avec lui le nom d'empereur. Mais cette nouvelle domination ne dura guère plus de quatre mois. Constantin étoit consumé d'une langueur dont on attribuoit la cause à sa marâtre. Retiré dans le palais de Chalcédoine, et voyant son terme approcher, il songeoit aux moyens d'assurer sa succession à ses deux fils, Constant et Théodose, et de les préserver des pièges où il se croyoit enveloppé. Deux ennemis menaçoient leur jeunesse : c'étoient ceux-là même dont il se voyoit victime, la jalousie de Martine et la perfidie des Monothélites. Car plus clairvoyant ou plus fidèle que son père qui s'étoit laissé surprendre à cette secte fille du Nestorianisme, Constantin avoit refusé d'en partager les erreurs. Le Monothélisme avoit alors pour chef le patriarche Pyrrhus, héritier de la chaire et de l'impiété de Sergius. Le jeune et malheureux empereur se sentant mourir et ne voyant autour de lui que trahison, chercha hors du palais un appui à ses enfans. Il réclama pour eux la protection des soldats de son père. Il remit à cet effet au capitaine Valentin des sommes considérables qu'il avoit surprises à Pyrrhus. Héraclius avoit confié cet argent aux mains du patriarche dans une autre intention. Prévoyant que l'autorité d'emprunt qu'il léguoit à Martine seroit infailliblement contestée, il avoit voulu assurer à sa veuve une ressource dans le cas où son fils aîné parviendroit à lui arracher la tutèle et à la faire sortir du palais. Valentin fut chargé de se transporter dans les camps et les postes militaires d'Asie, d'assembler les milices, de les mettre dans les intérêts du

641.

fils aîné d'Héraclius et de les diriger sur la côte, afin de les opposer à la faction de Martine et des Monothélites. Mais Constantin par de tels soins ne put prévenir son malheur ni transmettre un héritage paisible à ses enfans. Il mourut, dit l'historien, d'un poison qui lui fut donné par sa marâtre, jalouse d'assurer l'Empire au seul Héracléonas. Le patriarche Pyrrhus fut le complice de Martine. Il avoit épousé le parti de l'impératrice, et craignoit, du vivant de Constantin, l'humiliation ou la ruine de sa secte.

Telles sont les horreurs qui vont obscurcir désormais le tableau de l'histoire byzantine, et dont on trouve le principe dans cette dépravation du génie des Grecs que j'ai retracée plus haut. Livrés à tous les troubles par une inquiétude sans motif, aveuglés par le fanatisme des sectes, avilis par leurs superstitions et plongés dans le vice; lorsqu'à la bassesse des mœurs se joignoit toute la frénésie des factions, que pouvoient produire les Grecs, sinon des fruits de désordre, de dissolution et de perfidie? Que devoit-on en attendre, sinon l'oubli de toute honnêteté et de toute pudeur, et enfin cette espèce de cruauté timide et réfléchie qui marque la dernière corruption du caractère d'un peuple comme celle d'un homme privé! Il nous a donc suffi d'indiquer l'origine de ces vices, en considérant

LIVRE DIX-SEPTIEME.

l'état de l'Empire à l'avénement d'Héraclius. Tous les excès qui déshonoreront la suite de l'histoire grecque en découlent comme de leur source. C'est pour cela qu'il a fallu s'arrêter un peu sur ce règne qui fut comme la dernière lueur du génie romain. Les catastrophes des fils d'Héraclius nous ouvrent une nouvelle scène de meurtres, de conjurations, d'attentats publics et domestiques, d'où nous pouvons reconnoître comme d'un coup-d'œil toute la suite de cette histoire. Ainsi l'on ne vit jamais tant de superstition unie à tant d'impiété, tant de lâcheté avec tant de violence, tant de foiblesse avec tant de férocité, tant de puérilité dans les grandes choses, d'irrésolution dans les cas extrêmes, de conseils pusillanimes dans les périls ; mais par-dessus tout, régnoient la fourberie et la trahison, seule prudence des hommes et principal ressort des affaires.

641.

Martine prit les rênes de l'État avec Héracléonas ou plutôt sous son nom. Elle exerça d'abord sa vengeance sur les amis de Constantin, sur ceux qui lui avoient conseillé de recourir à l'appui des troupes et prêté leur ministère. Elle leur infligea diverses peines. Le fouet, l'exil furent le prix de la fidélité des amis de Constantin. Valentin craignit pour lui-même. Il sentit qu'étant le principal agent que ce prince avoit employé,

Niceph. p. 22.

641. il n'avoit d'autre ressource que de prévenir Martine, de se déclarer, de faire servir à sa propre défense les forces que son maître lui avoit confiées pour la protection de sa famille. Ce capitaine donna le signal aux camps qu'il commandoit en Asie ; il les dirigea sur Chalcédoine. Il entra dans cette ville, s'en empara au nom des fils de Constantin, et annonça hautement qu'il venoit comme leur défenseur les délivrer de l'indigne captivité où les retenoient des ennemis domestiques.

Héracléonas se mit en défense. Il arma la ville impériale. Mais il avoit à-la-fois à combattre une faction militaire qui menaçoit Constantinople, et la mauvaise volonté du peuple qui secondoit Valentin. Elle étoit même plus dangereuse pour lui et pour sa mère que les armes des rebelles : car Valentin n'étoit rien sans la voix populaire. Ce prince fit donc ses efforts pour la calmer, pour la tourner en sa faveur, en même temps qu'il prenoit ses précautions contre l'ennemi campé à Chalcédoine. Il annonce au peuple qu'il prend sous sa protection les fils de Constantin ; il le jure en présence du patriarche, il présente de ses mains l'aîné de ces enfans sur les fonts du baptême. Il déclare que le véritable ennemi du peuple et des héritiers de son frère, c'est Valentin qui n'a pris les armes que pour sa propre ambition. Afin d'en donner la preuve publique et de convaincre son adversaire de rebellion, il prend la résolution de passer lui-même à Chalcédoine et d'y conduire le jeune Constant. Il vouloit protester devant Valentin de son amour pour son neveu et le forcer à en recevoir le témoignage. Ce chef de parti qui en effet ne travailloit que pour lui-même, ayant refusé de l'admettre dans ses quartiers, Héracléonas revint à Constantinople. Il se justifia devant le peuple en lui exposant les refus de Valentin et reporta sur celui-ci les malédictions publiques. Car les habitans souffroient chaque jour davantage de l'interruption des communications avec la côte d'Asie.

 Mais quoique irrité contre Valentin qui refusoit de lui donner la paix, le peuple ne se livra point à la discrétion de Martine et de son fils. Au contraire, croyant que l'unique obstacle à une paix si nécessaire entre les deux continens voisins, c'étoit l'exhérédation des fils de Constantin; que Valentin n'auroit plus de motif pour ne point déposer les armes aussitôt que l'aîné des deux jeunes princes auroit été replacé au rang de son père; il pressa l'empereur et le patriarche Pyrrhus de couronner Constant. Les moindres mouvemens dégénéroient alors en séditions. Constantinople est pleine d'agitation et de trouble. Les cris du peuple appellent Constant au

641.

641.   trône. Héracléonas est forcé de céder à l'orage. Il prend le jeune orphelin, le conduit au temple, monte avec lui et avec Pyrrhus dans la chaire patriarcale. Il est accueilli par les clameurs du peuple qui demande avec plus de violence la couronne à Constant. Alors le patriarche détache le diadême d'Héraclius qui avoit été consacré dans le temple et le pose sur le front de son petit-fils. Le peuple répond par des acclamations de joie et salue l'enfant du nom de Constantin. Il avoit porté jusqu'alors le nom d'Héraclius. L'histoire lui donne celui de Constant.

Mais la populace une fois mutinée ne peut plus se contenir. Mêlée à une troupe de Juifs, elle viole la sainteté du temple par ses insolences et ses impiétés. Le patriarche est contraint de fuir et de passer la mer. Des troupes de furieux parcourent les rues de Constantinople en jetant des cris effrénés et faisant trophée des dépouilles du temple qu'ils ont ravies. La vue du camp de Chalcédoine encourage encore les séditieux; elle augmente le péril public, les craintes d'Héracléonas et les alarmes de sa mère.

Martine et son fils sentirent alors la nécessité de traiter avec Valentin à quelque prix que ce fût. Leur trône s'écrouloit si la fureur aveugle du peuple et les armes des rebelles l'attaquoient de concert. Les habitans dont Valentin ravageoit

les terres de l'autre côté du détroit, demandoient 641.
la paix à grands cris. Ils pressoient l'impératrice
et son fils de faire cesser cet état de guerre, cette
espèce de siège dont ils leur attribuoient tous les
maux. Martine et Héracléonas furent donc forcés de faire fléchir leur orgueil, de rechercher
la paix d'un séditieux qui avoit pris les armes
pour sa propre élévation sous prétexte de protéger les héritiers de son maître. Il fallut même qu'ils le prévinssent. Mais, comme il arrive
toujours quand les princes transigent avec les sujets, ce ne put être qu'aux dépens de la dignité
de l'Empire. Valentin, pour prix de sa révolte,
obtint les premières dignités, avec des récompenses pour les soldats qui avoient suivi ses enseignes. Il exigea encore qu'on le dispensât de
rendre compte des grandes sommes qu'il avoit
reçues de Constantin. Après cette victoire, il
rentra dans Constantinople sans être devenu sujet plus fidèle, sans que ces sacrifices eussent en-
chaîné sa reconnoissance. Il savoit qu'un monarque ne pardonne jamais les faveurs auxquelles
on l'a contraint, que le seul parti qui reste au
rebelle après avoir arraché le bienfait est de consommer la ruine du bienfaiteur. Ce fut sans doute
avec ces dispositions criminelles que Valentin
reparut dans la ville impériale.

En effet une nouvelle révolution ne tarda point

641.

Theophan. p. 283.
Niceph. p. 21.
Cedren.

Cedren.

à éclater. Les historiens ne font qu'en indiquer le résultat sans nous en faire connoître les causes ni les principaux moteurs. Si Valentin l'excita, il eut le sort assez ordinaire aux ambitieux qui tombent dans le précipice qu'ils ont creusé pour les autres. Quoi qu'il en soit, le sénat ne put supporter plus long-temps de se voir le jouet des caprices d'une femme plus violente qu'habile. Il résolut de renverser ce gouvernement foible et tyrannique, de se défaire d'Héracléonas et de sa mère ainsi que du nouveau ministre naguère l'ennemi de ses princes et qui n'avoit fait sa paix avec eux que pour les dominer. Valentin fut chassé. Martine et Héracléonas descendirent du trône. La veuve d'Héraclius eut la langue arrachée, on coupa le nez à Héracléonas. En cet état, on leur permit de vivre, ou les envoya dans l'exil où ils traînèrent une vie misérable et moururent ignorés. Les historiens ne donnent pas même la date de leur mort, quoiqu'ils fassent mention du lieu de leur sépulture. Ainsi finit la tyrannie de Martine et de son fils, six mois après la mort de Constantin, dix mois après celle d'Héraclius. On doute si Héracléonas est ce jeune Héraclius né dans la Lazique durant les triomphes de son père (il eût été âgé de seize ans environ), ou bien l'autre fils de Martine né dans la cinquième année du règne d'Héraclius, lequel auroit commencé à régner dans sa vingt-sixième. Le sénat reconnut à leur place Constant fils de Constantin, petit-fils d'Héraclius, âgé de onze ans. Il commença à régner seul en attendant une fin non moins funeste. Le patriarche Pyrrhus fut enveloppé dans la ruine de ses protecteurs. Accusé comme eux de la mort de Constantin, chef de l'hérésie des Monothélites, ce prélat fut déposé de sa chaire, chassé par le sénat et le peuple comme impie et sacrilège. Il fit place au prêtre Paul, économe de l'église patriarcale. Mais celui-ci ne se montra pas plus ami de l'orthodoxie ni moins ardent fauteur de la nouvelle secte.

Le jeune Constant lui-même fut loin d'imiter son père dans l'aversion que ce prince avoit montrée pour l'hérésie. Il tomba bientôt dans les pièges des Monothélites. Malgré la catastrophe d'Héracléonas et de Martine dont l'impiété jointe au despotisme avoit doublement excité l'horreur du peuple, il crut qu'il n'y avoit pas de sûreté pour lui à suivre les traces de Constantin, victime des Monothélites; ou plutôt il s'abandonna aveuglément à la conduite du patriarche Paul. Cette dignité n'étoit alors guère moins éminente dans l'État que dans l'Église : les patriarches étoient mêlés à toutes les affaires publiques ; ils

641. avoient pris part à l'élévation comme à la chute des empereurs, et Martine ainsi que son fils n'avoient péri qu'en entraînant avec eux un patriarche leur complice. Comment un prince orphelin, livré à lui-même dans un âge si tendre, eût-il pu se prémunir contre de telles embûches? Un jeune empereur de onze ans, sans famille, sans tuteurs, sans autre appui que les auteurs d'une conspiration tramée contre les siens; un sénat fier de la victoire qu'il venoit de remporter sur ses maîtres après avoir long-temps fléchi sous eux; l'autorité publique rentrée dans les mains de cette compagnie; cette révolution inouie livroit l'administration aux passions de la multitude, par la raison que l'ordre et la fermeté n'étoient plus habitués à se trouver dans le corps qui s'étoit constitué l'arbitre de l'État et qui depuis long-temps étoit privé de tels honneurs. Dès-lors les mécontens devoient lever la tête; les gouverneurs des provinces aspirer à l'indépendance et regarder le règne d'un enfant, la foible autorité d'un sénat, comme de favorables conjonctures qui ouvroient un vaste champ à leurs prétentions. Les frontières livrées à-la-fois aux lieutenans de l'Empire et aux ennemis extérieurs, alloient se détacher du centre d'où elles ne recevroient plus la force nécessaire

pour les protéger. L'ennemi qui avoit fait de si grands progrès sous Héraclius, le Sarrasin, au milieu de cette dissolution, ne trouveroit plus d'obstacles; le cours de ses victoires ne seroit plus retardé que par ses propres dissentions.

Pour donner une sorte d'appareil et d'autorité au nouveau gouvernement, on fit d'abord paroître le jeune empereur dans le sénat; ou, si l'on veut, l'enfant effrayé du tumulte d'une révolution, vint lui-même se jeter dans les bras de ceux qui lui remettoient le sceptre, de ceux qu'on lui montroit au milieu de son délaissement comme ses tuteurs et ses pères. Dans un discours étudié, il félicita les sénateurs sur ce qu'ils avoient détruit la tyrannie d'Héracléonas et de Martine. Il les remercia de la vengeance qu'ils avoient tirée de la mort déplorable de Constantin, de l'attachement qu'ils avoient montré à la personne de cet empereur, et qu'ils avoient bien voulu reporter sur le fils en l'élevant aux honneurs du père. Il finit par les supplier d'achever leur ouvrage, chargés, comme ils l'étoient, par leur dignité, de maintenir la succession des lois et du gouvernement légitime. Il les pria de lui donner de leur corps des conseillers et des guides dont la sagesse et l'expérience pussent le protéger dans la carrière diffi-

641.

642.
Theophan.
p. 283.
Cedren.

642.

(641.)

cile qu'il avoit à parcourir; car sans leur secours, disoit-il, son enfance l'exposeroit seul et sans défense aux mêmes périls auxquels les siens avoient succombé. Il leur fit ensuite des largesses; puis pour conserver en apparence l'image de l'autorité impériale, il congédia cette compagnie qui dictoit ses actions et parloit par sa bouche.

Cependant Alexandrie fut emportée d'assaut après un siège de quatorze mois durant lequel les Sarrasins avoient perdu vingt-trois mille hommes, soit dans les assauts qu'ils livrèrent, soit dans les sorties faites par l'ennemi. Amrou étoit entré dans l'Égypte avec une armée assez foible (les historiens arabes disent quatre mille hommes, ce qui est bien peu vraisemblable); mais Omar lui avoit envoyé des renforts à diverses reprises. Le lieutenant du calife n'avoit pu achever sa conquête sans éprouver une vive résistance de la part des Grecs. Ceux-ci luttèrent avec une constance et un courage dignes des plus grands éloges contre la valeur impétueuse des Arabes et la perfidie des Égyptiens. La garnison fut passée au fil de l'épée ou dispersée et poussée au rivage. Ceux qui échappèrent au carnage s'embarquèrent sur des vaisseaux qui étoient prêts à les recevoir. Par la prise d'Alexandrie, les Sarrasins furent maîtres du reste de la province. Tout tomba en leurs mains avec

cette ville enrichie du commerce du monde, (641.)
et qui étoit depuis plusieurs siècles l'entrepôt
des richesses de l'Orient et même de tout l'Empire. Mais le calife à qui Amrou rendit compte
de son butin, lui ordonna de ne rien laisser à
l'avidité de ses soldats, de mettre en réserve les
richesses qu'il avoit gagnées ainsi que l'argent
du tribut pour fournir aux frais d'une nouvelle
guerre et servir à la propagation de l'islamisme.
Ce fut ainsi que les Arabes acquérant des trésors immenses dans des provinces amollies par
tous les genres de luxe et de voluptés, ne perdirent pas le fruit de leurs conquêtes comme
ont fait tant de conquérans Barbares et pauvres
comme eux. Ils continuèrent, à l'exemple de leur
calife, à mener une vie sobre parmi les délices
des vaincus; ils ne se servirent des richesses dont
ils étoient devenus possesseurs que pour étendre
leurs conquêtes et l'empire de leur religion. Mais
de tous les trésors que renfermoit Alexandrie,
celui dont la perte a été le plus regrettée, c'est
la fameuse bibliothèque du Sérapéon composée
de plus de cinq cent mille volumes. Amrou, personnage éclairé et doué d'un génie supérieur,
avoit voulu d'abord la conserver à la prière de
Jean le grammairien, savant homme d'Alexandrie, qui étoit dans sa faveur et avec lequel il
aimoit à converser. Mais ayant consulté Omar,

(641.) il en reçut cette réponse : «Si les livres dont vous parlez s'accordent avec le livre de Dieu, ils nous sont inutiles : s'ils lui sont contraires, ils sont pernicieux, et ainsi il faut les détruire.» Tel fut l'arrêt qui condamna aux flammes la bibliothèque d'Alexandrie. Elle servit, dit-on, à chauffer les bains de la ville durant plusieurs mois. Amrou fit une œuvre plus digne de son génie en rouvrant un canal creusé par les anciens souverains de l'Égypte, continué par les Romains, lequel conduisoit du Nil près de Babylone au détroit d'Arsinoé et à la mer Rouge. Il entreprit ce travail afin de transporter les blés de l'Égypte en Arabie. Il détruisit Babylone ou Misra par ordre du calife, et fonda sur la rive opposée la ville de Fostat ainsi nommée d'un mot qui signifie tente en arabe, parce qu'il y avoit laissé la sienne lorsqu'il marcha sur Alexandrie. C'est autrement le Vieux Caire qui devint la nouvelle capitale de l'Égypte et le siège de ses gouverneurs.

Elmacin.
Abul-faraj.
D'Herbelot.
Hist. univ. des
Anglois.

Tant de conquêtes que les Arabes avoient faites successivement sur l'empire grec, ne les avoient point empêchés d'assaillir celui des Perses. Dès le règne d'Abubècre, ils avoient fait d'assez grands progrès vers cette frontière. Leurs généraux avoient battu les Perses près de Hira dans l'Irak babylonienne ou Chaldée. En vain ceux-ci attribuant le malheur de leurs armes au gouvernement d'une femme, la reine Arzumidokht, avoient élevé Isdegerde sur le trône dans la première année d'Abubècre (c'est l'ère d'Isdegerde, célèbre dans l'Orient); leur fortune n'en étoit pas devenue meilleure. Caled, par la conquête du royaume de Hira et par la ruine des princes arabes qui en étoient maîtres, avoit ouvert l'entrée de la Perse aux armes musulmanes. En même temps une autre armée arabe, campée au-dessous du confluent de l'Euphrate et du Tygre, avoit passé ce fleuve et pénétré dans la province d'Ahwaz qui fait partie de l'ancienne Susiane, où elle avoit remporté une seconde victoire.

Les succès des Arabes avoient continué sous le califat d'Omar. Environ deux ans après la prise de Damas, en l'an 636 où l'on place la bataille d'Yermouk, ils avoient battu les Perses commandés par Rostam dans la plaine de Cadésie située sur les confins des déserts de l'Irak babylonienne. Car les Perses ne pouvoient se résoudre à abandonner cette province frontière, ils se montroient toujours sur la rive droite de l'Euphrate qu'ils s'efforçoient de défendre avec des armées nombreuses, comme la barrière de leur empire. Malgré tous leurs efforts, ils avoient été défaits complètement dans cette bataille de Cadésie qui n'est pas moins fameuse chez les Orientaux que celle d'Arbelles, parce que l'une et l'autre portèrent un coup mortel aux deux empires de Perse. Elle dura, disent-ils, trois jours et trois nuits, et ébranla tellement la puissance persane, qu'elle ne put plus se relever. On ajoute que les Perses y perdirent plus de soixante mille hommes. A vrai dire, ces peuples si humiliés par Héraclius, comme s'ils eussent senti alors qu'ils touchoient au moment critique de leur monarchie, parurent comme les Grecs faire un dernier effort et rassembler tout leur courage pour en prolonger les destinées. Mais les forces de cet empire avoient été épuisées par les victoires récentes de ses ennemis; il sembla qu'Héraclius, en vengeant ses injures, n'eût fait qu'aplanir la voie à la grandeur naissante des Arabes. Vers ces derniers temps, comme si tout eût annoncé l'élévation des uns et la ruine des autres, des révolutions successives dans l'intérieur de l'État, des trônes précipités coup-sur-coup et les rapides changemens de princes, présages qui avoient signalé la chute de l'empire romain en Occident, marquèrent les derniers soupirs de la monarchie persane. Je ne m'écarterai point trop de mon sujet, en retraçant ces révolutions le plus brièvement qu'il me sera possible.

D'Herbelot.   Nous avons vu la fin de Chosroès II, ce prince malheureux autant que coupable, qui, après tant d'avantages remportés sur l'empire grec dont il avoit envahi les provinces, après avoir reculé le sien presque jusqu'aux limites que Cyrus lui avoit données, perdit contre Héraclius non-seulement ses nouvelles conquêtes, mais ses armées, ses places, toutes ses ressources. Poursuivi par l'ennemi dans le centre de ses États et chassé de sa capitale, il vit ses sujets que sa mauvaise fortune et sa cruauté avoient tournés contre lui, révoltés sous la conduite de son fils, et son général Sarbar, chef principal des conjurés, entraînant les autres capitaines et l'armée. Précipité du trône, jeté dans un cachot et enfermé sous les voûtes souterraines où il gardoit ses trésors, il mourut d'une mort cruelle par les ordres de ce même fils que les rebelles avoient élevé à sa place et qu'ils avoient poussé à ce crime, dans la crainte que le père ne remontât un jour sur le trône. Cette catastrophe étoit arrivée en l'année 628, dernière de l'expédition d'Héraclius : elle avoit terminé la guerre. Le fils de Chosroès avoit traité avec l'empereur Grec en lui rendant ses provinces. Le nouveau monarque avoit voulu encore assurer son trône par la ruine de la maison de son père. Il avoit fait mourir tous ses frères, au nombre de dix-sept, à l'exception d'un seul, nommé Sarbar, qui se sauva et vécut caché dans la ville d'Istachra, l'ancienne Persépolis, où il échappa aux précautions barbares de son ennemi.

Le parricide Siroès ne jouit pas long-temps du fruit de son crime. Odieux à toute la Perse, accablé des reproches sanglans de ses sœurs qui lui redemandoient le sang de leur père et de leurs frères, il périt misérablement au bout de six mois d'un mal douloureux causé par la mélancolie et les remords qui le consumoient. D'autres disent simplement qu'il mourut de la peste après un court règne de six ou huit mois.

Il laissoit un fils âgé de sept ans, nommé Artaxerce. Cet enfant fut reconnu roi et couronné du consentement de tous les grands du royaume, à la réserve du seul Sarbar qui commandoit alors les armées sur la frontière de Perse. C'étoit le plus grand homme de guerre et l'un des principaux seigneurs du royaume. Il avoit même épousé une des filles de Chosroès. Il fut indigné que l'on eût fait cette élection sans le consulter. Ce capitaine qui se voyoit à la tête de toutes les forces du royaume et qui avoit déjà pris une si grande part à la dernière révolution, marcha contre Madaïn sur le Tygre, qui est l'ancienne Ctésiphon, capitale des rois Perses de cette race. Il y entra en maître, se saisit de la personne du petit prince Artaxerce qu'il fit périr au bout d'un an et demi de règne.

Après cet attentat, Sarbar ne voyant rien au-dessus de son ambition et rien d'assuré pour lui que le pouvoir suprême, mit la couronne sur sa tête. Son habileté et la faveur des troupes parurent d'abord l'y maintenir. Mais Sarbar étoit le premier depuis le fondateur du second empire perse qui se fût assis sur le trône sans être issu du sang royal. Son usurpation en fut plus odieuse chez un peuple habitué à prendre ses maîtres dans une même race. Les grands dont la jalousie étoit excitée encore par Tourandokht fille de Chosroès et sœur de Siroès jurèrent sa perte. Ils prirent les armes. Marzuban, autre seigneur Per- *Elmac. p. 17.* san, leva des troupes, se mit à leur tête, et la Perse se trouva divisée en deux factions. Sarbar ne put résister à cette conspiration des Satrapes réunis aux restes du sang royal de Perse. Il ne jouit que deux ans de son usurpation. Les grands le firent mourir; et par une autre nouveauté qui renversoit les anciens usages et les lois de la Perse (ce qui n'arrive que lorsqu'un État est près de sa chute), ils déférèrent la couronne à cette même Tourandokht fille de Chosroès qui avoit servi de lien à leur conjuration.

Cette princesse se montra digne du trône. *Elmacin. D'Herbelot. Hist. univ. des Anglois.*

Voyant les dangers qui menaçoient l'État au dedans et au dehors, elle s'occupa de relever l'espoir des peuples et le courage des gens de guerre dont elle prévoyoit que les secours alloient être plus que jamais nécessaires. Elle modéra les tributs que payoient les uns, fit aux autres de grandes largesses. Ce fut sous son règne qui dura quatorze mois seulement, que Mahomet, devenu maître de l'Arabie, porta ses armes au dehors et commença par attaquer l'Irak babylonienne ou arabique dans la dernière année de sa vie et de son pontificat. Abu-Obéida son général (ce n'est point celui qui soumit la Syrie) vint camper sur les bords de l'Euphrate. Il jeta un pont sur le fleuve, le passa et attaqua d'abord avec assez de succès; mais Ferokhzad, le général persan, homme habile qui gouvernoit l'armée, et même l'État, dit-on, sous le nom de la reine, ayant rallié ses soldats, livra bataille au Sarrasin, mit ses troupes en déroute, en fit un grand carnage et laissa le général ennemi sur la place. Les capitaines Sarrasins ayant repassé le fleuve et ramassé le reste de leur troupe, se retirèrent dans leur camp où ils se fortifièrent en attendant des renforts.

Ce premier exploit, le sage gouvernement de Tourandokht ou de son ministre, avoient rendu quelque confiance à l'empire perse, lorsque la mort de la reine le replongea dans de nouveaux malheurs. Les Perses ayant décerné la couronne à Gihan-Schedah, prince de la race royale et proche parent des derniers rois, mais foible et sans capacité, la lui ôtèrent au bout d'un mois pour la donner à Arzumidokht sœur de la reine.

Sous ce nouveau règne, les affaires ne firent qu'empirer. Tout le royaume se divisa en partis. En même temps les Arabes le pressèrent vivement et remportèrent de grands avantages. Leurs généraux ayant reçu les renforts que leur envoyoit le prophète, pillèrent et saccagèrent les bords de l'Euphrate. Ils battirent près de Hira, comme j'ai dit plus haut, dans la première année d'Abubècre, les troupes que la reine avoit envoyées pour protéger l'Irak; ils les repoussèrent même au delà du fleuve. Alors les Perses imputant leurs revers à leur reine, se défirent de la fille de Chosroès qui avoit régné un an et quatre mois. Elle fut empoisonnée et fit place à son neveu Ferokhzad. Celui-ci fut tué lui-même au bout d'un mois. Ce jeune prince de même nom que le dernier général persan étoit, dit-on, un petit-fils de Chosroès qui avoit été sauvé du massacre de sa famille. Parmi ces bouleversemens, l'histoire de Perse devient fort obscure; l'on ne s'accorde pas bien sur le nombre de ces princes, ni sur les années de leur règne. On

Elmaciu.

conteste aussi sur leur succession véritable : et je ne vois point si Isdegerde III qui fut le dernier des rois Perses succéda directement à Ferokhzad. Quoi qu'il en soit, les mêmes désordres et les mêmes agitations se perpétuèrent jusqu'à l'avénement d'Isdegerde. Il monta sur le trône en l'an 632, quelques mois seulement après la chute de la dernière reine. Son élévation concourt avec celle d'Abubècre et avec la mort de Mahomet. Ainsi c'étoit en quatre années environ, écoulées depuis la mort de Chosroès qui arriva en l'an 628, que la Perse avoit vu cette succession prodigieuse de princes, élevés et détruits tour-à-tour, au milieu des déchiremens et des factions. Signes infaillibles de la ruine prochaine de cet empire, et qui le dévouoient, pour ainsi dire, aux coups des Arabes dont toutes les tribus, jadis divisées, unies maintenant sous un même chef pontife et roi, recevoient une force immense de cette réunion, et se montroient occupées d'une seule chose, l'intérêt commun qu'ils plaçoient dans l'accroissement de leur religion et de leur empire.

Isdegerde qui n'étoit alors âgé que de quinze ans, n'étoit point issu en ligne directe de la race royale. On convient qu'il étoit fils de l'usurpateur Sarbar, encore que quelques-uns aient cru qu'il avoit pour père cet autre Sarbar fils de Chosroès, qui avoit échappé à la cruauté de son frère Siroès. Mais comme ce prince descendoit de Chosroès par sa mère, les Orientaux l'ont compté comme le dernier de la dynastie des Sassanides ou Artaxercides, fondateurs du second empire de Perse. Ce fut ce jeune homme que les Persans appelèrent au trône dans la décadence de la monarchie et l'extinction entière de la race royale. Ce prince, qu'elle qu'ait été sa naissance, avoit fui en Arabie la cruauté de Siroès qui persécutoit les restes de la maison de son père. Ce fut là, comme il paroît par Elmacin, que les Perses vinrent le chercher pour l'élever au trône. Mais il y monta sous de si malheureux auspices, que les Orientaux, en faisant de la première année de son règne, le commencement d'une ère importante et célèbre, semblent plutôt marquer cette époque par la chute de l'empire des Perses que par l'avénement d'Isdegerde. En effet vers ces derniers temps, la Perse, comme l'attestent les historiens orientaux, avoit été livrée à des tumultes effroyables. Les princes de la maison royale avoient été exterminés. Les villes et les campagnes en feu, la guerre civile de province à province et de cité à cité, par-tout des séditions et des massacres, la violence et la fureur des partis arbitres de tout, tel étoit le tableau qu'offroit la Perse. Et quoique Isdegerde ait porté

Elmac. p. 19.

D'Herbelot.

vingt ans le titre de roi jusqu'à la consommation de la ruine de cet empire, on peut dire qu'il ne parut que pour être le témoin des derniers désastres de sa nation. Ce fut dans la première année de son règne que l'Irak fut entièrement conquise par les Arabes, et il perdit dans la quatrième cette fameuse bataille de Cadésie qui ouvrit la Perse aux armes musulmanes.

<small>Elmacin.
Hist. univ. des Angl.</small>

Ainsi à mesure que les Sarrasins remportoient de nouveaux avantages sur les Grecs, loin de borner leurs succès et de se renfermer dans le pays qu'ils avoient conquis, ils donnoient un nouvel essor à leur ambition. Après la victoire de Cadésie, Saad le général d'Omar avoit passé l'Euphrate; il étoit entré dans Madaïn, où l'on gardoit le trésor des rois Perses. Toutes les richesses et les pierreries d'Isdegerde, ses meubles, ses vêtemens royaux et sa couronne étoient tombés dans les mains des Arabes avec ses arsenaux. Après quoi, Saad poussant toujours devant lui, et traversant presque toute la Perse à la poursuite d'Isdegerde, étoit entré dans le Khorasan, grande province qui comprenoit l'ancienne Margiane et la Bactriane. Neuf mois après la prise de Madaïn (c'étoit vers le temps de la conquête de Jérusalem), ce capitaine avoit remporté une seconde victoire non moins décisive à Gialoula, un lieu de cette province, où Isdegerde avoit voulu tenter la fortune avec le reste de ses forces. Ce malheureux prince vaincu et chassé jusqu'aux extrémités de son empire, s'étoit jeté derrière l'Oxus, aujourd'hui le Gihon, qui borde cette province de Khorasan. Il entra dans la Transoxane, vaste contrée comprise entre l'Oxus et le Sihon ou Jaxarte, aujourd'hui nommée le Turkhestan, et qui obéissoit à divers chefs d'origine scythe. Il prit un asile à Fargana, ville de cette province. Laissant les Arabes poursuivre leurs succès, il s'occupa d'implorer le secours des princes voisins et de recueillir les débris de son naufrage.

Ces conquérans ne se relâchèrent point. Ayant fait fuir le monarque de ses États et jeté l'épouvante dans toute la Perse par cette course victorieuse, ils s'étendirent en tout sens dans le royaume. Après leur dernière victoire, ils parcoururent le Khorasan où ils forcèrent des villes. Une autre armée arabe entra dans l'Aderbijan ou Atropatène, patrie de Zoroastre et siège de la religion des Mages. Elle remonta cette province et arriva jusqu'à la frontière d'Arménie où elle soumit quelque territoire. Les armes des Arabes faisoient des progrès non moins grands dans le Khusestan ou la Susiane qu'ils subjuguoient après la prise d'Ahwaz, l'une des capitales du pays; ils pénétroient de là dans la province de Perside. Ils fon-

Elmaciu.

doient une colonie à l'entrée de cette première province pour tenir le pays en respect et y assurer leur domination. C'est Bassora dont les fondemens avoient été jetés, ce semble, dès le temps de la bataille de Cadésie et des premiers progrès des Arabes vers l'Euphrate, la quinzième année de l'hégire, 636 de notre ère. Omar commanda à ses généraux de bâtir cette ville sur le Tygre à une journée et demie de son embouchure dans le golfe Persique, afin de se rendre maître du golfe, d'acquérir une barrière sur le territoire ennemi, d'ôter aux Persans la communication des Indes à l'Arabie et à leur pays, et peut-être un jour de donner ce commerce à sa nation. En même temps qu'ils poursuivoient leurs succès dans la Perse, ils rassembloient les familles arabes voisines de l'embouchure du fleuve, ils les fixoient dans ces provinces délicieuses, s'assuroient une clef et une place de guerre à l'entrée de la Perse, et ménageoient en même temps des secours à leurs armées qui s'avançoient dans le pays. Tels furent les grands succès qu'obtinrent les Arabes en quelques années, depuis la bataille de Gialoula, sous le califat d'Omar. Ils les durent en grande partie à la valeur de Saad, digne lieutenant du calife, qui fut dans la Perse ce qu'avoient été Caled dans la Syrie et Amrou dans l'Égypte. Conduits par de tels hommes, les

Abul-faraj.
D'Herbelot.

Arabes se répandoient à-la-fois au nord et au midi de l'empire persan, et pénétroient dans le centre. Tant le fanatisme avoit élevé leurs courages! D'un peuple brave, mais ignorant et grossier et dont la valeur pouvoit à peine défendre la liberté, il avoit fait un peuple capable des plus grandes entreprises. Ce feu nouveau et cette ardeur invincible, répandus dans toute la nation, communiquoient de plus vives lumières aux esprits. Ces chefs de tribus dont toute la gloire s'étoit bornée jusque-là au pillage et au butin, étoient devenus d'illustres capitaines et de grands hommes d'État.

Omar avoit porté à ce haut point la grandeur du nom arabe, lorsqu'il fut assassiné par un esclave persan de la religion des Mages, l'an 644 de notre ère, 23ᵉ de l'hégire. Il fut frappé tandis qu'il récitoit la prière du matin dans la mosquée. Omar vécut trois jours après sa blessure. Les Arabes le prioient de se donner un successeur; il refusa l'un après l'autre ceux qu'on lui nomma; et comme on lui désignoit son propre fils; C'est bien assez, dit-il, que dans la maison d'Omar, un seul rende compte à Dieu du gouvernement des Fidèles. Il voulut que le califat fût électif, et se contenta de nommer six conseillers qu'il jugea dignes de cet honneur. Il les chargea en même temps du choix de son successeur. Les

(644.)
Elmacin.
Abul-faraj.
D'Herbelot.
Hist. univ. des
Angl.

vertus fanatiques d'Omar, sa justice mêlée de cruauté, sa libéralité, son désintéressement, sa tempérance, jointes à l'esprit de mortification et de prière, en faisoient un digne successeur d'Abubècre et de Mahomet. Aussi fut-il révéré des Musulmans à tel point qu'ils disent que le bâton d'Omar inspiroit plus de respect que l'épée de ses successeurs. Ces vertus qui imposent au peuple servirent d'autant mieux l'ambition inhérente à sa secte, qu'elles étoient accompagnées d'une élévation d'esprit qui se montra dans toutes les opérations de son règne dont on peut opposer la grandeur croissante à la lente décadence de l'empire grec. Les monumens de ce règne sont la fondation de Bassora; de Fostat ou du vieux Caire; de Cufa dans l'Irak, qui servit d'abord de capitale aux califes Abbassides. Cette ville fut entourée de murailles et presque entièrement reconstruite par les ordres d'Omar après la bataille de Cadésie pour recevoir une colonie d'Arabes sur la frontière de Perse, ainsi que Bassora et dans les mêmes desseins. Un canal fut rouvert dans l'Égypte; une foule de mosquées élevées dans tout l'empire; enfin la Syrie, l'Égypte, la Perse presque entièrement soumises aux armes musulmanes. Ce calife d'une ambition si élevée et qui étoit sans doute le plus puissant monarque de son temps, conservoit dans ses mœurs toute la grossièreté des anciens

Arabes, comme on l'a pu voir par le récit de son voyage à Jérusalem. On raconte encore, pour donner l'idée de la simplicité des premiers califes, qu'Hormozan gouverneur de la Susiane pour les Perses, ayant été pris par ses généraux et envoyé à Médine, alla se présenter au calife qui étoit alors à la mosquée, et qu'on le lui montra dormant parmi des pauvres sur les degrés du temple. Ce calife acheva de mettre à exécution le projet conçu par Mahomet d'exterminer de l'Arabie toutes les religions étrangères, en tolérant seulement quelques-unes d'elles chez les peuples conquis, moyennant un tribut. Il chassa de l'Arabie ce qui restoit de chrétiens et de juifs. Les six conseillers d'Omar remirent leurs pouvoirs entre les mains d'Abdalrahman l'un d'entre eux, qui avoit renoncé à ses prétentions sur le califat à condition qu'on lui laisseroit le droit d'élire le calife. Celui-ci nomma Othman. Ali protesta d'abord contre cette élection, il se prétendoit légitime successeur de Mahomet en qualité d'époux de Fatime et de plus proche parent du prophète. Puis voyant le consentement général des peuples se prononcer en faveur de son rival, il sentit que son parti étoit le plus foible et finit par reconnoître le nouveau pontife.

 Othman parvint donc au califat. Mais la prétendue injustice faite à Ali eut de longues suites;

sa protestation s'étendit plus loin que le moment présent. Elle forme le sujet d'un schisme considérable dans la religion musulmane, et qui divise de puissans États. Les Perses, comme l'on sait, regardent Ali comme le premier des imans, c'est-à-dire, des successeurs légitimes du prophète. Et ils ne reconnoissent encore aujourd'hui pour imans, pour légitimes chefs de la loi musulmane exerçant l'autorité spirituelle des califes, que les descendans d'Ali en ligne directe.

D'Herbelot.

Sous le règne d'Othman, les Sarrasins poursuivirent leurs conquêtes. Le malheureux Isdegerde n'étoit point encore entièrement dépouillé de ses États. Des bords de l'Oxus où il avoit fui après la défaite de ses armées, il cherchoit quelque ressource dans la fidélité de ses sujets. Il étoit descendu ensuite dans les provinces méridionales qui l'avoient appelé et où l'on faisoit encore quelque léger effort en sa faveur. Il étoit venu dans la Perside, s'étoit jeté dans les murs d'Istachra, l'ancienne Persépolis, dont les habitans avoient trouvé moyen de se soustraire à la domination arabe et de se remettre sous son obéissance. Mais ses affaires étoient désespérées. Il fut chassé de tous côtés, poursuivi de retraite en retraite. Othman, dès la première année de son califat, envoya des troupes dans ces provinces pour y étouffer ces foibles mouvemens, as-

(644 ou 645.)
Elmacin, p. 32.
D'Herbelot.
Hist. univ. des Angl.

LIVRE DIX-SEPTIÈME.

siéger la ville et s'emparer, s'il se pouvoit, de la personne d'Isdegerde. Les lieutenans Arabes rentrèrent dans la Perside, ils reprirent Istachra. L'infortuné monarque s'enfuit encore une fois, et n'eut d'autre moyen de salut que de traverser le désert de Caramanie. Il se réfugia dans le Ségestan où il resta caché pendant environ cinq années. Cependant les généraux arabes parcoururent le Khorasan; ils achevèrent de soumettre cette vaste province où les armes d'Omar avoient déjà fait de grands progrès.

Isdegerde dont le sort étoit d'être toujours errant et fugitif ou caché parmi ses ennemis, s'occupoit dans sa retraite à solliciter la foi de ses sujets et la pitié de ses voisins. Il parvint à rassembler quelques milices et obtint encore le secours d'une petite armée de Turcs que leur prince lui amena de la Transoxane ou Turkhestan; c'étoit la demeure de ces peuples dont les colonies occupoient les deux bords de la mer Caspienne. Mais, comme il arrive entre deux alliés dont l'un reçoit les secours de l'autre, le Turc ayant trop fait valoir sa protection, et Isdegerde qui se croyoit encore roi s'étant tenu offensé des procédés du Barbare; le Perse imprudent rejeta le secours et renvoya honteusement son compagnon. Le prince Turc traversant le Khorasan pour retourner chez lui, s'arrêta dans une ville de

Abul-faraj.
p. 116.
D'Herbelot.

cette province, qui tenoit encore pour Isdegerde, mais dont le gouverneur n'attendoit que l'occasion de trahir son maître. Ce sujet perfide aigrit le ressentiment de l'étranger. Il l'excite à retourner sur ses pas et à venger son injure. Ils se liguent, marchent sur le Ségestan, et vont chercher Isdegerde qui leur fait face avec le peu qui lui restoit de troupes fidèles. Mais malheureux jusqu'au bout, il les voit battre et tailler en pièces. Il fuit lui-même, il arrive sur le bord d'une rivière. Il y trouve un bâtelier, il lui offre un bracelet de pierreries et le prie de le transporter sur l'autre rive. Cet homme grossier répond qu'il veut avoir quatre oboles pour le passage. Pendant ce débat, les cavaliers qui poursuivoient le roi, l'atteignirent et le mirent à mort. Telle fut la fin d'Isdegerde, en l'an 651. Je l'ai rapportée ici afin d'achever d'un seul trait le récit des affaires de Perse. En lui finit la race royale des Sassanides ou Artaxercides, laquelle avoit commencé en l'an 225 dans la personne d'Artaxerce qui détruisit l'empire des Parthes et fonda le second empire des Perses. Cette monarchie, dans tout cet intervalle, avoit balancé avec avantage la puissance romaine. L'empire des Arabes fut désormais solidement établi dans la Perse.

638.
Fredeg. chr. 79, 85.

Dans les Gaules, aussitôt après la mort de Dagobert arrivée en l'an 638, Pepin et les autres otages austrasiens s'échappèrent du palais de Neustrie. Dagobert avoit gardé ces seigneurs à sa Cour afin de tenir toujours l'Austrasie dans une sorte de dépendance; peut-être même craignoit-il que leurs services n'élevassent trop haut la puissance du fils qu'il avoit établi en ce royaume, ainsi qu'ils avoient élevé la sienne dans des circonstances semblables. Pepin reprit le gouvernement du palais de Sigebert, avec le crédit que lui assuroient ses vertus, ses talens et ses anciens travaux. Ce personnage, le plus illustre de l'Austrasie, avoit conservé la dignité de maire. Il fut encore le chef de la noblesse et l'ame des conseils publics.

Dagobert laissoit deux fils dont l'aîné étoit âgé de huit ans et l'autre n'en comptoit guère plus de quatre. Par la fin prématurée du monarque, l'empire françois alloit se trouver encore abandonné aux factions des Grands, et l'on eût cru voir renaître les anciens désordres qui avoient signalé l'enfance des rois. Mais la puissance des maires qui s'étoit accrue sans cesse, investissoit en quelque sorte ces officiers, durant la foiblesse de ces enfans, de toute la prérogative des rois; elle faisoit taire les prétentions des Grands, imposoit silence aux factions. Ce magistrat suprême qui balançoit déjà l'autorité royale, devenoit alors comme un interroi; il formoit un centre

638.

de gouvernement au milieu de l'anarchie qui seule jusque là avoit régné dans les minorités, lorsqu'un conseil de seigneurs ambitieux jugeoit tumultuairement les affaires publiques et décidoit de la fortune des rois. L'Austrasie où Sigebert étoit couronné du vivant de son père, avoit joui déjà d'une prospérité inconnue sous la sage administration de l'évêque Hunibert et du duc Adalgisèle. Le maire Pepin de retour en ce royaume et le prélat, unis par une familiarité étroite dès la minorité de Dagobert, resserrèrent de nouveau les liens de cette amitié qui faisoit le fondement de leur crédit et du repos public. Ce fut dans ces trois personnages présidés en quelque sorte par Pepin, que résida toute la force du gouvernement. Le maire et le prélat agissant toujours d'intelligence, avoient gagné à leur parti, autant par l'insinuation et l'adresse que par le poids de l'autorité, les Grands et les Leudes d'Austrasie qui honoroient, pour ainsi dire, dans la magistrature du maire leurs propres privilèges plus qu'ils n'avoient respecté l'autorité royale. Cette union parfaite de tous les membres de l'État dans le conseil du maire, donnoit une grande force au gouvernement austrasien : l'ascendant de ce royaume eût pu encore une fois entraîner le reste des Gaules ; et Pepin peut-être n'eût pas été éloigné de rendre à Sigebert le même

Marginalia: 638. — Vit. Pippin. duc.

service qu'il avoit rendu à Dagobert après la mort de Clotaire II, en l'aidant à se rendre maître des trois royaumes. Mais les sages mesures qu'avoit prises le roi mourant; le traité souscrit quatre ans auparavant, l'année même de la naissance de Clovis, dans un plaid général; le partage des États de Dagobert garanti par le serment des ordres et par les suffrages de toute la nation, conspirèrent à maintenir ses dernières volontés. L'on vit pour la première fois les fils des rois succéder aux pères sans opposition et sans trouble. Sigebert entra pour lors en jouissance des villes d'Aquitaine et de Provence qui dépendoient de l'Austrasie et que Dagobert s'étoit réservées en lui cédant ce royaume. Clovis prit tranquillement possession de la Neustrie et de la Bourgogne, ainsi que des terres aquitaniques qui lui étoient échues. Les Leudes Neustriens et Bourguignons s'assemblèrent autour de la personne de leur nouveau monarque pour célébrer son inauguration. Cette cérémonie eut lieu au village de Maslay près de Sens sur les confins des deux royaumes qui n'en formoient plus qu'un seul. Ce fut là que Clovis II fut reconnu par la nation, proclamé roi et élevé sur le bouclier. Le gouvernement du palais de Neustrie, suivant les intentions de Dagobert, resta entre les mains du maire Ega et de la reine Nanthilde qu'il avoit confiée en mourant ainsi que son jeune fils à la fidélité de ce sage ministre. Dagobert s'étoit rappelé le traitement qu'il avoit fait autrefois à son frère Caribert, et combien il étoit difficile au foible d'échapper à l'avidité du plus fort.

Il y eut seulement quelque contestation au sujet du partage des trésors de Dagobert conservés dans le palais de Neustrie et qui devoient être divisés par portions égales comme le reste de ses domaines. Les tuteurs de Sigebert réclamèrent à la Cour de Neustrie celle qui appartenoit à leur roi. Les seigneurs Neustriens firent naître d'abord quelques difficultés. Dagobert en plaçant son fils aîné sur le trône d'Austrasie lui avoit remis une partie de ses trésors. Il sembloit dès-lors que ce jeune prince n'eût point les mêmes droits que son frère aux richesses qui restoient dans l'héritage paternel. Enfin sur les instances de Pepin et de l'évêque de Cologne, on convint pour le bien de la paix que l'on ouvriroit un plaid pour en régler le partage. Pepin et Hunibert avec une suite de seigneurs Austrasiens se rendirent de la part de leur roi à Compiègne où l'assemblée avoit été convoquée. Le maire Éga s'y trouva de son côté au nom de Clovis et de la reine Nanthilde. Ayant transporté le trésor à Compiègne, il le présenta à la vue de l'assemblée. On décida qu'il seroit partagé en trois lots : que la

638.

Vit. Pippin.
Vit. Sigeb.
reg. 9.
Gest. Dagob.
46.
Aim. iv, 36.

reine Nanthilde préleveroit, selon la coutume des Francs, le tiers de ce que Dagobert avoit acquis depuis qu'il l'avoit associée à son lit et à son trône, et que le reste seroit divisé par moitié entre les deux rois. On en fit aussitôt le partage. Pepin et Hunibert reçurent la portion attribuée à leur roi, ils la firent porter à Metz pour être présentée à Sigebert et inscrite sur les registres du fisc. L'avarice des derniers princes et même de Dagobert avoit accru ces richesses des présens des Leudes et des confiscations dont leurs successeurs se disputoient le fruit comme d'une partie précieuse de leur héritage.

638.

Dès-lors les deux États, malgré les dernières rivalités, semblèrent vouloir terminer leurs dissentions. Deux ministres sages et habiles, qui jouissoient également de la confiance de la nation, maintinrent la paix domestique et extérieure, ainsi que l'autorité de leurs rois dont ils étoient dépositaires. Éga en faisoit part, du moins dans l'intérieur du palais, à la reine Nanthilde à qui la garde de son fils étoit naturellement confiée. Ce ministre justifia son élévation et le choix du prince. Il commença par un trait d'équité bien rare, en restituant les biens que Dagobert avoit envahis et attribués injustement à son fisc, soit en Neustrie, soit en Bourgogne. Ce prince, comme nous l'avons vu, lorsqu'il commença à

Fredeg. chr. 80.

638.

démentir son caractère, n'avoit point rougi de s'enrichir des dépouilles de ses sujets et même de celles des lieux saints. Ainsi le fisc qui, sous les princes les plus équitables, ne fait guère que mettre un terme aux exactions, s'épuisa cette fois pour réparer les injustices du dernier règne, espèce de satisfaction qu'il s'est rarement imposée. La conduite d'Éga fut d'autant plus belle qu'on pouvoit lui reprocher à lui-même un peu de foiblesse pour les richesses. Du reste il étoit plein de prudence et de bonté, il écoutoit chacun avec bienveillance et rendoit une justice impartiale. Ses vertus l'avoient élevé au-dessus de tous les Leudes de Neustrie; il mettoit le sceau à ces belles qualités par une éloquence naturelle, un esprit présent et une naissance distinguée.

639.
Fredeg. chr. 85.

Vit. Pippin. duc.

Mais cette paix publique et privée qui tenoit à la bonne administration des maires, ne pouvoit durer long-temps dans les Gaules; le pouvoir qu'ils exerçoient avec tant de sagesse devoit tomber en des mains moins pures qui l'emploieroient à troubler l'État et à humilier les rois. Le maire Pepin mourut l'année suivante. Il emporta les regrets de tous les Austrasiens à qui son équité et la douceur de son gouvernement l'avoient rendu extrêmement cher. Pepin né d'un sang déjà illustre parmi les Francs, accrut ou plutôt fonda la grandeur de sa maison. Il exerça les fonctions de maire sous trois rois, Clotaire II, Dagobert et Sigebert son fils. Ce fut lui sur-tout avec le fameux Garnier qui éleva cette dignité à ce haut éclat où elle parvint et dont elle ne pouvoit déjà plus déchoir. En cela, il fit plus au sein de la paix par l'autorité de sa vertu, que les autres n'avoient fait par leur ambition, au milieu des factions et des troubles. Pepin n'avoit jamais flatté les princes; il s'étoit montré inaccessible aux dons que l'on offroit aux rois et aux grands pour corrompre leur justice. Rien ne prouve mieux son esprit de sagesse et de droiture que l'union dans laquelle il vécut avec deux saints évêques, Arnoul et Hunibert, qui partagèrent son pouvoir, l'éclairèrent même en certaines conjonctures où la prudence naturelle et la magnanimité du maire n'eussent pas suffi sans les lumières et la doctrine des prélats. Il laissa un fils nommé Grimoalde qui joue un rôle important dans la suite de l'histoire, et deux filles, Begga et Gertrude; la première mariée, comme nous l'avons dit, au duc Anségisèle fils de saint Arnoul, lequel donna naissance à une suite de grands hommes et de princes. L'illustration de Pepin se perpétua ainsi dans les deux branches issues de lui. Itta veuve du maire, touchée des discours de saint Amand, résolut de se consa-

639.

Vit. Pippin.
Vit. S. Gertrud. inter
act. SS. Bened.

crer au service de Dieu. Elle prit le voile des mains du saint évêque, et fonda le monastère de Nivelle dans le Brabant où elle se retira avec sainte Gertrude sa fille à qui elle voulut confier la conduite des vierges qu'elle y rassembla. Pepin l'Ancien, autrement Pepin de Landen, ainsi nommé du lieu de sa sépulture dans le Brabant, fut honoré lui-même parmi les saints, digne ainsi qu'Arnoul de former la tige de la seconde race de nos rois. Les petits-fils d'Arnoul et de Pepin s'élevèrent sur-tout par l'héroïsme, par les services rendus à l'État; ils arrivèrent à un degré de puissance qui ne leur offrit plus enfin qu'un pas si facile à franchir que la modération, si on l'ose dire, devenoit presque impossible à cet excès de grandeur.

La grandeur de Pepin étoit déjà si bien établie qu'il n'étoit plus libre aux rois de choisir leurs premiers serviteurs hors de sa maison. Grimoalde prétendit succéder à la charge de maire comme à un bien héréditaire. L'évêque de Cologne, après avoir aidé Pepin dans les soins du ministère public, reporta sur le fils l'amitié qu'il avoit eue pour le père et dont Grimoalde ne vouloit user que comme d'un appui à son élévation. On sait que ce lien, comme celui de consanguinité, étoit, dans les mœurs françoises et germaniques, une sorte de traité et de confédération qui obligeoit les alliés à embrasser les affections et les ressentimens réciproques. Ainsi dans ces temps barbares, chacun, à proportion du nombre de ses affinités ou du crédit de ses proches, pouvoit former dans l'État une ligue quelquefois très puissante. La plupart des seigneurs Austrasiens entrèrent dans celle de Grimoalde. Son audace lui donna des droits presque aussi sacrés que le nom et la réputation de Pepin, et ce seigneur ne se vit traversé que par un seul concurrent. C'étoit Othon, gouverneur de l'enfance de Sigebert. Ce domestique espéra que le rang qu'il tenoit près de la personne du jeune roi et le crédit qu'il avoit dû acquérir sur son esprit pourroient le faire monter à cette haute dignité. Non moins arrogant que Grimoalde, il ne craignit point d'entrer en lice avec des forces inférieures. La fortune de la maison de Pepin lui inspiroit une jalousie et une haine qu'il ne prenoit pas la peine de dissimuler. Il forma un parti contre Grimoalde, et se déclara ouvertement son adversaire. Mais cette lutte établie dans le palais entre les deux ministres, ne se termina pas à son avantage. Grimoalde soutenu de la faveur du prélat, fit tous ses efforts pour chasser Othon du palais. Les historiens de ce siècle, peu soigneux de nous faire connoître les variations du gouvernement et le déclin de l'autorité royale, ne satisfont guère notre curiosité sur les détails de ces démêlés qui faisoient croître chaque jour l'insolence des grands et des officiers de la couronne en avilissant la majesté des rois. Il semble néanmoins que le gouverneur de Sigebert, bien qu'il fût étayé par une brigue moins puissante, trouva dans son courage de quoi lutter quelque temps contre les prétentions de Grimoalde. La querelle ne prit fin que trois ans après, par le meurtre de l'un des compétiteurs. Soit que Grimoalde eût déjà saisi le nom et l'autorité de maire, soit qu'il les disputât encore à son rival, il résolut de se défaire par la perfidie et la violence d'un seigneur turbulent et jaloux qu'il trouvoit toujours en son chemin. Il lui suscita pour ennemi Leutharis duc des Alemans. Celui-ci servit le fils de Pepin en massacrant son concurrent. Grimoalde put jouir alors de toute la grandeur de son père, exercer sans opposition la charge éminente de maire du palais. Mais bien différent de Pepin, après s'être défait en fourbe de son rival, encouragé par son succès et maître des emplois, il voulut disposer du trône comme des dignités du palais. Audacieux conjuré, il ne pensa qu'à ruiner l'autorité royale et à perdre ses maîtres.

Le sage Éga suivit de près Pepin. Il mourut à Clichy, en l'an 640, troisième du règne de Clovis II. Il avoit eu le temps de mettre à l'abri l'enfance de son maître dans les premières années de sa minorité si périlleuses pour les rois François. Quelque vertueux qu'eussent été ces deux seigneurs, quelque éloignés qu'ils parussent de vouloir attenter aux droits de la majesté royale, on peut dire que la puissance des maires n'avoit rien perdu entre leurs mains. La foiblesse des jeunes princes dont ils avoient eu l'enfance à défendre ou l'adolescence à diriger, éleva ces deux officiers, Pepin sur-tout qui tint sous trois règnes la charge de maire, à la même grandeur que Garnier avoit déjà usurpée en Bourgogne et qui servit de but à l'ambition de leurs successeurs. Ceux-ci, moins justes et moins prudens, l'accrurent encore par des moyens tout opposés, mais qui réussirent également, l'audace, la fraude, la force ouverte. Quelques jours avant la mort d'Éga, Hermanfroi son gendre avoit donné un de ces exemples de violence qui n'étoient que trop communs chez les François, et auxquels on peut reconnoître les mœurs de ce siècle. Il assassina le comte Énulfe au milieu du Malle. On appeloit ainsi les assemblées ou plaids que les comtes tenoient dans les cantons à des époques fixes pour y juger les affaires et terminer les différends. Là, comme nous l'avons dit quelque part, de même que le roi convoquoit le plaid général formé de la réunion des grands de ses

640.

États; ainsi le comte qui représentoit la justice royale siégeoit au milieu du peuple de son canton, entouré des Leudes et des notables qui l'assistoient dans sa justice, comme les seigneurs assistoient le prince à son audience. Ce meurtre commis dans l'assemblée publique sur la personne du magistrat qui la présidoit, excita contre Hermanfroi l'indignation de la reine Nanthilde, des amis du comte et de tous les habitans du canton. La reine abandonna le coupable à leur vengeance. Les parens d'Énulfe se jetèrent avec le peuple sur les biens du meurtrier, les pillèrent et ravagèrent ses terres. Hermanfroi, trop foible pour résister au soulèvement général, et redoutant même la justice royale, s'enfuit en Austrasie. Il prit un asile dans la basilique de Saint-Remi de Reims. Là il attendit quelque temps que l'orage fût calmé.

Il falloit donner un successeur à Éga. Après la mort de Garnier, il n'y avoit eu qu'un seul maire, comme nous l'avons vu, pour les palais de Neustrie et de Bourgogne réunis; ou plutôt depuis ce fameux chef de parti, les Bourguignons soumis seulement à l'autorité royale et à celle de leurs ducs, n'avoient plus reconnu cette magistrature. La reine Nanthilde qui jouissoit de la confiance des Neustriens, pourvut encore après la mort d'Éga, à l'élection d'un seul maire dans la Neustrie. Je ne vois pas en effet que le nouveau magistrat exerçât les fonctions de sa dignité dans les deux royaumes. Il paroît que les Bourguignons qui, dans l'assemblée de Troyes, avoient consenti que Clotaire réunît l'autorité de cet officier à celle de la couronne et les gouvernât seul et sans médiateur, refusèrent encore d'obéir aux ordres du palais de Neustrie. Peut-être même Nanthilde ne fut point fâchée d'affoiblir le pouvoir du maire en divisant cette magistrature suprême. Car peu de temps après, comme nous le montrerons tout-à-l'heure, l'on nomma un troisième lieutenant de l'autorité royale pour la Bourgogne. Cette dignité y avoit vaqué quinze ans depuis la mort de Garnier. Les annales des François toujours plus sèches et moins fécondes en événemens, marquent maintenant la suite des maires comme celle des rois. En effet voici un nouveau pouvoir bientôt héréditaire dans l'État, qui se substitue de jour en jour à l'autorité royale, et dont la succession n'est pas moins importante à remarquer. Mais cette fois, l'on nomma à Éga un digne successeur. Ce fut Archambaud, proche parent de la mère de Dagobert. On le représente comme un homme juste et patient, accessible à tous ceux qui avoient besoin de lui et de son ministère, attentif à contenter les moindres sujets, à rendre à Dieu et à ses mi-

640.

nistres le respect qui leur est dû ; et ce qui met le comble à sa louange, modeste en ce rang élevé. Son désintéressement ne lui laissa apercevoir au sein de la fortune, aucune occasion d'accroître des richesses médiocres. La suite des faits nous fera juger à quel point ces éloges étoient mérités. Un seigneur si sage et si vertueux obtint sans peine l'amour de tous les Neustriens.

Cependant en Austrasie, la mort de Pepin avoit, pour ainsi dire, rompu le frein qui retenoit dans la paix et le silence toutes ces passions autrefois si fougueuses et qui étoient à peine calmées. La pétulance des grands, l'indocilité des peuples, la violence des mœurs publiques se réveilloient sous un roi enfant. La rivalité de Grimoalde et d'Othon continuoit à troubler le palais et le royaume. Des gouverneurs de provinces qui jusque là avoient paru respecter l'autorité du maire et du roi, aspiroient à l'indépendance. Radulfe duc de la Thuringe, s'étoit déclaré ennemi du duc Adalgisèle. Il saisit l'occasion de la mort de Pepin et des troubles qui agitoient le palais pour se rendre absolu dans son gouvernement. Il prit les armes. Le jeune roi Sigebert étoit alors dans sa dixième année. On convoqua par son ordre le ban d'Austrasie pour réduire le rebelle. Les comtes lui amenèrent leurs milices. Il passa le Rhin à leur tête, rassembla de nouvelles troupes qui vinrent le joindre des provinces transrhénanes. Grimoalde et Adalgisèle, ses principaux ministres, paroissoient à la tête de cette armée. Faron, un des seigneurs de delà le Rhin, fils de ce Chrodoalde qui avoit été tué par l'ordre de Dagobert, s'étoit lié à la faction de Radulfe. Il se présenta d'abord à la rencontre de l'armée royale et essaya de faire résistance. Mais il ne put même soutenir le premier choc. Ses troupes furent rompues, lui-même tué dans l'action, on fit main-basse sur les fuyards et l'on réserva pour la captivité ceux qui avoient échappé au glaive. Le châtiment du premier coupable qui avoit osé faire face, enflamma le courage des seigneurs Austrasiens. Dans une armée composée de tant de chefs ordinairement divisés d'intérêts, il étoit à craindre que quelques-uns ne favorisassent le rebelle. Ils se promirent comme frères d'armes qui alloient attaquer un de leurs compagnons, de ne faire aucun quartier à Radulfe. Ils s'en firent un serment solennel en se donnant la main tour-à-tour. Sigebert continua sa marche, il traversa la forêt Buconienne qui des bords du Rhin s'étendoit dans la Germanie, et s'avança à grandes marches dans la Thuringe. Radulfe l'attendoit en un camp fortifié par des abattis d'arbres sur une montagne qui dominoit la rivière d'Unstrudt. Il y avoit transporté sa femme et ses enfans comme dans une forteresse inexpugnable. Là il rassembloit ses partisans et se préparoit à se bien défendre, soit qu'il crût que son courage pourroit le sauver de la vengeance de son roi et balancer la supériorité du nombre, soit que n'espérant aucun pardon il ne songeât qu'à se battre à toute extrémité et à vendre chèrement sa vie. Mais plutôt il comptoit que parmi tant de comtes et de seigneurs jadis ennemis comme lui de leurs maîtres, il trouveroit des amis secrets ou de foibles adversaires qui ne voudroient pas le pousser à bout, qui auroient toujours leur propre cause à ménager dans celle d'un gouverneur factieux.

L'armée de Sigebert arrivée au pied de la hauteur l'entoura de tous côtés. Le rebelle étoit enveloppé, pris comme en un filet ; il alloit périr si les seigneurs Austrasiens eussent mis autant d'activité à consommer sa perte que d'ardeur à se la jurer mutuellement. Mais l'imprudence d'un chef de parti qui se livroit pour ainsi dire à la merci de ses ennemis, au lieu de traîner la guerre dans une vaste province, ne put se trouver en défaut devant l'ignorance et la désunion des assiégeans. Il ne se trouvoit aucun chef parmi eux qui eût assez d'autorité pour dicter des ordres ; la jeunesse du prince ne pouvoit imposer à ces seigneurs. Les uns demandoient, à peine arrivés au pied de la montagne, qu'on profitât de l'ardeur des troupes et de la terreur des rebelles, qu'on livrât sur-le-champ l'assaut, sans leur laisser le temps de se reconnoître. D'autres étoient d'avis de donner un jour de repos au soldat fatigué de la marche et de remettre l'attaque au lendemain. Grimoalde et Adalgisèle ne pouvant faire entendre leur voix, se contentoient de veiller sur la personne du prince. Au milieu de ce désordre, Bobon et Nauvalaüs, le premier, duc de l'Auvergne, l'autre, comte du Suntgau, font avancer leurs milices : ils entraînent une partie de l'armée, courent à la porte du camp ennemi et tentent de forcer le retranchement. Radulfe fut surpris de cette attaque ; mais il ne perdit point courage. Il fit ouvrir la porte du camp, et tombant en furieux sur les troupes royales il les mena battant devant lui. Puis, revenant à propos sur ses pas, il rentra dans ses barricades avec ses bandes victorieuses. Cependant la défaite des troupes royales, que les Austrasiens voyoient de leur camp, ne fit point cesser leurs démêlés. Aucun ne se mit en mouvement pour secourir ses compagnons maltraités, comme si le rebelle n'eût point eu tort de se fier à la trahison ou à la connivence des seigneurs. Les milices de Maïence gagnées par lui, avoient fui au commencement de l'action.

640.

640.

Les deux capitaines qui avoient fait cette attaque imprudente, restèrent sur la place. Le jeune Sigebert se tenoit à cheval dans la plaine avec un cortège de seigneurs qui ne le perdoient pas de vue. Il vit de ses yeux cette déroute et le massacre de ses sujets. Il versoit des larmes à ce spectacle sans pouvoir ni les secourir ni les venger. Il resta à quelque distance du retranchement de Radulfe au milieu de son armée dont cette disgrace avoit abattu le courage. On ne pensa plus à tenir le serment qui dévouoit la tête du rebelle. On passa la nuit dans la consternation et le lendemain on ne songea qu'à la paix. Des députés de l'armée royale se rendirent au camp de Radulfe. Les généraux de Sigebert humiliés de leur perte, ne rougirent point de demander au rebelle pour condition de paix, la permission de repasser le Rhin en sûreté. Celui-ci conclut cet insolent traité, et le jeune roi retourna chez lui avec son armée.

Après sa victoire et ce traité qui devoit l'enorgueillir bien davantage, Radulfe ne se contint plus. Il dictoit des lois dans sa province, il usurpoit tous les droits de la souveraineté. Seulement il ne prit pas le titre de roi, et reconnut en apparence l'autorité du jeune Sigebert. Il fit à son gré la guerre et la paix, sans consulter la Cour d'Austrasie. Pour se fortifier dans sa rebellion, il chercha des amis chez ces mêmes peuples qui étoient les perpétuels ennemis de ses rois, qu'il avoit lui-même vaincus et repoussés des frontières françoises. Il traita avec les Vinides, fit amitié avec leur roi Samon, s'allia aux autres Barbares qui touchoient à sa province de Thuringe; voisins dangereux ou ennemis déclarés de tous ceux qui avoient une frontière à piller.

640.

En Bourgogne, les dissentions ne tardèrent pas à renaître. La mort d'Éga y apporta les mêmes désordres que celle de Pepin avoit entraînés en Austrasie. Nanthilde gouvernoit le palais de Neustrie avec Archambaud. C'est la première des reines françoises qui semble avoir possédé dans l'État un crédit naturel, légué par le feu roi ou attaché à son titre, sans usurpation et sans violence. Mais comme les Bourguignons réclamoient pour leur pays la protection d'un maire; ou, si l'on veut, la reine elle-même désirant diviser le pouvoir de cette charge, on s'occupa de l'élection de ce magistrat. Elle se faisoit, comme nous l'avons vu, par les sujets même du royaume où le nouveau maire devoit représenter la majesté royale. Nanthilde convoqua une assemblée générale des évêques, des ducs et des grands de Bourgogne dans la ville d'Orléans. Le royaume dont cette ville avoit été le siège, se trouvoit alors confondu dans celui de Bourgogne; les

641.
Fredeg. chr. 89, 90.

derniers rois les avoient possédés ensemble depuis le partage qui suivit la mort du vieux Clotaire. Nanthilde se rendit à Orléans avec son fils Clovis. Il parut dans cette élection que la reine elle-même l'avoit sollicitée. Elle gagna l'un après l'autre les membres de l'assemblée pour faire tomber leur choix sur un personnage qui lui fût agréable et qui entrât dans ses intérêts. Les Bourguignons élurent Flaochat, un de leurs seigneurs, mais d'origine françoise. Nanthilde exerçant en cette circonstance les droits du trône, installa au nom de son fils, le magistrat élu dans la dignité que les grands lui avoient déférée ; et pour achever de se l'attacher, elle lui donna en mariage sa nièce Ragnoberte. Mais le nouveau maire n'étoit disposé à se dévouer aux intérêts de la reine qu'autant qu'il y trouveroit les siens propres. C'étoit un homme perfide et avare, qui s'étoit enrichi par des concussions et des rapines sur les provinces dont il avoit eu le gouvernement et qu'il avoit cruellement opprimées. Dès qu'il fut revêtu de sa charge, il commença par bien prendre ses mesures pour s'en assurer la possession d'une manière irrévocable et en exercer les droits avec une entière indépendance. Il voulut enchaîner à ses intérêts ceux qui alloient dépendre de lui, s'en faire autant d'appuis et de créatures. Il s'occupa aussi, suivant un autre droit acquis aux grands, de perdre ses ennemis. Flaochat conclut d'abord une alliance avec Archambaud; les deux maires se promirent de défendre mutuellement leur dignité, d'agir toujours de concert et de se prêter assistance en cas de besoin. Traité d'amitié en apparence entre deux seigneurs françois, mais qui n'étoit en effet qu'une ligue contre leurs maîtres. L'usage de ces alliances privées devenu habituel, et l'accroissement de l'autorité des maires, empêchoient peut-être qu'on ne vît ce qu'un tel traité avoit d'insultant pour l'autorité royale et le rendoient presque légitime. Mais Flaochat promit aussi par serment aux grands de Bourgogne et aux évêques de conserver à chacun d'eux le poste qu'il occupoit; il leur en donna même une lettre ou un codicille, autrement un acte public. Ce fut apparemment une nouvelle condition que ceux-ci exigèrent en l'élevant à la suprême magistrature; afin que dans ce double accord, on vît les deux maires et les officiers inférieurs réunis aux prélats transiger de leurs dignités et se les rendre propres; c'est-à-dire les différens ordres de l'État assemblés en présence du roi et sous son autorité, traiter entr'eux, en leur propre nom et aux dépens du prince. L'assemblée se sépara après l'élection. Le maire et les grands rentrèrent en Bourgogne. Flaochat se jugeant

641.

assez bien établi dans ses honneurs, ne perdit point de temps pour dresser ses batteries contre un ennemi personnel qui avoit disputé avec lui de droits et de prééminence. Il se mit à parcourir la Bourgogne afin de disposer les grands à servir son ressentiment. La dignité de ces deux personnages, également ardens à la vengeance, fit éclater pour ainsi dire en guerre civile une querelle particulière.

L'ennemi que Flaochat poursuivoit étoit Villebaud patrice de la Transjurane, autrefois son ami, lié avec lui par des sermens en face des autels, et en même temps par une société d'iniquités et de concussions. Le patrice, à l'exemple du maire, avoit pillé les peuples, foulé les provinces, accru ses richesses et étendu son pouvoir à force de violences et de brigandages. Son gouvernement qui étoit d'une grande étendue lui donnoit les moyens de lever des troupes, d'armer des partisans, d'attacher à sa faction des grands et des prélats. Maintenant de nouveaux intérêts leur faisoient rompre une amitié funeste à tous les autres. Ils se montroient aussi empressés de se nuire qu'ils l'avoient été d'opprimer leurs voisins et les sujets. Villebaud enorgueilli de ses immenses richesses, n'avoit vu qu'avec dépit une élection qui lui donnoit un supérieur dans l'ancien compagnon de ses rapines. Il témoignoit tout haut sa jalousie et ne parloit de Flaochat qu'avec un mépris outrageant. De son côté le maire qui nourrissoit une haine secrète contre un allié trop puissant, pensoit qu'il étoit temps de le réduire. Le premier usage qu'il vouloit faire de sa dignité, étoit d'humilier un rival dont le crédit avoit servi au sien et ne pouvoit plus que lui faire obstacle. Mais il n'osoit de son autorité privée entreprendre de ruiner Villebaud; il ne pouvoit même lutter contre lui qu'avec le secours des grands. C'est dans ce dessein qu'il parcouroit toute la Bourgogne, excitant les grands à sa perte, le leur montrant comme également dangereux à tous ses voisins par son ambition et son audace. Lorsqu'il eut soulevé tous les esprits contre le patrice, il résolut de l'accabler dans un congrès de la nation bourguignonne, sûr de lui avoir fait autant d'ennemis qu'il s'y trouveroit de seigneurs assemblés. Flaochat convoqua à Chalon-sur-Saône, au mois de mai de l'an 641, les prélats et les grands de Bourgogne, sous prétexte d'y traiter les intérêts publics, mais en effet pour perdre son rival à leur vue et sous leurs efforts réunis. On peut observer ici en passant ce que nous avons déjà remarqué, que le maire du palais représentoit réellement la majesté royale, sur-tout loin des yeux du prince et du siège de l'État;

641.

puisqu'on voit Flaochat convoquer un plaid général de la nation bourguignonne, y présider comme par un droit naturel, sans opposition, sans obstacle, comme premier ministre ou lieutenant général du royaume.

Les prélats et les seigneurs se rendirent à Chalon au temps fixé. Villebaud y parut de son côté avec une escorte nombreuse. Car il se tenoit toujours sur ses gardes, craignant à bon droit les insultes d'un rival qu'il avoit offensé. A la vue de son ennemi en armes, Flaochat encore plus irrité par ces précautions qui le déroboient à sa vengeance, cherchoit tous les moyens de s'en défaire. Il tente la violence et la surprise. Mais le patrice se met en défense, il se tient au milieu de son escorte, campé dans la plaine de Chalon, et refuse d'entrer dans le palais, ancienne demeure du roi Gontran, où le maire tenoit alors l'assemblée. Flaochat en sort furieux, il se met à la tête de ses gens et court sous les murs de la ville pour charger son ennemi. Celui-ci s'apprête à le recevoir; le sang alloit couler des deux parts, lorsque le duc Amalbert frère du maire se jeta entre les deux partis; il couroit de l'un à l'autre pour engager les chefs à suspendre leur querelle et à faire la paix. Mais Flaochat sur le point de frapper son adversaire ne peut souffrir qu'on lui ôte sa vengeance des mains.

Villebaud qui se voit en un pressant péril, se saisit de la personne du négociateur comme d'un otage. L'assemblée des grands restoit émue et en suspens, partagée entre des intérêts divers. En ce moment, quelques-uns des prélats et des seigneurs les plus sages, qui avoient quitté le palais, arrivent sur le champ de bataille, ils séparent ces furieux, ils les forcent à se retirer sans combattre. Les deux ennemis se quittèrent en frémissant, et cette espèce de trève ne fit qu'annoncer une querelle plus violente. Ainsi furent troublés les plaids de Bourgogne. Il ne paroît pas qu'il se conclût rien dans une assemblée où les deux principaux seigneurs n'étoient venus que pour se tendre des pièges ou se faire des outrages. Les grands et les prélats se séparèrent, Villebaud rendit son prisonnier et retourna se mettre à l'abri dans son patriciat où l'on ne pouvoit le forcer ni l'attaquer impunément.

Mais Flaochat, au désespoir de voir son ennemi échappé, lui dresse un piège plus sûr pour le tirer de sa province. Il recourt à l'autorité de Clovis, il peint Villebaud comme un esprit brouillon et turbulent, il fait intervenir l'appui secret du maire de Neustrie et la présence du roi, qui seule peut, dit-il, apaiser leurs dissentions et rendre le repos à la Bourgogne. Il va lui-même dans le Parisis où résidoit la Cour de

641. — Neustrie, tramer la perte de son rival. Il fait souvenir le maire Archambaud du serment qu'ils se sont fait de protéger mutuellement leur dignité. Quatre mois après les plaids de Chalon, Flaochat et le maire de Neustrie, accompagnés de plusieurs seigneurs neustriens, menant avec eux le jeune roi Clovis, sortent de Paris, descendent sur la Bourgogne, traversent Sens, Auxerre, et arrivent à Autun. Des seigneurs Bourguignons vendus à Flaochat, parmi lesquels étoit son frère Amalbert, se joignent à eux. Là, le jeune roi cite le patrice Villebaud à comparoître devant lui. Car par-tout où le prince transportoit sa personne et se montroit entouré de ses Leudes, il pouvoit établir cette Cour suprême qui jugeoit en dernier ressort tous les différends et soumettoit à sa juridiction les premières têtes de l'État. Villebaud vit bien que ses ennemis étoient maîtres dans ce conseil où présidoit un roi enfant entre deux ministres tout-puissans qui avoient fait ligue contre tout ce qui portoit ombrage à l'un ou à l'autre. Il sentit qu'il y trouveroit une embuscade plutôt que la justice des lois. Il ne refusa point pourtant de s'y présenter, mais il voulut y paroître comme dans l'assemblée de Chalon, en état de se faire respecter et d'imposer à ses juges. Il rassembla dans son gouvernement une compagnie d'hom-

mes de main, qui ressembloit plus à une petite armée qu'à une escorte. Il emmena avec lui les seigneurs et les prélats qu'il put joindre à sa cause et prit sa marche sur Autun, plutôt comme un chef de parti à la tête de ses bandes que comme un sujet mandé devant son prince. Il n'étoit pas pourtant pleinement rassuré, et craignoit de n'être point assez fort pour donner la loi. A quelque distance d'Autun, la vue du péril qui approchoit, le fit reculer; il étoit sur le point de retourner sur ses pas pour se cantonner dans sa province, lorsqu'il vit venir à lui Hermanric, l'un des domestiques du palais de Clovis. Les deux maires envoyoient cet officier au-devant du patrice pour dissiper ses craintes, et l'engager à s'avancer en toute confiance vers Autun où ils pourroient en présence du roi terminer enfin tous les débats, renouer l'ancienne amitié et rendre le repos au royaume. Villebaud, quoiqu'il ne se fiât qu'à demi à ces promesses ne laissa pas de continuer sa route, il arriva devant les murs d'Autun, mais il n'osa encore entrer dans la ville. Il dressa ses tentes dans la plaine, fit prendre les devants à Agilulfe évêque de Valence et au comte Gison qu'il chargea de prévenir le roi de son arrivée, de s'informer de ce qui se préparoit dans la ville et de lui en rapporter des nouvelles.

Mais Flaochat, maître de ce qu'il souhaitoit et croyant déjà tenir son ennemi en sa puissance, commença par faire arrêter les deux ambassadeurs. Le lendemain matin, il sortit des murs de la ville à la tête de ses hommes armés, entouré des seigneurs de son parti qui avoient juré avec lui la mort du patrice. Des ducs de différentes provinces bourguignonnes qu'il avoit appelés à son secours, lui amenoient leurs troupes; ils s'avançoient sous les murs d'Autun, tandis que le maire Archambaud, à la tête des Neustriens, paroissoit aussi dans la plaine, afin d'envelopper la petite armée de Villebaud. Mais les Neustriens, ainsi que les ducs Bourguignons, se contentèrent de prendre poste dans la campagne. Ils ne s'engagèrent point dans l'action, soit qu'ils voulussent observer l'événement avant de se mêler à la querelle, soit qu'ils aimassent mieux la laisser vider à ces deux rivaux que d'exposer leur sang pour la cause d'autrui. Flaochat avec les seigneurs de son parti chargea seul la troupe de Villebaud. A la vue de tant d'ennemis prêts à fondre sur leur camp, les soldats du patrice surpris contre la foi jurée, investis de toutes parts, restoient abattus et à demi vaincus par leur terreur. Villebaud ne s'abandonna point en cette extrémité. Il releva le courage de ses gens. Il se mit à leur tête et soutint avec vigueur le choc de l'ennemi. Ses soldats ranimés par son exemple firent ferme et disputèrent le terrain. Mais la mauvaise fortune du patrice ne l'avoit amené devant ces murs que pour qu'il y trouvât sa fin. Il fut tué en combattant bravement à la tête de sa troupe; ses amis tombèrent autour de lui : le reste fut passé au fil de l'épée, dispersé et mis en fuite.

641.

A peine le sort de la journée fut décidé, ceux qui avoient refusé de partager le péril voulurent prendre part au butin. Les ducs Bourguignons et les Neustriens qui avoient vu tomber Villebaud, fondirent sur ses tentes; les soldats se pressent pour s'arracher les dépouilles; on pille les bagages des prélats et des comtes qui avoient accompagné le patrice; on emmène les chevaux; et les plus lâches ne furent pas les moins empressés à faire leur proie des richesses dont on trouva le camp rempli.

Flaochat content de sa vengeance, quitta Autun dès le lendemain. Il passa par Chalon. Mais il sembloit que ce méchant homme dût porter partout le désastre à sa suite. Au milieu de l'embarras et du désordre causé par son escorte, la ville, par un accident funeste, par l'effet de l'imprudence ou de la scélératesse, devint la proie des flammes et fut réduite en cendres. Flaochat déjà atteint dans la route d'une fièvre mortelle, fut porté par ses serviteurs et déposé dans un bateau. On lui fit remonter la Saône jusqu'à Saint-Jean-de-Laône, où il expira onze jours après Villebaud, satisfaisant ainsi à la vengeance des peuples qu'il avoit rançonnés et opprimés par toutes sortes d'exactions. Cette mort soudaine survenue la même année où il venoit d'être élevé au faîte des honneurs, ainsi que la fin tragique de Villebaud, sembloit un châtiment de Dieu et le juste prix de tant de rapines et de perfidies dont ces deux hommes s'étoient rendus coupables.

La reine Nanthilde étoit morte elle-même au milieu de ces troubles, trois ans après le roi son époux. Elle ne vivoit déjà plus lorsque le jeune Clovis entreprit le voyage de Bourgogne sous la conduite des deux maires. Car cette princesse avoit toujours accompagné son fils dans les assemblées publiques et dans les plaids, comme confié à sa tutèle. Le titre de veuve de Dagobert lui donna, comme par un droit naturel, dans le palais, un crédit que les Frédégonde et les Brunehaut n'avoient dû qu'à la violence et à l'intrigue, et qu'elles avoient même couvert de l'autorité des grands. Ce qui prouve qu'elle étoit digne par sa vertu et sa sagesse de l'estime que le roi son époux lui avoit témoignée en lui confiant son fils et le gouvernement du palais, du soin qu'il avoit pris à ses derniers momens de la protéger elle-même contre les dangers qu'elle avoit bientôt à craindre, en la remettant à la fidélité du maire Éga. Elle légua par son testament ses biens aux lieux saints. Nanthilde fut inhumée dans la basilique de Saint-Denis, à côté du roi Dagobert et dans le même tombeau. Elle avoit, à son exemple, enrichi cette église de ses dons.

641.

En Austrasie, l'autorité suprême tomba dans la main de Grimoalde. Profitant du nom de son père et rassemblant les restes de la faction de Pepin, il parvint l'année suivante (642) à usurper tous les droits de l'État, et à jouir sans obstacle de la dignité de maire par la mort d'Othon son rival. Leutharis, duc des Alemans, lui remit par ce meurtre un pouvoir bien affermi et qu'aucun concurrent ne pouvoit plus troubler. Cette élévation ne servit qu'à lui enfler le cœur, à lui inspirer de plus hauts desseins, funestes à la majesté royale, funestes enfin à lui-même, et que nul rebelle n'avoit encore osé tenter, mais qui n'échouèrent et ne tournèrent à sa perte qu'après avoir ébranlé jusque dans ses fondemens le trône des Mérovingiens.

642.

SOMMAIRE

DU LIVRE DIX-HUITIÈME.

Clovis II épouse Bathilde. Mort de Sigebert III, roi d'Austrasie. Grimoalde, maire d'Austrasie, fait disparoître et exile en Irlande le jeune Dagobert, fils de Sigebert. Il met à la place son propre fils sous le nom de Childebert. Révolte des Austrasiens contre le maire. Ils appellent Clovis de Neustrie. Grimoalde meurt dans une prison. Le jeune Clovis réunit toutes les provinces de la domination françoise. Mort de Clovis II. Il laisse trois fils, Clotaire, Childéric et Thierri. Clotaire III lui succède seul, sous le gouvernement de la reine Bathilde et du maire Archambaud. Ébroïn élu maire après la mort d'Archambaud. Les Austrasiens, las d'obéir au palais de Neustrie, demandent un roi. Childéric II couronné en Austrasie, sous la tutèle du duc Vulfoalde. Sage gouvernement de Bathilde. Commencemens de saint Léger. Tyrannie du maire Ébroïn. Bathilde, lasse de lutter contre la violence du maire, se retire au monastère de Chelles.

État de l'Italie. Troubles dans Rome. Mauvais gouvernement des exarques. Accroissemens des Lombards. Grimoalde, de la race des ducs de Frioul, parvient au duché de Bénévent. Suite des progrès des Sarrasins. Moavie, gouverneur de Syrie, arme des flottes. Occupe l'île de Chypre. Première expédition des Sarrasins en Afrique. L'empereur Constant publie, sous le nom de Type, un nouvel édit favorable au monothélisme. Le pape Martin assemble un concile au palais de Latran contre cette hérésie. Constant s'apprête à faire recevoir le Type en Ita-

SOMMAIRE DU LIVRE DIX-HUITIÈME.

lie par la force. Le pape Martin lui résiste. L'exarque Calliopas, par ordre de l'empereur, enlève le pape qui est amené à Constantinople et exilé à Chersone dans la Tauride. Mécontentement de l'Italie. Rotharis, roi des Lombards, meurt après avoir agrandi la monarchie lombarde et donné de sages lois à son peuple. Rodoalde son fils règne quelques mois. Aripert nouveau roi élu par les Lombards. Il laisse le trône à ses deux fils, Pertharite et Gondebert. Grimoalde, duc de Bénévent, marche sur Pavie, fait périr Gondebert, chasse Pertharite et s'empare du trône. Il affermit et étend la monarchie lombarde.

L'empereur Constant, persécuteur de l'Église et meurtrier de son frère, quitte Constantinople pour fuir l'indignation du peuple. Il aborde dans l'Italie sous prétexte de délivrer cette province du joug des Barbares. Il traverse la Calabre et l'Apulie. Échoue devant Bénévent. Il marche sur Rome. Il y est reçu par le pape Vitalien. N'y paroît que pour piller la ville et les temples. Se retire en Sicile. Il est assassiné dans Syracuse par ses serviteurs.

Mort de Grimoalde roi des Lombards. Constantin Pogonat, empereur à la place de son père Constant. Il débarque dans la Sicile, étouffe les factions et se fait reconnoître en Occident. Incursions des Sarrasins dans la Sicile. Gouvernement ferme et habile de Constantin Pogonat. Il se déclare protecteur de l'orthodoxie. Pertharite, fils d'Aripert, retiré dans les Gaules, rentre en Italie, chasse le jeune Garibalde, fils de Grimoalde, et remonte sur le trône, de l'aveu de la nation lombarde.

Guerres civiles chez les Arabes. Le calife Othman, successeur d'Omar, assassiné par les séditieux. Disputes pour le califat. Ali, gendre de Mahomet, y parvient.

SOMMAIRE DU LIVRE DIX-HUITIÈME.

Moavie, chef de la race des Ommiades, se fait proclamer à Damas. Rivalité des Ommiades et des Alides. Troubles du musulmanisme et schismes. Ali, reconnu dans l'Irak et l'Arabie, soutient ses droits les armes à la main contre le calife de Syrie. Il est poignardé dans la mosquée de Cufa. Par sa mort, Moavie s'établit solidement. Moavie fixe le siège du califat à Damas, et donne commencement à la dynastie des Ommiades. Les Arabes traversent l'Asie Mineure, marchent sur Constantinople qu'ils assiègent durant sept années consécutives. Ils échouent dans cette entreprise. Ils n'éprouvent plus que des revers. Établissement des Mardaïtes en Orient. Moavie traite avec Constantin. Les Avares demandent aussi la paix.

Établissement des Bulgares en deçà du Danube. Constantin Pogonat est forcé de leur céder des quartiers et de leur payer tribut. Il convoque le troisième concile de Constantinople, sixième œcuménique, où la doctrine du monothélisme est condamnée. Paix de l'Église. Yézid I, fils de Moavie. Moavie II. Mervan. Avénement d'Abdulmélic.

Ebroïn, maire de Neustrie, gouverne despotiquement. Interdit l'entrée du palais aux Leudes Bourguignons. Clotaire III meurt. Ébroïn, de son autorité privée, et sans assembler le conseil des Leudes, fait proclamer Thierri III, frère de Clotaire, et troisième fils de Clovis II. Les Neustriens et les Bourguignons se soulèvent, appellent pour roi Childéric II d'Austrasie. Childéric entre dans Paris. Thierri est détrôné et relégué à Saint-Denis. Ébroïn rasé et enfermé dans le monastère de Luxeu. Childéric réunit toute la monarchie. Saint Léger, évêque d'Autun, d'abord rival d'Ébroïn dans le conseil, prend la principale part au nouveau gouvernement.

LIVRE DIX-HUITIÈME.

Clotaire II, en terminant les guerres civiles et réunissant les trois royaumes des Francs sous sa seule domination, avoit fait jouir les Gaules d'un repos qu'elles n'avoient point connu sous les règnes précédens. Dagobert qui usurpa après lui la monarchie, avoit maintenu cette paix. Sous son règne, l'empire des Francs commença à s'affoiblir à ses extrémités par les défections des Gascons, des Saxons, des Sorabes, des Thuringiens, et par les incursions des Vinides; mais la richesse et la prospérité des provinces intérieures étoient allées toujours croissant. Les derniers troubles de l'Austrasie causés par la rivalité de Grimoalde et d'Othon qui se disputoient l'intendance du palais de Sigebert, avoient cessé vers l'an 642 par la mort violente d'Othon. Depuis ce temps et durant les quatorze années qui suivirent, l'état des Gaules paroît assez tranquille, ou du moins le vide des Annales n'est rempli par aucun événement important. On ne voit point de dissentions publiques, ni de ces révolutions turbulentes si communes en ce siècle et chez notre nation. Nous trouvons seulement quelques événemens domestiques, comme le mariage du jeune Clovis, qui, dans sa seizième année environ, épousa la pieuse Bathilde née du sang des Anglo-Saxons, et amenée esclave dans les Gaules. Elle étoit tombée d'abord dans la maison du maire Archambaud, où elle vivoit attachée au service domestique. Sa sagesse, sa beauté, la firent remarquer de son maître qui voulut l'associer à son lit. Mais Bathilde ayant fui et s'étant dérobée à la recherche du maire, Archambaud touché de sa vertu, la donna peu après au jeune Clovis pour en faire son épouse. Bathilde ne démentit point sur le trône des vertus qui avoient éclaté dans une condition humble et servile. Son élévation lui imposant d'autres devoirs, elle en montra de nouvelles, dignes de tous les rangs où la fortune la plaça tour-à-tour. On voit aussi dans les Gaules des assemblées de seigneurs, des conciles, notamment celui qui fut tenu vers l'an 644, par ordre du roi Clovis. Ce prince convoqua à Chalon-sur-Saône les évêques de Neustrie et de Bourgogne. Les deux amis, saint Éloi et saint Ouen, l'un évêque de Noyon, l'autre de Rouen, y assistèrent. Parmi divers canons tendant à réprimer le déréglement des mœurs et les abus qui s'étoient glissés dans le gouvernement ecclésiastique, à ramener l'ancienne discipline qui s'étoit altérée de jour en

---

649.
Vit. S. Balthild. inter act. SS. Bened. sec. 2.

Fleury, hist. eccl. xxxviii, 31.
Le Coint. ad ann. 644. §. 2.

jour, on condamna la simonie et on ordonna la déposition de tous ceux dont l'élection seroit infectée de ce vice; on défendit les chansons déshonnêtes que les femmes chantoient dans les églises lors de la dédicace et des fêtes des martyrs : coutume scandaleuse que l'ignorance et la grossièreté d'une joie indécente avoient laissé introduire. Enfin, comme la violence se joint presque toujours à la rudesse et à l'impudence des mœurs, le concile défend de tirer l'épée dans les églises ou dans leurs enceintes, d'y attaquer et d'y blesser ses ennemis. Ce qui prouve que, malgré le droit d'asile accordé aux fugitifs et aux supplians, la barbarie germanique toujours armée respectoit peu les lieux saints; que souvent les démêlés et les querelles particulières s'élevoient et se poursuivoient jusqu'à la face des autels.

Clovis élevé par les soins du sage Archambaud, guidé par la vertu de la jeune Bathilde, témoigna dans un âge tendre un grand respect envers les lieux saints et leurs ministres, une grande commisération pour ses sujets. Sa piété parut même réglée par ses devoirs de roi et par l'amour des peuples. Il avoit confirmé les donations que son père avoit faites aux églises, et particulièrement à celle de saint Denis. Mais dans une famine qui affligea son royaume en

Cest. Dagob, 50, 51.

651.

l'an 651, il fit enlever la couverture d'argent dont Dagobert avoit orné l'abside de cette basilique, et l'employa à distribuer des secours aux pauvres par les mains de l'abbé de Saint-Denis, montrant par cette conduite autorisée de l'exemple de grands saints et de grands évêques, que les trésors de l'Eglise profanés par l'avidité et la rapine, sont consacrés à un pieux usage lorsqu'ils servent au soulagement des calamités pu-

653.

bliques. Ce fut apparemment pour réparer envers la basilique de saint Denis le tort qu'il lui avoit causé, quoique dans une intention si pure, qu'il accorda deux ans après de nouveaux privilèges à cette église. Clovis tint à Clichy, en 653, une assemblée des évêques et des Grands de son royaume, pour y traiter suivant l'usage, des intérêts de la nation et, comme disent les historiens, du salut de la patrie. Il y siégeoit au milieu des Grands, élevé sur son trône et tenant sa lance, le sceptre de nos premiers rois, que Gontran avoit remis autrefois dans la main de son neveu Childebert. Ce fut là qu'il conféra de nouveaux bienfaits à ce monastère, et les fit confirmer par l'autorité des seigneurs et des prélats. Il déclara que voulant témoigner son respect pour le lieu consacré par la mémoire des saints martyrs, à l'exemple de son père et de sa mère qui y avoient fait des fondations et choisi leur sépulture, il jugeoit à propos d'exempter de la juridiction épiscopale les biens de cette église, les serfs, les terres, et tout ce qu'elle tenoit de la munificence des rois; en sorte que les richesses de ce lieu, les vases, livres, ornemens, ne pussent être transportés ailleurs par la volonté des évêques; que ces biens fussent entièrement propres à la basilique et au monastère : ce qu'il n'ordonnoit pourtant que du consentement de Landri évêque de Paris, à qui le monastère étoit soumis. L'assemblée applaudit unanimement à la piété du jeune roi : les évêques et les Grands confirmèrent de leurs seings la préception qui en fut dressée. Telle fut la nouvelle immunité accordée dans ces plaids généraux au monastère de saint Denis, laquelle n'eut lieu pourtant que de l'aveu de l'évêque, administrateur des biens ecclésiastiques dans son diocèse ainsi que chef du spirituel. Mais je pense qu'un privilège qui exemptoit ces biens de la juridiction épiscopale, ne s'étendit point jusqu'au spirituel. Les moines des Gaules n'avoient point encore sans doute la prétention de se soustraire à l'autorité des pasteurs ordinaires du troupeau, de repousser sous prétexte de la bonne discipline de leur monastère, le gouvernement légitime que Dieu a donné à son Église et dont aucun ordre de Fidèles n'étoit exempt de reconnoître l'autorité. Il ne s'agissoit donc pour ceux-ci que de l'administration de leur temporel sur lequel l'évêque abandonnoit tout droit de surveillance. Nous avons cru toutefois devoir noter la nouveauté du privilège accordé au monastère de saint Denis par Clovis II.

Les deux maires, Grimoalde et Archambaud, commandoient, l'un dans le palais d'Austrasie, l'autre dans celui de Neustrie et de Bourgogne. Car je ne vois point que l'on ait donné de successeur à Flaochat. Le maire de Neustrie retint le gouvernement des deux royaumes désormais unis par un même lien. Le crédit de ces ministres ne pouvoit déjà plus croître. Tout concourut à son affermissement, jusqu'à la vertu d'Archambaud. Ce seigneur ne prit point part à la conjuration formée contre l'autorité royale. Revêtu de la confiance de ses maîtres, il fit respecter le pouvoir par la justice. Au contraire, Grimoalde se rendit maître de tout par violence. La foiblesse des règnes qui suivirent celui du second Clotaire, servit encore à l'agrandissement de cette dignité. Des princes orphelins abandonnés dès le berceau aux caprices de leurs officiers, s'éteignoient avant leur maturité, tandis que leur sceptre tomboit de main en main à des seigneurs entreprenans et forts de leur faction. Tel est dorénavant l'état des Gaules. Le temps obscur qui s'écoula depuis la mort de la reine Nanthilde jusqu'à l'an 656 où nous entrons, ne fut donc point perdu pour la grandeur de ces ministres. Les deux rois, héritiers de Dagobert, parvinrent sous leur tutèle à une jeunesse qui avoit encore besoin de soutien. Sigebert, troisième du nom, roi d'Austrasie, étoit âgé alors de vingt-six ans; il commençoit à peine à prendre des forces pour attaquer la tyrannie de Grimoalde et essayer de ressaisir les rênes de son État, lorsqu'il mourut, laissant un fils en bas âge et une fille nommée Biléchilde. Il fut inhumé, suivant qu'il l'avoit désiré, dans l'église de saint Martin de Metz qu'il avoit fondée. Ce prince, dans un âge encore tendre, avoit fait une multitude de fondations pieuses; il versoit d'abondantes aumônes, il s'occupoit du bonheur des peuples. Les historiens vantent sa piété, sa prudence, son zèle pour la justice. Ces qualités durent exciter des regrets d'autant plus vifs, que Sigebert quittoit l'empire au moment où il en faisoit l'espoir; il le laissoit par sa mort, ainsi que le jeune héritier, à la merci d'un ministre perfide dont l'ambition effrénée alloit disposer souverainement de l'État et du maître, et peut-être perdre l'un et l'autre.

656.

Vit. Sigeb.

Grimoalde, le plus fourbe, le plus turbulent des seigneurs qui eussent encore régi le palais, avoit formé un projet qui surpassoit tout ce qu'a-

Gest. R. Franc. 43. Adon. chr. Sigeb. chr.

656.
Vit. S Wilfr.
inter act. SS.
Bened. sec. 4.
Vit S. Rema-
cli, c. 21.
Longuerue,
Annal. Franc.
ad ann. 656.

voit tenté jusque là l'audace de ces officiers. Arbitre de l'Austrasie, tuteur pour la seconde fois d'un roi enfant, et habitué à se jouer de ses maîtres, il crut qu'il étoit temps enfin d'établir sa fortune sur le débris de leur maison. Il ne voyoit plus de rivaux dans l'Austrasie. Élevé par la faction de son père, il tenoit dans sa dépendance un grand nombre de partisans et de cliens de sa famille. Les Grands qui avoient cru, en se donnant un chef de leur Ordre, acquérir un défenseur contre l'autorité royale et vivre avec plus de liberté dans leurs domaines, tomboient insensiblement sous la domination des maires. Ces magistrats attiroient à eux seuls, comme un bien qui leur eût été propre, le pouvoir de la noblesse qui leur avoit été confié contre le prince et dont les seigneurs n'étoient déjà plus maîtres de leur redemander compte. Ils avoient d'ailleurs plus de force réelle que n'en avoient eu les rois, pour comprimer les factions. Car l'on se défioit moins d'une autorité d'emprunt, d'abord agréable aux Grands qui l'avoient créée. La reine Himnéchilde, veuve de Sigebert, impuissante et sans parti, faisoit peu d'ombrage à Grimoalde. Il espéra donc frapper en sûreté le dernier coup. Grimoalde écarta le jeune Dagobert alors âgé de neuf ans environ, et nourri apparemment dans le secret du palais loin des yeux des Grands ; le maire, comme gardien de la demeure des rois, affectoit de frapper seul les regards. Il répandit le bruit de sa mort, et résolut de lui substituer Childebert son propre fils. On annonça que Sigebert, dans les derniers temps de son règne, désespérant d'une longue vie et voyant son fils éteint, avoit adopté le fils de son premier officier. Le feu roi lui-même, disoit-on, avoit proposé Childebert aux hommages de la nation, afin que l'Austrasie libre, indépendante, et presque séparée par sa position et son génie du reste des Gaules, ne passât plus à l'avenir sous le joug des Neustriens ; ainsi le magistrat qui l'avoit protégée durant la minorité de ses rois, continueroit à tenir les rênes de l'État pour y conserver la paix et la liberté publique. Grimoalde avoit si bien pris ses mesures, il étoit si puissant par ses alliances et par le crédit de sa maison, qu'il n'étoit plus temps de résister. On ne songea pas même à Clovis frère de Sigebert, ni au sang des Mérovingiens. Bien que ce nouveau droit qu'on attribuoit au prince de se choisir à lui-même un successeur dans une autre race, fût au moins très équivoque, on ne s'avisa point de le contester, et tout plia sous la volonté du maire. La plupart furent dupes du bruit qu'il avoit semé et du faux testament du roi. D'autres cédèrent naturellement et sans examen à la force, et l'imposture eut une pleine réussite. Le

656.

656.

jeune Childebert fut proclamé et reconnu par tous les ordres de l'État. Ainsi l'on vit la race de Pepin assise un instant sur le trône des Francs auquel elle étoit destinée, et pour la première fois les Grands soumis par l'artifice et par la crainte, reçurent des mains d'un sujet un maître hors de la maison de leurs rois.

Cependant Grimoalde avoit fait disparoître le jeune Dagobert. Il le dégrada par la tonsure. Mais il respecta ses jours, et se contenta de le faire conduire en une contrée éloignée afin que le peuple austrasien ne pût entendre parler de lui, ni lui-même un jour réclamer ses droits. Didon, évêque de Poitiers, prêta son ministère à cet attentat. Il mena le jeune prince dans l'île d'Irlande où il le laissa condamné à un exil perpétuel, tandis que l'enfant de Grimoalde, comme fils adoptif du feu roi Sigebert, recevoit les respects de la nation et les hommages des Grands, dûs à l'héritier légitime. Grimoalde crut alors n'avoir plus rien à craindre d'un roi déshonoré et exilé. Il ne pensa qu'à jouir de son forfait, qu'à gouverner sous l'autorité de son fils plus despotiquement encore et avec plus d'arrogance qu'il n'avoit fait sous le nom de ses véritables maîtres. L'infortuné Dagobert relégué dans cette île lointaine, oublié, ignoré même de ses sujets, mais se rappelant à lui-même son nom et la dignité de ses ancêtres, mena quelque temps une vie pauvre et obscure, en attendant les événemens, sans espérer qu'ils changeassent pour lui.

656.

Mais l'on vit bientôt que Grimoalde s'étoit trop hâté : l'ancien amour pour le sang de Clovis n'étoit point encore éteint. L'audace prématurée du maire faillit ruiner l'ouvrage de la prudence de Pepin. Les Austrasiens s'aperçurent qu'ils avoient échangé l'autorité de leurs rois contre un joug plus dur. On commença donc à s'en lasser ; et sur les entrefaites, l'imposture ayant été découverte, les François indignés de l'outrage que le maire leur avoit fait, sortirent tout-à-coup de l'engourdissement où ils étoient plongés. Sigebert étoit mort au commencement de février de l'an 656. Le faux prince avoit régné environ sept mois, lorsque les Austrasiens détrompés prirent la résolution de le précipiter du trône et de perdre Grimoalde. Mais malgré l'impatience de se venger, ils surent, comme il paroît, conduire leur dessein avec adresse, et lier des intelligences avec la Cour de Neustrie pour faire tomber le maire dans leurs pièges. Les Austrasiens s'emparèrent de sa personne, détrônèrent l'enfant. Voulant réserver à la majesté royale le soin de venger ses propres injures, ils amenèrent Grimoalde à Paris devant le tribunal du jeune Clovis, qui étoit prévenu de leur dessein et avoit prêté son appui à la conjuration. Archambaud étoit toujours à la tête des affaires de Neustrie. La vertu de ce magistrat sauva pour cette fois l'autorité royale, et contint celle des maires sur la limite qu'elle pouvoit si aisément franchir. Archambaud abandonna son collègue à la vengeance légitime des Austrasiens et à la justice du roi. Le fils de Pepin, du défenseur de l'Austrasie, fut chargé de chaînes et jeté dans une prison où il finit ses jours par une mort infame. On ignore le sort de son fils Childebert. Il fut sans doute, selon l'usage qu'on observoit en faveur des Grands dont on vouloit épargner les jours, rasé et enfermé dans un monastère. Grimoalde, malgré la vertu de ses aïeux, recueillit le digne fruit de son crime. Mais cet exemple n'effraya point ses successeurs et ne fit même rien perdre à la dignité des maires. Leur autorité qui avoit jeté de profondes racines, ne pouvoit plus être arrêtée dans son accroissement progressif. Il semble même que la hardiesse du projet de Grimoalde et le succès momentané de ses artifices, loin de dégoûter leur ambition, l'encouragea; en même temps que sa chute leur apprit à éviter l'éclat imprudent qui l'avoit perdu, et à s'avancer vers leur but par une marche plus sûre.

Après la chute du tyran, la race de Clovis rentra dans ses droits; mais l'héritier légitime ne fut point rappelé. Les Austrasiens, empressés de punir les usurpateurs, semblèrent avoir oublié Dagobert; le jeune Clovis, en satisfaisant à leur vengeance et à la sienne, se trouva tout porté sur le trône d'Austrasie. On ne voit pas comment il s'en rendit maître, ni quel fut dans cette nouvelle révolution le rôle que joua le maire Archambaud. Clovis âgé de vingt-trois ans, prince voluptueux et indolent, n'avoit d'autres volontés que celles de cet habile magistrat. Quoi qu'il en soit, les Austrasiens, comme on n'en peut douter au milieu des ténèbres qu'offre ici notre histoire, subirent le joug de ce monarque, malgré leur répugnance à recevoir des souverains de la Neustrie. Ils s'aperçurent peut-être qu'ils n'étoient plus libres de faire un choix et reconnurent pour maître, comme c'est l'ordinaire, celui à qui ils avoient remis le soin de les venger. Clovis, depuis son aïeul de même nom, fut le quatrième qui réunit sous ses lois tous les membres de la monarchie françoise. Je ne sais pourtant si Archambaud profita de la révolution pour acquérir dans le palais d'Austrasie les droits dont il jouissoit en Neustrie et en Bourgogne, ou si les Austrasiens dégoûtés de cette magistrature refusèrent de donner un successeur à Grimoalde, s'ils se contentèrent de l'autorité royale représen-

656.

tée par les ducs et par les comtes. Mais on aperçoit ici une lacune dans la succession de ces magistrats en Austrasie, jusqu'à un nouveau Pepin qui va bientôt paroître et qui suivra avec plus de fruit les vues ambitieuses de ses prédécesseurs et les projets de sa propre maison.

Gest. R. Franc. 44. Fredeg. cont. 91. Gest. Dagob. 52.

Clovis ne jouit pas long-temps de sa nouvelle grandeur. A peine avoit-il, sous les auspices de son maire, pacifié les Gaules et obtenu la monarchie des Francs, qu'il mourut cette même année, vingt-quatrième de son âge, après un règne de dix-huit ans. Il fut inhumé comme son père dans l'église de Saint-Denis que ces rois avoient prise sous leur protection particulière. Ce prince abandonné d'ailleurs à toutes les dissolutions trop communes dans la Cour des Mérovingiens, étoit tombé sur la fin de sa vie dans une sorte de délire. La foiblesse de son règne et de ceux qui suivirent, l'obscurité de ces princes, la courte durée de leur carrière, ne doit pas surprendre si l'on considère qu'ils étoient dès l'âge de quinze ans livrés aux bras des concubines, et soumis dès le berceau à des ministres qui avoient intérêt de perpétuer leur enfance. Mais les historiens attribuent la démence de Clovis à une cause singulière. Ce prince, disent-ils, s'étant rendu à l'église de Saint-Denis, fit ouvrir la sépulture du

LIVRE DIX-HUITIEME.

martyr et de ses compagnons; il rompit et détacha un os du bras du saint apôtre. De ce moment il fut frappé d'étourdissement et de vertige, son esprit s'aliéna. Cette infirmité parut cesser à certains intervalles; mais quoiqu'il eût replacé la relique et qu'il s'efforçât par des dons envers la basilique d'apaiser la colère de saint Denis, il ne recouvra jamais entièrement le sens jusqu'à sa mort qui arriva deux ans après. On peut douter de la vérité de ce récit; mais on jugera du moins aux déréglemens de ce prince qui, plus que tout le reste, troublèrent sa raison, altérèrent sa santé et avancèrent ses jours, qu'il n'étoit guère capable de prendre part aux événemens publics et sur-tout à la dernière révolution d'Austrasie. C'est donc avec fondement que nous avons attribué le mouvement de ce règne au maire Archambaud dont la sagesse conserva intact l'héritage de son maître et maintint la paix dans les trois royaumes.

656.

Clovis II laissoit de la reine Bathilde trois fils en bas âge, Clotaire, Childéric et Thierri. Le premier succéda seul à son père. Le gouvernement du palais fut partagé entre la reine Bathilde et le maire Archambaud, comme Nanthilde et Ega l'avoient occupé dans la Neustrie après la mort de Dagobert. Cette exclusion donnée à deux

Fredeg. cont. 91, 92. Gest. R. Franc. 44. Herm. Cont. chr. Sigeb. chr. Vit. S. Balthild.

656.

frères au mépris de l'ancienne coutume des Francs, une réunion de l'Austrasie et de la Neustrie lorsque la succession étoit ouverte entre plusieurs héritiers, étoit sans doute l'effet de la même révolution qui avoit porté Clovis sur le trône d'Austrasie. Les Austrasiens encore las de la tyrannie de leurs maires et des divisions de leurs rois, récemment délivrés par l'appui du maire Archambaud, reconnurent sans difficulté l'autorité du palais de Neustrie dans le moins foible des héritiers de Clovis; et peut-être Archambaud, sans exercer chez eux les droits de sa magistrature, ne fut point fâché de cimenter l'union des trois royaumes, afin d'y conserver l'ascendant qu'il avoit pris sur toutes les Gaules dans la dernière année de Clovis. En effet ce ministre, sous le nom d'un roi enfant, étendit sa protection sur les trois royaumes; il contint sous un même sceptre durant quelques années ceux qui avoient eu besoin d'implorer ses secours. Ainsi l'antique coutume du partage de la succession royale fut violée pour la première fois en Austrasie. Quant à la Neustrie et à la Bourgogne, accoutumées depuis Clotaire II, à ne reconnoître qu'un maître, elles ne devoient plus subir de partage entre les fils des rois. Quoiqu'on séparât leurs limites, on ne distinguoit déjà plus leurs intérêts. C'étoit un nouveau droit reconnu dans ces provinces, lesquelles ne formoient plus qu'un État. Mais ce qu'il faut aussi observer, c'est le nouveau pouvoir des reines tutrices associé à celui des rois mineurs, sous la garde et la défense du maire et des Grands. Ce pouvoir est reconnu comme légitime, aimé et respecté des François qui voient avec joie les reines siéger dans les assemblées générales, tenant entre leurs bras l'enfant royal, source de l'autorité. Elles concourent aux actes publics dans le palais et dans l'État. C'est ce qui paroît sur-tout dans la minorité de Clovis sous la reine Nanthilde, et maintenant sous la tutèle de Bathilde. Cette nouveauté est d'autant plus remarquable, que ces deux reines n'eurent besoin pour cela d'employer ni la violence, ni l'intrigue, et parurent jouir d'un droit acquis à leur rang. Peut-être cette révolution qui s'étoit faite dans les mœurs fut-elle due au respect pour le sang et la succession royale qui consacroit de plus en plus l'autorité dans sa source, quoique les droits en eussent été restreints de jour en jour. On peut croire aussi que c'étoit l'effet du gouvernement de Frédégonde et de Brunehaut qui, bien qu'usurpé et exercé avec violence, détesté du peuple et des Grands et signalé par leurs vengeances, avoit, pour ainsi

656.

dire, élevé la dignité des reines et rendu leur cré
dit facile et naturel. Tant il est vrai qu'un pou
voir nouveau et arraché par surprise, quoiqu
puni d'abord dans son auteur, fraie le chemin
d'autres; la tyrannie ne blesse plus les yeux dan
l'héritier pour peu qu'il soit habile et qu'il sach
poursuivre les premiers desseins sans s'expose
à la même haine. C'est ainsi que Brunehaut fond
la régence des reines; que l'audace fatale de Gri
moalde devint heureuse dans ses successeurs qu
se proposèrent impunément le même but et qu
l'atteignirent. Mais cette fois jamais le pouvoi
ne fut confié à des mains plus pures qu'à celle
de Bathilde. Cette reine tirée de la servitude fu
modeste sur le trône, et ses vertus la rendiren
chère à la nation. Soumise aux ordres du roi so
époux, douce et affable à tous les sujets, plein
d'égards pour les Grands, de vénération pour le
évêques, elle n'avoit fait connoître sa grandeu
que par les bienfaits qu'elle répandoit en tou
lieux. Elle nourrissoit les pauvres, leur distri
buoit des vêtemens et vaquoit aux offices les plu
humbles de la charité chrétienne. Bathilde dan
sa régence, sut avec la même sagesse, protége
le trône de ses fils, déférant aux avis des seigneurs
consultant leurs suffrages, ménageant les droit
des ordres de l'État sans jamais avilir la majest
royale, rendant le joug de son fils aimable à tou

les François, et faisant autant qu'elle pouvoit de sa Cour une école de modestie et de vertu.

Archambaud survécut trois ans à l'élévation du jeune Clotaire, troisième du nom et fils aîné de Clovis. Il mourut vers l'an 659, révéré pour les vertus publiques et privées, telles du moins qu'on peut les trouver dans cette barbarie de mœurs. Il laissa le royaume dans une paix profonde établie par ses soins; et son maître reconnu dans toutes les parties de la domination françoise. Rien sur-tout ne lui fit plus d'honneur que le caractère qu'il déploya dans les dernières années de sa vie. Défenseur de la majesté royale, il gouvernoit à-peu-près seul, du palais de Neustrie, toutes ces provinces réunies sous une même loi. La vertu d'Archambaud lui inspira des desseins tout opposés à ceux de Grimoalde. Il aima mieux venger le trône que de l'occuper. Mais sa sagesse, sa naissance illustre, la durée de son administration, la confiance de ses maîtres et le respect des peuples ne furent pas des bases moins solides à l'autorité des maires. Archambaud vit sous ses yeux le pouvoir dont il étoit ministre, passer des mains d'un prince débauché et foible de jugement dans celles d'un enfant. Déjà les rois contens de la licence et de la mollesse domestique dont leur dignité les laissoit jouir, abandonnoient le soin des affaires à des lieutenans

659.
Fredeg. cont.
92.
Gest. R.
Franc. 45.

qui manioient pour eux le sceptre et l'épée. Quelle plus belle occasion eussent pu trouver contre leurs rois ces deux seigneurs, ayant à gouverner successivement les États de deux orphelins, si la même ambition les eût rendus complices ! Les François privés d'Archambaud, ne trouvèrent d'abord personne parmi eux qu'ils jugeassent digne de remplir la place de ce grand personnage et de porter le faix du gouvernement. Ils balancèrent sur le choix d'un successeur. Enfin après avoir long-temps consulté, ils jetèrent les yeux sur un seigneur Neustrien nommé Ebroïn. L'événement prouva bientôt qu'ils ne pouvoient plus mal choisir. Le nouveau maire avoit toute l'audace et l'orgueil de Grimoalde, et c'étoient peut-être ces qualités conformes à leurs mœurs qui avoient fixé sur lui les vœux des Neustriens : mais il le surpassoit en fourberie et en méchanceté. Violent, injuste, plein de ruses et de dissimulation ; avide du bien d'autrui et insatiable de dépouilles, il joignoit à la scélératesse d'une ambition profonde pour qui rien n'est sacré, l'esprit pétulant et factieux des seigneurs de sa nation, l'adresse et l'hypocrisie d'un politique perfide et sans foi : du reste, constant dans ses projets, fertile en expédiens et en déguisemens, habile à saisir les occasions et les ressources. Un cœur cruel et inaccessible à la pitié mettoit le comble à ces vices.

Cependant les Austrasiens commençoient à se lasser de recevoir des lois de Neustrie. Ces peuples encore plus inquiets que leurs voisins, chefs et moteurs des principales factions qui avoient agité les Gaules, regrettoient leur liberté et le temps où ils traitoient leurs affaires en commun avec un roi dont ils dirigeoient à leur gré et en tumulte les résolutions et les arrêts. Encore à demi-Germains, ils avoient dû plus que les Neustriens conserver la grossièreté et la barbarie des premiers Francs, ainsi que leur amour pour une indépendance farouche. L'élection d'un nouveau maire faite par les Neustriens leur rappela plus vivement qu'ils étoient tombés sous le joug de ces voisins. Ils résolurent de s'en affranchir et de ne point reconnoître ce magistrat élu sans leur concours. Mais ils ne songèrent point encore au malheureux Dagobert qui traînoit toujours son exil en Irlande. Les grands d'Austrasie envoyèrent demander à la reine Bathilde un des princes de son sang pour résider parmi eux suivant l'ancienne loi de la succession royale qui attribuoit les Leudes de chaque royaume à chacun des princes de même sang, et conservoit ainsi à-la-fois les droits de ces princes et ceux de

659.

660.
Fredeg. cont. 95.
Gest. R. Franc. 45.
Vit. S. Balthild. 5.

la noblesse appelée au conseil de ses rois. C'étoit le seul moyen de maintenir la paix entr'eux et les Neustriens auxquels ils ne devoient plus obéir. Bathilde acquiesça à une demande qui lui parut juste et que les Austrasiens eussent exigée peut-être. De l'avis de son conseil, elle institua sur le trône d'Austrasie Childéric, le second des fils de Clovis. Par cette nouvelle division des deux grands démembremens de la monarchie, l'ordre des partages fut rétabli après quatre ans écoulés depuis la mort de Clovis II, durant lesquels le jeune Clotaire avoit tenu tout l'empire. Le seul Thierri, le dernier des trois frères, n'obtint aucun lot. En effet la réunion de la Neustrie et de l'ancien royaume de Bourgogne ne lui laissoit comme nous l'avons vu, aucun droit à la succession paternelle. Les François ne connoissoient plus que deux États, la France orientale et l'occidentale, celle-ci unie à la Bourgogne. Ils attribuoient à chacun de ces États les districts et les villes d'Aquitaine et de Provence qui en avoient dès long-temps dépendu.

Le jeune Childéric se rendit dans l'Austrasie avec le duc Vulfoalde l'un des principaux seigneurs de ce royaume que Bathilde lui avoit donné pour conseil et pour guide. Il fut élevé sur le bouclier et salué par les peuples. Mais les Austrasiens toujours jaloux de leur liberté, et

se rappelant que la puissance des maires qu'ils
avoient créée pour les protéger n'avoit été pour
eux qu'une tyrannie violente, ne voulurent
plus, ce semble, reconnoître une autorité usurpée, eux qui avoient souvent bravé l'autorité légitime de leurs rois. Vulfoalde prit la conduite
de l'État, il donna ses soins au jeune roi sous le
simple titre de duc sans s'arroger celui de maire,
et Grimoalde n'eut point de successeur. On prétend qu'Himnéchilde, veuve du pieux roi Sigebert, peu connue par le récit des historiens,
avoit tenu les rênes du gouvernement sous l'autorité du palais de Neustrie, après la ruine de
l'usurpateur, quoiqu'elle n'eût pu obtenir le rappel de son fils. Mais j'y vois peu d'apparence
et l'on n'en trouve aucune trace chez les contemporains. On ajoute avec un peu plus de fondement que cette princesse régit le palais d'Austrasie de concert avec le duc Vulfoalde; qu'elle
servit même de tutrice au jeune roi, comme au
neveu de son époux, et que ce crédit dura jusqu'à la fin du règne de Childéric. Elle lui fit
épouser dans la suite sa fille Biléchilde qu'elle
avoit eue de Sigebert. Quoi qu'il en soit de ces
circonstances que l'on tire principalement de
quelques actes de donations faites à des monastères, où le nom de cette princesse se trouve
joint à celui du roi; on peut remarquer que l'in-

660.

tervention des reines dans les actes publics, n'étoit point toujours une preuve de leur puissance, chez une nation sur-tout qui dans ses assemblées et dans ses pactes traitoit simultanément les intérêts généraux de l'État, les affaires judiciaires et les causes privées des hommes puissans. Ainsi nous avons vu la reine Brunehaut qui n'avoit alors aucun pouvoir reconnu dans l'État, transiger pour ses droits particuliers à la conférence d'Andelot, en présence de son fils et de son beau-frère, tous deux rois, qui régloient eux-mêmes les causes publiques et leurs intérêts privés. Cependant les contemporains rapportent que la vertu et la prudence de la reine Bathilde maintinrent quelque temps encore dans les trois royaumes la paix dont ils avoient joui sous la protection puissante et la sage administration du maire Archambaud.

Bathilde chargée avec Ebroïn de l'administration de Neustrie, avoit bien moins en lui un ministre et un appui dans les soins du gouvernement, qu'un adversaire qu'elle trouvoit toujours à sa traverse et dont il lui falloit sans cesse réprimer l'insolence. Elle tourna d'abord ses vues vers la religion, s'occupa de ramener dans l'Église et dans les cloîtres la régularité des mœurs et la saine discipline. Elle fit à l'exhortation des prélats les plus habiles du royaume, un règle-

[marginal notes:]
660.

660-664.
Vit. S. Balthild.

ment contre ceux qui employoient une faveur
vénale ou d'autres mauvaises voies pour s'élever
aux dignités ecclésiastiques. Elle proscrivit l'ex-
position des enfans. La nécessité où étoient les
Romains de payer un tribut par tête d'enfant
pubère, tribut dont les Barbares étoient exempts,
les forçoit quelquefois à se priver eux-mêmes des
fruits d'une fécondité malheureuse. Bathilde arrêta par ses édits cette coutume impie, dont elle
eût bien voulu éteindre la cause en remédiant,
s'il eût été possible, à la misère des peuples.
Elle prohiba le commerce des esclaves chrétiens
que les marchands et sur-tout les Juifs ven-
doient dans les Gaules aux étrangers ou trans-
portoient en des contrées lointaines. Elle-même,
se rappelant son ancienne infortune, regardoit
comme un de ses plus pieux offices de racheter
de ses propres deniers des esclaves, principalement de sa nation, à qui elle rendoit la liberté.
Car les contemporains nous apprennent que l'île
des Saxons, si célèbre depuis sous le nom d'Angleterre, fournissoit alors des troupeaux d'esclaves que l'on alloit vendre au loin. Bathilde
renvoyoit ces malheureux dans leur patrie ou
les faisoit entrer dans des cloîtres. Elle avoit fait
de pieuses fondations dont les plus célèbres sont
le monastère des religieux de Corbie dans le diocèse d'Amiens et celui de Chelles sur la Marne

660-664.

dans le Parisis où elle plaça de saintes filles sous la conduite d'une abbesse. Elle prévoyoit qu'elle iroit un jour y chercher une retraite et déjà peut-être avoit formé le dessein de se cacher dans un de ces asiles, lorsque son fils auroit cessé d'avoir besoin de ses soins et qu'elle-même seroit fatiguée des travaux stériles de la royauté. Ses exemples eurent un grand nombre d'imitateurs. On vit en ce siècle une multitude de monastères fondés ou dotés par des prélats, des seigneurs ; et ces asiles sacrés s'élevèrent, pour ainsi dire, sur toute la surface des Gaules.

Ainsi Bathilde, autrefois achetée des mains des pirates, passant de la maison du maire Archambaud dans le palais des rois, avoit montré en des fortunes si diverses les vertus propres à chaque condition, la chasteté et la patience dans l'esclavage, la modération et la modestie près du trône de son époux. Elle administroit maintenant la tutèle de son fils et l'intendance du palais avec la fermeté et la sagesse d'un esprit né pour le commandement, mais clément et débonnaire, et bien éloigné de cette sévérité hautaine qui accompagne presque toujours les vertus des femmes supérieures à leur sexe. Parmi les personnages vertueux dont elle s'entouroit, qui lui servoient de conseillers dans la conduite de l'État et l'aidoient à lutter contre la tyrannie

---

660-664.

Vit. S. Teodegar. auct. anonym. inter act. SS. Bened. sec. 2. Ejusd. vit. auct. Ursino, ibid.

et l'avarice du maire, on remarquoit saint Ouen, évêque de Rouen, Chrodobert de Paris, et saint Léger né d'un sang illustre parmi les Francs. Léger, dès son enfance, avoit été placé par ses parens dans le palais, coutume germanique conservée de tout temps dans la monarchie françoise en faveur des enfans des grands, destinés au service du prince. Il s'y fit remarquer par la beauté de son esprit et par une vertu prématurée. Clotaire II qui régnoit alors, l'envoya à Didon évêque de Poitiers pour l'instruire dans les lettres et le rendre digne du ministère ecclésiastique. Le jeune Léger répondit par ses progrès aux soins du prélat qui le destina dès-lors à succéder à son siège. Il fut élevé tour-à-tour aux différens degrés du sacerdoce, gouverna durant six ans le monastère de Saint Maixent, se rendit de plus en plus illustre par son savoir et son amour invariable pour la discipline. Bathilde qui régissoit le palais de son fils Clotaire III, regardant Léger comme un ouvrier utile à ses desseins, désira l'appeler auprès d'elle. Elle le demanda à l'évêque de Poitiers. Léger alla donc porter à la Cour de Neustrie une sagesse et une éloquence qu'il avoit rendues si utiles dans ce diocèse. Il fit admirer sa piété dans une Cour présidée par une reine si pieuse, la prudence et la force de ses conseils dans l'assemblée des grands parmi lesquels il prit place, selon l'ordre établi dans le gouvernement de l'État. Tel fut l'empire de ses vertus que tous ceux qui résidoient à la Cour de Neustrie, ou qui s'y rendoient à certaines époques pour siéger dans les plaids, seigneurs, Leudes ou prélats, le voyoient des mêmes yeux et avoient conçu pour lui le même attachement. Ebroïn seul avec sa méchanceté clairvoyante, reconnut d'abord un ennemi. Il remarqua avec inquiétude la fermeté et la pureté du caractère de Léger; il prit en haine une vertu qu'il regardoit d'avance comme un obstacle à ses projets ambitieux. Cependant Bathilde crut qu'elle devoit rendre à l'Église cette lumière qui avoit pris naissance dans le sein du ministère sacré ; la forme du gouvernement françois, tel que nous l'avons dépeint, ne la privoit point pour cela des conseils de Léger. L'évêché d'Autun étoit venu à vaquer. Les brigues formées par ceux qui prétendoient à ce siège avoient dégénéré en séditions, et le sang avoit coulé dans les murs de la ville. De deux compétiteurs, l'un avoit perdu la vie dans l'émeute, l'autre avoit été condamné à l'exil. Bathilde jeta les yeux sur Léger pour rendre le repos à cette église. Il fut désigné à l'épiscopat d'une commune voix vers l'an 661, par le suffrage des grands et des prélats de la Cour qui, selon l'usage de ce temps, prenoient part à ces élections ou du moins à l'acte qui les confirmoit, comme à toutes les délibérations publiques. Alors surtout saint Léger, par la vénération que lui attiroient sa naissance, son mérite et une dignité si éminente, parut à la Cour, malgré la jalousie d'Ébroïn, comme le conseiller le plus recommandable et l'un des premiers personnages de l'État.

660-664.

Mais Ébroïn troubloit tout le conseil. L'autorité de sa charge et son audace prévalurent peu-à-peu sur la sagesse de Bathilde et sur l'éloquence de Léger. Cet homme fougueux et turbulent sembloit le plus souvent poussé par une fureur aveugle, quoiqu'il ne perdît pas de vue ses projets et son agrandissement. Déjà presque absolu par ce nom redoutable de maire, il voulut usurper les prérogatives de tous les ordres, disposer de l'État à son gré, des honneurs civils comme des sièges épiscopaux. La Neustrie passant du gouvernement du sage Archambaud au joug d'Ébroïn, eut bientôt à gémir d'une tyrannie plus dure que celle dont l'Austrasie avoit fait l'épreuve sous Grimoalde. Les François jaloux de l'autorité royale qu'ils avoient attaquée sans relâche et presque ruinée, tomboient par un juste retour de la fortune sous la main pesante de celui qu'ils avoient choisi pour chef et opposé à

Vit. S. Leodegar. auct. anonym.
Vit. S. Wilfrid. inter act. SS. Bened. part. 1 sec. 4.

leurs rois. Ébroïn renversa bientôt l'ouvrage que Bathilde avoit élevé avec tant de soins : il s'empara de l'autorité du conseil. Dès-lors tout fut en proie à son arrogance et à sa rapacité. Sa justice étoit vénale; il ne reconnoissoit d'autre droit dans ceux qui avoient recours à lui, que le poids de l'or qu'on lui offroit. Chacun lui apportoit des trésors comme à celui qui distribuoit tout et qui pouvoit tout ôter. On achetoit de lui sa sûreté ainsi que les charges, les honneurs; Ébroïn faisoit le plus odieux trafic de tous les droits de l'État qu'il tenoit réunis en sa main. Il fallut que tout fléchît. La mort étoit le prix de la plus légère offense ou même d'un soupçon. Il faisoit couler le sang de la noblesse, chassoit les évêques de leurs sièges, persécutoit les prêtres. Parmi les victimes de sa cruauté et de son avarice, il fit périr, dit-on, jusqu'à dix prélats qui lui faisoient ombrage par leur crédit ou leur vertu, ou qui s'étoient opposés à ses violences dans le conseil, et entr'autres Dauphin, autrement nommé Annemond, évêque de Lyon, l'ami et le précepteur de saint Vilfrid, évêque d'Yorck, l'un des apôtres de la Germanie.

La reine Bathilde résista tant qu'elle put à son ministre. Sa douceur dans l'exercice de l'autorité fut le seul allégement aux maux des peuples. Enfin après huit ans écoulés depuis la mort de son époux, lasse de lutter contre les fureurs du maire et n'espérant plus les réprimer, voyant le jeune roi approcher de l'âge adulte, elle pensa à quitter un fardeau pesant qu'elle ne s'étoit imposé qu'avec peine pour protéger l'enfance de ses fils, et à le remettre au jeune Clotaire. Elle résolut donc d'aller s'enfermer dans son monastère de Chelles, d'y cultiver en silence et loin des orages de la Cour, des vertus paisibles qui avoient fait toute sa consolation parmi les inquiétudes et les chagrins d'un rang élevé. Les grands, tout éloignés qu'ils étoient des vertus de la reine, s'étoient néanmoins laissé gagner à leurs charmes. Dès qu'ils apprirent son dessein, ils la supplièrent de rester au milieu de la Cour et du conseil, d'y siéger encore avec eux. Ils se disposoient même à la retenir, lorsqu'une nouvelle violence d'Ébroïn dont plusieurs d'entre eux étoient complices, précipita son départ. Sigobrand, évêque de Paris, prélat fier et turbulent, fut massacré au milieu d'une de ces querelles si fréquentes dans ces conseils de seigneurs factieux, et qu'il avoit lui-même provoquée. Les coupables craignirent que la reine n'entreprît de venger ce crime et qu'elle ne parvînt à les faire punir. Ils ne combattirent plus sa résolution. Bathilde se retira dans l'année 664, au monastère de Chelles qu'elle avoit fondé, accompagnée de

664.

664.

quelques seigneurs qui lui servirent d'escorte par honneur. Elle y fut reçue par les vierges qu'elle y avoit elle-même établies. Là Bathilde, comme autrefois Radegonde, se soumit à l'obéissance monastique, sous les lois de l'abbesse sainte Berthile qu'elle avoit donnée à son monastère. Et comme sa grandeur ne l'avoit jamais éblouie, les austérités et la soumission ne lui furent point pénibles. Elle eut à peine besoin d'oublier qu'elle avoit succédé à l'autorité de Clovis. Esclave, reine, humble religieuse et dans ces diverses positions toujours égale à elle-même et digne du premier rang. Sainte Bathilde persévéra dans la vie monastique durant seize années et jusqu'à sa mort.

642.
Anast. in Theodor. Sigon.

L'Italie étoit agitée plus que les Gaules. Malheureux dans la guerre contre les Lombards qui avoient envahi la meilleure partie de ce qui restoit à l'Empire vers l'Italie supérieure, l'exarque Isaac fut encore traversé par des séditions domestiques. Le cartulaire Maurice dont il s'étoit servi pour piller le palais de Latran, excita contre lui une révolte dans Rome avec ceux-là même qui avoient été les ministres et les fauteurs de son dernier attentat. Cet homme s'étant divisé d'intérêts avec l'exarque, rassembla ses adhérens ; il fit des menées dans les places circonvoisines qui dépendoient du duché de Rome ;

et sous prétexte qu'Isaac aspiroit à la tyrannie et vouloit se rendre indépendant de l'empereur, il fit entrer dans Rome une troupe de séditieux qu'il obligea par serment à renoncer à l'obéissance de l'exarque et de tous les officiers qu'il délégueroit. Par où l'on voit que, malgré le crédit du pontife romain, l'autorité des exarques étoit encore presque aussi pleine et entière dans Rome que dans les autres villes de leur gouvernement. Le pape Théodore I, élu en 642, gouvernoit alors l'Église. Maurice engagea dans sa conspiration, sous le sceau du même serment, la garnison de Rome et les milices qui se trouvoient dans le duché. Des magistrats même de cette ville y entrèrent. A cette nouvelle, l'exarque dirigea de Ravenne sur Rome une petite armée sous la conduite de Donus, maître de la milice et son sacellaire. Celui-ci, en arrivant, fit publier une amnistie avec des promesses de récompenses pour tous ceux qui abandonneroient le parti de Maurice. La vue de ces forces et l'espoir du pardon firent un effet merveilleux sur l'esprit de ces conjurés dont la faction étoit assez mal liée. En un moment le parti de Maurice fut déserté. Le sacellaire entra dans Rome sans opposition. Les magistrats et les troupes qui avoient pris part à la révolte vinrent se ranger autour de lui. Maurice abandonné se réfugia avec quelques complices dans l'église de Sainte Marie Majeure.

642.

642. On l'en tira, on lui mit au col un carcan, ainsi qu'aux autres chefs de la sédition. Donus les envoya en cet état à l'exarque. Lui-même resta dans Rome pour achever d'y remettre l'ordre. Mais arrivé à Cervia, à quelques milles de Ravenne, Maurice eut la tête tranchée par ordre d'Isaac qui la fit exposer dans le cirque de Ravenne. Ses complices furent jetés dans des cachots. L'exarque Isaac mourut vers l'an 643, peu après avoir étouffé cette révolte. Il fut remplacé par Théodore Calliopas. Celui-ci fut envoyé à Ravenne, préposé au gouvernement de l'Italie par l'empereur Constant qui régnoit depuis deux ans (641) et avoit été élevé à l'empire après l'exil d'Héracléonas et de Martine. Telle étoit la position de l'Italie vers Rome, dans l'Exarchat et dans tout le pays qui dépendoit plus immédiatement de l'exarque. Du reste Rome se défioit de Ravenne; les exarques, soit par leur mauvaise conduite, soit par le déplorable état des choses, étoient peu capables de protéger au loin les provinces et d'exercer une influence utile sur toute l'Italie; le gouvernement étoit foible, embarrassé; les affaires difficiles, mal conduites; par-tout une méfiance égale à cette foiblesse réelle : tandis que Rotharis agrandissoit et faisoit fleurir le royaume des Lombards.

643.

Paul.Diac.iv, 45, 46, 48.

A l'autre extrémité, le duché de Bénévent

n'avoit cessé de s'accroître aux dépens des Grecs. Le duc Aréchis, créé par Agilulfe, l'avoit gouverné cinquante années. Durant le cours de sa longue administration, les Lombards, dans une course qu'ils avoient faite, avoient pris et pillé Crotone du Bruttium, qu'ils abandonnèrent parce qu'ils ne pouvoient conserver cette place entourée de villes grecques. Ils emmenèrent captifs les habitans. Saint Grégoire-le-Grand les avoit rachetés de ses deniers. Mais les Lombards s'établirent d'un côté dans Siponte, ville située sur la mer Adriatique; de l'autre, ils étendirent leur domination jusque dans le voisinage de Naples. Aréchis étoit mort en l'an 641, laissant le gouvernement à son fils Aïon. Ce jeune prince n'avoit pas l'esprit bien sain, infirmité que l'on attribue à un poison que les Grecs lui avoient fait prendre à Ravenne où il avoit passé en allant à Pavie de la part de son père rendre ses devoirs au roi Rotharis. Aréchis, avant de mourir, recommanda son fils et ses États à Rodoalde et à Grimoalde, tous deux fils de Gisulfe duc de Frioul, auxquels il avoit généreusement accordé un asile dans son duché.

Giannon. iv, 3, c. 7, 8.

On se rappelle que Tason et Caccon, les deux fils aînés de Gisulfe, étoient parvenus ensemble au gouvernement du duché de Frioul par la mort de leur père, et après avoir échappé aux fers des

Avares. Ils ne l'avoient point long-temps conservé. Ils étoient tombés peu de temps après dans une embûche que leur tendit l'exarque Isaac, ou, suivant d'autres, Grégoire qui commandoit pour les Grecs dans Oderzo. Ce gouverneur, d'intelligence avec l'exarque, attira les deux frères dans les murs de cette ville, sous prétexte d'adopter Tason, l'aîné, suivant la coutume des Lombards: ce qui se pratiquoit en coupant la barbe à celui que l'on reconnoissoit pour fils. Tason séduit par ces faux semblans d'amitié, s'étoit rendu dans Oderzo avec son frère Caccon et une suite de Lombards. Mais à peine entrés dans la ville, le perfide Grégoire avoit fait fermer les portes et charger à main armée la foible escorte lombarde. Les jeunes seigneurs s'étoient mis promptement en défense. Rendus furieux par le désespoir, ils avoient vendu chèrement leur vie; enfin accablés par le nombre, ils avoient péri avec tous leurs compagnons. Grasulfe II, leur oncle, frère de Gisulfe, s'étoit emparé du duché, quoique ces princes eussent laissé deux autres frères, Rodoalde et Grimoalde. Ceux-ci, à peine adolescens, n'avoient pu disputer leur héritage. Mais se voyant avec peine soumis à la conduite d'un oncle qu'ils regardoient comme l'usurpateur de leurs États, ils avoient fui et s'étoient retirés chez Aréchis duc de Bénévent, parent et ami de leur père, qui avoit élevé leur enfance. Celui-ci les avoit reçus comme ses fils, avec les honneurs dûs à leur naissance. Aréchis mourant les donna à son tour pour gouverneurs et pour tuteurs à son fils Aïon. Ces deux princes s'acquittèrent de cet emploi avec la fidélité et la reconnoissance qu'ils devoient à la mémoire du père. Mais il arriva dès l'année suivante (642) que les Esclavons répandus dans la Dalmatie vinrent faire une descente près du territoire de Siponte. Ils avoient déjà fait vers ce temps des courses dans l'Istrie, enlevé des captifs que le pape Jean IV, successeur de Séverin et prédécesseur de Théodore, avoit rachetés aux dépens de l'Église. Il paroît que ces peuples affranchis par les armes de Samon, commencèrent alors à s'étendre dans ces quartiers, et occupèrent une partie de la Dalmatie. Car on voit que ce même pontife fit transférer de cette province à Rome les reliques des Saints pour les préserver des outrages des Barbares. Des colonies de cette nation s'étoient établies, comme nous l'avons vu, dans l'Illyrique ; elles étoient tombées sous le joug des Avares qui y dominoient. Les unes avoient été transportées jusque dans le voisinage du Norique, d'où elles menaçoient et inquiétoient le duché de Frioul. D'autres avoient été placées vers la Pannonie et dans l'île Sirmienne, située entre la Drave et la Save, qui de

Anastas. in Joann. IV.

leur nom a retenu jusqu'à nos jours celui d'Esclavonie. Ce furent ceux-ci qui, avec une multitude de petits bâtimens, débarquèrent sur les côtes de l'Apulie, près de la ville de Siponte. Le duc Aïon emporté par son courage, rassembla quelques milices et se porta à leur rencontre en l'absence de ses tuteurs. Il trouva les Esclavons bien retranchés et leur camp défendu par des fosses qu'ils avoient recouvertes de terre. Aïon les attaqua avec plus d'ardeur que de prudence. Son cheval ayant trébuché dans une de ces fosses, ce prince périt sous les traits des Esclavons avec quelques Lombards de sa suite. Rodoalde étoit survenu sur les entrefaites. Les Esclavons encouragés par l'avantage qu'ils avoient obtenu, osèrent sortir de leur camp et s'engager en rase campagne. Ils furent complètement défaits. Rodoalde força les restes de ces Barbares à fuir, à se rembarquer précipitamment. Le duché de Bénévent fut le prix de sa victoire : Aréchis lui-même avoit désigné les deux frères pour lui succéder au défaut de son fils. Ce nouveau duc avoit gouverné le duché durant cinq ans, il avoit fait de nouvelles conquêtes sur les Grecs et porté ses armes jusqu'à Sorrente qu'il ne put emporter. La résistance des habitans animés par leur évêque, le força d'abandonner son entreprise. Ce prince étant mort vers l'an 647, avoit eu pour successeur son frère Grimoalde, encore plus brave et plus entreprenant. Sous un tel gouverneur, les affaires des Lombards ne pouvoient que prospérer. Tandis que la foiblesse des exarques se contentoit de protéger Ravenne, siège de leur domination, et sembloit avoir oublié cette extrémité de l'Italie ; que les princes Grecs occupés des embarras de l'Orient ou de querelles théologiques, perdoient l'une après l'autre leurs provinces, les ducs Lombards reculoient toujours leurs frontières. Grimoalde tint le gouvernement de Bénévent durant seize années. Dans cet intervalle, il combattit souvent contre les ducs de Naples et obtint sur eux divers avantages, jusqu'à ce qu'enfin il fut appelé au trône des Lombards.

Peu après la descente des Esclavons dans l'Apulie, les Sarrasins parurent aussi pour la première fois dans la Sicile. Ils y débarquèrent de l'Afrique où ils avoient déjà fait quelques progrès, commencèrent à infester l'île et à enlever des prisonniers. En attendant qu'ils pussent un jour en faire la conquête, ils y préludoient par l'impunité de leurs rapines. *Anast. in Martin. Sigon. 11, p. 109.*

L'Orient étoit désolé. L'ambition des gouverneurs de provinces encouragée par l'état fâcheux *642 et suiv. Theophan. p. 285-289. Cedren.*

de l'Empire aussi foible au dedans que menacé au dehors, ne tarda pas à faire éclore des séditions et des révoltes. Les capitaines n'eurent pas même besoin d'audace pour usurper dans leurs gouvernemens un pouvoir indépendant. Ils faisoient soulever les armées et s'emparoient du pays. L'Afrique sous le patrice Grégoire, l'Arménie sous le patrice Pasagnathès, secouèrent l'autorité du sénat et de l'empereur. Ces deux gouverneurs y établirent leur tyrannie au moment même où l'ennemi du nom chrétien menaçoit de les envahir.

647, 648.
Theophan.
p. 285, 286.
Cedren.
p. 431.
Elmac. p. 32.

En effet tandis que la Perse succomboit, les Sarrasins conservoient leur avantage sur les Grecs. Vers la septième année de Constant, en l'an 648, Moavie fils d'Abu-Sofian, gouverneur de Syrie, ne voyant plus d'emploi pour ses armes dans cette province entièrement réduite, passa dans l'île de Chypre avec une flotte considérable, prit Constantia, la capitale, qui étoit l'ancienne Salamine, soumit toute l'île, fit un traité avec les habitans par lequel ceux-ci s'obligèrent à payer au calife la moitié du tribut qu'ils devoient à l'empereur. La souveraineté de l'île fut partagée ainsi entre les deux empires. Après cette expédition, Moavie fit voile vers Aradus, île et place importante de la côte de Syrie, il s'en rendit maître après un siège meurtrier, la rasa

et y mit le feu. Mais, à vrai dire, depuis la réduc- *647, 648.*
tion de la Syrie, les Arabes ne firent guère qu'exercer de terribles ravages dans les provinces d'O-
rient, sans accroître beaucoup de ce côté leur réputation ni leur territoire. Ils s'étendirent davantage vers l'Afrique. Ils s'ouvrirent dans ces
provinces presque abandonnées une route qui
les rapprochoit de l'Occident et qui devoit les
conduire à des conquêtes plus importantes et à
une nouvelle gloire.

 Les armes des Sarrasins, sous le califat d'O- *Elmac. p. 30.*
mar, ne s'étoient point contenues dans les bornes *Hist. univers.*
de l'Égypte. Amrou, gouverneur de cette pro- *des Anglois,*
vince, étoit entré dans la Lybie. Il avoit soumis la *t. xv, p. 390.*
Cyrénaïque et porté ses enseignes jusque dans la
Tripolitaine. Ainsi ce capitaine, comme il paroît,
avoit acquis aux Sarrasins à l'occident de l'Égypte,
un pays au moins aussi étendu que son premier
gouvernement. Pour faire ces accroissemens, il
n'avoit guère eu besoin que de paroître et de montrer ses armes. Mais aussi il faut avouer que ces
contrées étoient alors dans une situation déplorable. Et même la province plus occidentale que *Académ. des*
les Romains connoissoient sous le nom d'Afri- *inscrip. t. xxi.*
que, autrefois si florissante, étoit alors presque
entièrement dépeuplée. Tant de révolutions arrivées coup-sur-coup, les invasions des Vandales,
les nouvelles conquêtes de Justinien, des rebel-

647, 648. lions et des guerres civiles qui avoient suivi l'expédition de Bélisaire, le champ rendu libre aux Maures qui étoient rentrés dans le pays et le dévastoient ; toutes ces causes avoient réduit ces provinces au dernier degré d'épuisement et de foiblesse ; de sorte qu'elles étoient, pour ainsi dire, ouvertes jusqu'à la mer occidentale, et les armes des rebelles en faisoient presque toute la défense. Constant venoit de perdre la province d'Afrique. Le patrice Grégoire qui y commandoit, avoit fait soulever les Maures peu affectionnés à l'Empire.

Theophan. p. 285.

Académ. des inscript. Dans la deuxième année de son pontificat, le calife Othman trop porté à favoriser ses proches sans respect pour le mérite ni pour les services, avoit rappelé Amrou du gouvernement de l'Égypte, et lui avoit donné pour successeur son frère Abdalla. Le nouveau gouverneur, jaloux d'acquérir une gloire semblable à celle d'Amrou, engagea le calife à entreprendre la conquête d'Afrique. Othman leva vingt mille hommes dans l'Arabie, il monta en chaire pour enflammer leurs courages et les envoya en Égypte à Abdalla. Celui-ci y joignit les levées qu'il avoit faites dans sa province. Avec ces forces réunies, il se dirigea sur la Cyrénaïque et entra de là dans la Tripolitaine.

Il mit d'abord le siège devant Tripoli. Mais

comme il n'avoit ni vaisseaux, ni vivres, ni machines de guerre, et que la ville étoit protégée par une garnison de Grecs et de Maures, il ne put l'emporter. Il échoua encore devant une autre place nommée Tacapé, aujourd'hui Cabès. Contraint de lever des sièges imprudemment entrepris, Abdalla résolut de chercher l'ennemi, persuadé qu'en rase campagne il auroit une supériorité moins équivoque et qu'une victoire le rendroit maître du pays.

647, 648.

Abdalla s'avança donc dans la Byzacène. Grégoire de son côté avoit rassemblé une armée nombreuse, déterminé à combattre comme un homme qui avoit à défendre sa souveraineté plutôt que sa province. Il engagea plusieurs actions qui affoiblirent beaucoup l'armée arabe, mais qui ne décidèrent rien. Enfin après un de ces combats contestés de part et d'autre, les Sarrasins étant revenus tout-d'un-coup fondre sur les Grecs qui avoient quitté leurs armes et se reposoient de la fatigue et de la chaleur du jour, ils surprirent leur camp, firent un grand massacre, mirent en fuite et dispersèrent toute l'armée grecque et africaine. Le patrice fut tué dans l'action, sa fille qui combattoit vaillamment à ses côtés tomba dans les mains de l'ennemi et devint le partage d'un des guerriers arabes.

648.

Après cette victoire, les Sarrasins assiégèrent

648.

et prirent Sufétula, une des principales villes de la province. Ils firent tomber quelques autres places ou forteresses. Mais ils ne firent point de tentative sur Carthage qui étoit toujours la capitale et la clef de l'Afrique, et qui peut-être étoit restée à l'Empire dans la révolte du patrice. Enfin las eux-mêmes d'une expédition dont le succès n'avoit point répondu entièrement à leurs espérances, ils ouvrirent l'oreille aux propositions des Grecs et leur accordèrent la paix en se réservant toutes leurs conquêtes. Abdalla revint en Égypte, chargé d'un riche butin. Telle fut la première expédition des Arabes dans la province d'Afrique. Ils n'y rentrèrent que dix-huit ans après; et ce fut plutôt un essai de leurs forces qu'une conquête réelle. Abdalla pourtant ne se borna point au gouvernement de sa province. Il fit des courses fréquentes dans la Nubie qui confine à la Thébaïde; et fatigua tellement par ces irruptions le roi de ce pays qui étoit chrétien, qu'il le força par un traité d'envoyer tous les ans en Égypte par forme de tribut un grand nombre d'esclaves noirs.

Elmacin.
D'Herbelot.

649.

Theophan.
p. 286.
Cedren.
p. 431.

Les Sarrasins ne cessoient de harceler l'Empire. Dans l'année 649 qui suivit la prise d'Aradus (9ᵉ de Constant), ils poussèrent dans l'Isaurie d'où ils enlevèrent une multitude d'habitans. Les années suivantes furent signalées par de nouvelles pertes pour les Grecs. Le patrice Pasagnathès qui commandoit dans l'Arménie, prit les armes contre l'empereur vers l'an 651. Il fit un traité avec Moavie et lui donna son fils en otage, afin de s'assurer sa protection. A cette nouvelle Constant, alors âgé de vingt-un ans, quitta sa capitale et passa sur la côte d'Asie. Il se porta à Césarée de Cappadoce. Mais voyant le rebelle en état de résister, il n'entreprit rien. Il revint dans la ville impériale, désespérant des affaires de l'Arménie, abandonna aux ennemis et aux rebelles cette province importante qui avoit servi de barrière contre la Perse et qui protégeoit l'Orient. Les Arabes firent une expédition dans l'île de Rhodes qu'ils occupèrent. C'étoit Moavie qui dirigeoit toutes ces entreprises et qui armoit des flottes sur la côte de Syrie. Un de leurs généraux, apparemment secondé par la perfidie de Pasagnathès, entra dans la grande Arménie. Il battit Maurien, capitaine grec qui étoit allé à sa rencontre avec ce qu'il avoit pu ramasser de troupes. Il le poursuivit jusqu'au pied du Caucase. Ces monts, comme nous l'avons vu, bornoient le nouvel empire des Turcs Khazars qui avoit remplacé celui des Huns et qui prévaloit alors parmi les nations hunniques. L'Arménie resta ouverte aux invasions des Arabes. Des côtes d'Afrique, ils firent encore des descentes dans la Sicile. Quoique leurs discordes les empêchassent de donner suite à leurs victoires avec la même ardeur qu'ils avoient déployée sous Héraclius, ils n'eurent pourtant que des succès et firent des brèches successives à l'Empire. Constant en personne perdit une grande bataille navale contre les Sarrasins sur la côte de Lycie en l'an 655, quinzième de son règne. Cependant les irruptions des Esclavons du Danube ruinoient l'autre frontière. Enfin l'empire romain se trouvoit en un péril extrême de succomber si les divisions intestines et les factions qui étoient nées chez les Arabes du sein de leurs triomphes, n'eussent porté remède à tant de calamités et fait, pour ainsi dire, le salut de cet empire.

(648-656.)
Theophan. p. 275, 286, 288.
Cedren.
Fleury, hist. eccl. xxxviii, 35-55 : xxxix, 1, 2. 5-9. 12-20. 31.

L'hérésie des Monothélites et l'ecthèse d'Héraclius troubloient toujours l'Église d'Orient. Tous les sièges étoient divisés. Les intrusions ordonnées par les patriarches hérésiarques pour le soutien de leurs erreurs, introduisoient par-tout des schismes. Quelques saints évêques faisoient de vains efforts pour s'opposer au cours d'une hérésie appuyée de toute la force de l'autorité séculière. Au milieu de ces nouvelles erreurs, les vieilles sectes, nestoriennes, eutychéennes, reprenoient courage et se relevoient. A la vérité l'Afrique et l'Occident maintenoient la Foi par des conciles et de savantes conférences, et s'opposoient avec vigueur à la nouvelle hérésie, comme autrefois à celle d'Arius. Mais l'erreur étoit d'autant plus puissante et plus difficile à extirper qu'elle sembloit attachée au premier siège de l'Orient. Trois patriarches de Constantinople, Sergius, Pyrrhus et Paul, l'avoient fait asseoir dans leurs chaires. Témoins de la fidélité que Rome conservoit à la saine doctrine, ils se faisoient déjà peut-être une espèce de gloire de lutter contre le premier siège de la Chrétienté. Les empereurs séduits par ces prélats ambitieux, tombèrent eux-mêmes dans l'erreur du monothélisme. A leur instigation, ils prêtèrent à l'hérésie l'appui du sceptre. Ce fut une occasion de chute pour tous ceux qui craignoient la perte de la faveur plus que celle de la Foi. Il s'ensuivit encore, comme c'est l'ordinaire, une véritable persécution de la part des princes qui regardent comme une rebellion la fidélité conservée malgré eux à la conscience. Trois empereurs se livrèrent de suite aux pièges et aux séductions de trois patriarches impies qui occupèrent successivement la même chaire. Héraclius fut le premier auteur du mal par cet imprudent édit qui paroissant étouffer la voix des deux partis, favorisoit réellement l'hérésie. Héracléonas, de concert avec sa mère, appuya l'impiété de Pyrrhus qui de son côté leur sacrifia son honneur, se rendit le principal agent de leur tyrannie et le fauteur de leur complot contre Constantin. Je ne parle pas de ce jeune prince qui ne fit que passer et dont le zèle pour l'orthodoxie hâta la perte. Enfin Constant non moins aveugle et plus coupable que ses prédécesseurs, loin de suivre les traces de son père, se jeta avec emportement dans le parti de l'hérésie auquel il ne devoit qu'aversion. Outré contre l'orthodoxie qui refusoit de fléchir devant lui, il servit toutes les passions des sectaires. Il se rangea enfin parmi les plus ardens persécuteurs de l'Église.

648.

Il commença par publier en l'an 648, dix-huitième de son âge, un nouvel édit connu dans l'histoire ecclésiastique sous le nom de Type de Constant, par lequel, à l'exemple d'Héraclius, il interdisoit la question des deux volontés sous le faux prétexte de pacifier l'Église. C'étoit le patriarche qui l'avoit dicté; il avoit reconnu sans doute que le meilleur moyen de donner cours à l'erreur étoit d'imposer silence à la vérité en confondant l'une avec l'autre. Les évêques et les catholiques d'Orient n'en furent que plus en butte au dépit du prince dirigé par le patriarche Paul contre ceux dont il n'avoit pu étouffer la voix.

649.

LIVRE DIX-HUITIÈME.

Dans ces conjonctures le saint pape Martin fut élevé sur le siège de Rome. Il succéda à Théodore en l'an 649. Toute l'Église jetoit les yeux sur le saint siège comme vers le fanal qui devoit l'éclairer au milieu de tant de sectes diverses propagées depuis Arius, lesquelles menaçoient d'éteindre la lumière de la tradition. Inspiré par sa propre piété, par l'exemple de son prédécesseur qui avoit anathématisé et déposé le patriarche Paul, par les réclamations des évêques orthodoxes d'Afrique et d'Orient, Martin prit hautement la défense de la Foi, et résolut d'abord de fixer par la voix d'un concile les points controversés. Il commença son pontificat en convoquant les évêques de la partie de l'Occident qui obéissoit à l'Empire. Les Pères assemblés dans le palais de Latran établirent en cinq sessions la doctrine des deux natures et des deux volontés dans l'unité de la personne divine. Ils rejetèrent également l'echtèse d'Héraclius et le type de Constant, condamnèrent Cyrus d'Alexandrie, Sergius de Constantinople, Pyrrhus et Paul, principaux défenseurs du monothélisme en Orient. Martin envoya les actes de ce concile à toutes les Églises d'Orient et d'Occident; il écrivit à l'empereur lui-même, au nom et de l'autorité de tous les évêques qui y avoient siégé, pour lui annoncer le jugement qu'ils avoient porté sur l'ecthèse et sur

649.

Anast. Fleury, hist. eccl. XXXVIII, XXXIX.

le type. Mais Constant n'avoit point attendu cette condamnation et les décrets des Pères. Dès qu'il eut appris que le concile étoit assemblé, ce prince entêté de son édit qu'il regardoit comme son ouvrage et comme une invention merveilleuse pour concilier les partis, résolut de l'appuyer à quelque prix que ce fût. Il appréhendoit que les décrets du concile ne lui fussent point favorables : il avoit donc pris des mesures pour s'assurer de la personne du pape et de l'obéissance de l'Italie. L'exarque Platon, successeur de Théodore Calliopas rappelé vers l'an 645, soit par une confiance en son pouvoir assez commune aux Grands, soit par flatterie envers l'empereur, lui avoit annoncé que les chefs de la milice étoient d'avance dévoués à ses ordres et prêts à recevoir de sa main tout ce qu'il leur présenteroit. D'après ces assurances, Constant espérant réussir en Occident comme en Orient, avoit envoyé en Italie Olympius, nouvel exarque. Il le chargeoit de faire souscrire ce règlement aux évêques et aux peuples. Toutefois craignant que les milices d'Italie ne fussent trop dévouées à l'autorité du pape et du concile, il lui recommandoit de ne faire souscrire Martin que dans le cas où il auroit pu s'assurer des soldats, d'arrêter le pape prisonnier s'il refusoit sa souscription. Que si l'armée montroit de la résistance, il devoit se tenir en repos et temporiser jusqu'à ce qu'il se fût rendu maître des troupes du duché de Rome et de Ravenne et en général des forces de l'Italie, pour appuyer son dessein sur la personne du pape et faire recevoir le type par la voie des armes.

Olympius étoit arrivé à Rome pendant la tenue du concile. Il avoit essayé d'abord d'exciter un schisme en gagnant ou intimidant une partie des évêques. Mais il ne put, ni par insinuations ni par menaces, les amener à souscrire au type. Il crut que le principal obstacle venoit de la part de Martin. Il forma un affreux complot contre la vie du pontife. Olympius, dit-on, chargea son écuyer de le tuer pendant la fête de Noël et lorsqu'il donneroit la communion aux Fidèles. Mais le pape étant venu à la place de l'exarque pour lui présenter l'eucharistie, on rapporte que l'écuyer, au moment même où il alloit tirer l'épée pour porter un coup au pontife, fut frappé d'aveuglement. Olympius voyant la protection divine qui éclatoit en faveur de Martin, confessa son crime; il lui déclara les ordres qu'il avoit reçus de la Cour de Constantinople. Alors le pape le reçut en grâce. La paix se rétablit dans Rome. Olympius passa ensuite en Sicile avec son armée pour protéger cette île contre les Sarrasins qui y faisoient des ravages et emmenoient en servitude les malheureux chrétiens. Mais ses troupes épuisées par les fatigues et les maladies, y diminuèrent sensiblement. Il se vit hors d'état de rendre de grands services au pays, et lui-même y mourut de la contagion.

La querelle du monothélisme ne troubla point seulement la paix de l'Église; elle eut encore d'autres suites pour l'Occident qu'elle sépara enfin du siège de l'Empire. Comme les papes se montrèrent les plus grands adversaires de cette fausse doctrine, il s'ensuivit une mésintelligence ouverte entre Rome et Constantinople. Les empereurs se firent les ennemis des papes et leurs persécuteurs. Le peuple de Rome prit parti pour ses pontifes. D'autres sectes naquirent dans l'Orient. L'obstination des empereurs dans l'hérésie les brouilla entièrement avec l'Occident et avec Rome, et leur en fit perdre enfin la souveraineté. Car les papes jusque-là étoient assez dévoués à l'autorité impériale qu'ils regardoient comme nécessaire pour protéger Rome contre les insultes des Lombards. Mais l'intérêt de la Religion combattant celui qui naissoit de cette crainte, ils renoncèrent peu-à-peu à la protection des empereurs; jusqu'à ce que, harcelés et tourmentés de toutes manières et par ces princes et par les Barbares, ils tournèrent les yeux vers une nation étrangère à laquelle ils remirent la défense de leur chaire, en même temps qu'ils lui servirent à établir une nouvelle domination dans l'Italie désormais perdue pour l'empire grec. Cette grande influence du pouvoir pontifical sur les mouvemens de l'Italie avoit eu de loin sa première origine dans l'appui que saint Grégoire-le-Grand prêta à cette province délaissée. L'ambition qui pénètre quelquefois dans le sanctuaire en profita, et Rome donna à l'Italie le signal de la rupture avec l'Orient. Mais comme c'est à la querelle du monothélisme que commence cette singulière révolution, il faut remarquer avec soin le pontificat de saint Martin comme celui de saint Grégoire, deux papes également éloignés de s'opposer aux droits des empereurs, et dont la sainteté même ouvrit la voie aux tentatives que formèrent ensuite la passion et l'intérêt.

Constant renvoya vers l'an 653 Théodore Calliopas en Italie pour remplacer Olympius. Furieux de voir son autorité foulée aux pieds et son décret condamné; après avoir fait sentir ses tyrannies aux évêques d'Orient, il résolut d'exercer sur le pape lui-même des violences dont il n'avoit montré encore que l'essai et le prélude. Calliopas, arrivé dans Rome, parut à la tête d'une troupe de soldats devant la porte de l'église de saint-Jean-de-Latran où le pontife, préparé à tout, alors malade et couché sur son lit, attendoit sa visite. Martin aima mieux se livrer aux satellites de l'exarque que d'écouter les prières de son clergé et d'exposer le sang à couler, en mettant à l'épreuve le dévouement du peuple romain. On l'enleva, on le transporta malgré ses infirmités et parmi des souffrances de tout genre, dans l'île de Naxos où on le laissa un an sans secours. Amené à Constantinople, il y subit un interrogatoire comme coupable d'avoir troublé l'Église et conspiré contre l'État. On le livra aux insultes de la soldatesque, on lui fit souffrir les rigueurs d'une longue prison. Chargé de chaînes, accablé des traitemens les plus cruels, on l'envoya enfin en exil à Chersone dans la Tauride. Il y vécut dans le dernier dénuement et mourut au bout de quelques mois des suites de ses longues douleurs.

Paul. Diac. IV, 44. Sigou. II, p. 105, 106.

Tandis que l'Empire et l'Église étoient déchirés par les armes étrangères, par les hérésies et les schismes, le roi Rotharis tenoit d'une main ferme et habile le gouvernement des Lombards. Ce prince pensa à faire un corps de lois des coutumes antiques de sa nation, à l'exemple des autres peuples Barbares et particulièrement des Francs qui dès leur entrée dans les Gaules, avoient rédigé et mis par écrit leurs anciennes constitutions. Soixante-seize ans s'étoient écoulés, comme ce prince le dit lui-même dans le préambule de son édit, depuis l'entrée d'Alboin dans l'Italie, et les Lombards n'avoient point eu de lois écrites. Ces peuples encore simples, ignorant les détours des tribunaux et la multiplicité des lois qui convenoient peu à une nation toute guerrière, s'étoient contentés jusque-là de leurs vieilles coutumes, conservées par la tradition des ancêtres et par un usage journalier, et qui suffisoient pour terminer leurs différends. Mais dans un nouvel état de choses, parmi le mélange des Barbares et des Romains, ces coutumes couroient risque de se corrompre et de s'altérer. Elles avoient besoin d'une réformation et même d'additions en quelques parties. Rotharis entreprit de les recueillir, en ajoutant les nouvelles ordonnances qu'on jugeroit nécessaires, et de rédiger le tout en un même code. Pour cet effet il convoqua à Pavie suivant l'antique usage, une diète générale de la nation, ou, comme il le dit lui-même, les grands du royaume avec toute l'armée des Lombards. Dans cette assemblée on rechercha avec soin les usages des ancêtres; on dressa d'un consentement unanime, par voie de suffrage, et l'on mit par écrit les nouveaux réglemens qui parurent convenir à la monarchie comme aux particuliers;

l'on en forma un code auquel on donna force de loi, en annullant les constitutions anciennes qui l'avoient eue jusqu'alors et qui s'y trouvèrent comprises, abrogées ou réformées. Seulement on décréta par cet édit que les vieilles lois que l'on pourroit recouvrer et qui seroient jugées utiles, y seroient ajoutées dans la suite. On ordonna prudemment que les causes qui auroient été terminées par les anciens statuts ne pourroient être reproduites, qu'elles auroient force de chose jugée ; quant aux procès qui auroient pris naissance depuis le 22 novembre qui fut apparemment le jour où la loi fut reconnue et arrêtée, ils seroient jugés en vertu du nouveau code. La loi lombarde dressée sous le nom d'édit, publiée à Pavie le 22 novembre de la même année 643, fut reçue par toute la nation qui l'avoit dictée avec le prince.

Fredeg. 51, 70, 71. Rotharis vainqueur des Grecs et bien établi dans son royaume, ne négligea point les alliances étrangères, principalement celle des Francs. Quoique Agilulfe eût racheté à prix d'argent le tribut auquel sa nation étoit assujettie envers les rois Mérovingiens, on voit que Rotharis, à l'exemple de ses prédécesseurs, ne cessa d'entretenir des relations avec eux et de ménager soigneusement leur amitié. Ce prince témoignoit de grands égards aux ambassadeurs François qui se rendoient fréquemment à sa Cour ; il déféroit aux invitations et aux paroles qu'ils lui portoient. Ce fut sur les représentations d'Audobalde, comte du palais de Clovis II, envoyé plusieurs fois en ambassade à la Cour de Pavie, que Rotharis révérant, comme dit l'historien, la majesté des rois François, fit sortir la reine Gondeberge son épouse de l'exil auquel il l'avoit condamnée. Ce prince plus habile que vertueux, quoique zélateur de la justice envers ses sujets, avoit bientôt oublié le serment qu'il avoit fait à la veuve d'Ariovalde en recevant d'elle la couronne, de la maintenir toujours dans sa dignité de reine et de légitime épouse. Il l'avoit dépouillée de ses biens, de ses honneurs, et reléguée au fond du palais de Pavie; tandis que lui-même vivoit dans le désordre avec des concubines. Peut-être la première cause de cette ingratitude étoit l'attachement de Gondeberge à la Foi catholique, qu'elle avoit hérité de sa mère Théodelinde. Le traitement indigne fait à cette princesse alliée aux Mérovingiens par les ducs de Bavière leurs tributaires, déplut à la Cour de Clovis. Audobalde ayant témoigné le mécontentement de son prince et des Francs qui voyoient avec peine l'humiliation d'une reine alliée à leur sang, Rotharis tira Gondeberge de l'exil où elle avoit langui cinq années. Il la rappela à la

Cour et la rétablit dans ses premiers honneurs. Elle en jouit jusqu'à sa mort. Cette princesse avoit déjà éprouvé une disgrace semblable de la part d'Ariovalde son premier mari, et s'en étoit de même relevée par la protection des François. Ariovalde avoit fait enfermer son épouse en une tour du château de Lumello dans le Milanès, sur une fausse inculpation d'un serviteur perfide qui n'ayant pu vaincre sa vertu, l'avoit accusée de conspirer contre les jours du roi son époux. Clotaire II qui régnoit alors dans les Gaules avoit fait faire des plaintes à ce sujet à la Cour de Pavie. Son ambassadeur obtint que la reine sortiroit de prison et que l'on soumettroit son innocence, suivant l'usage également reçu chez les Francs et chez les Lombards, à l'épreuve du combat en champ clos. Le champion de la reine ayant mis à mort l'accusateur, Gondeberge après trois ans de captivité, étoit remontée sur le trône. On peut remarquer en passant que le duel et les différentes épreuves judiciaires fondées sur l'opinion que Dieu ne peut laisser triompher le crime et succomber l'innocence, ayant pris leur source dans les anciennes superstitions et dans les mœurs germaniques, étoient communes à toutes les nations qui tiroient de là leur origine.

652.
Paul. Diac.
iv, 49, 50.
Sigon.

Rotharis mourut en 652, après treize ans de règne et laissa son fils Rodoalde sur le trône.

qu'il avoit occupé avec tant de gloire. Ce règne fut l'époque de la plus grande vigueur de cette monarchie. Les Lombards possédoient presque toutes les provinces d'Italie, si l'on en excepte l'Exarchat de Ravenne et la Pentapole, le duché de Rome, ceux de Naples, de Gaète et d'Amalfi, quelques villes maritimes de l'Apulie, de la Calabre et de la Lucanie : tant cet empire s'étoit accru, même pendant la paix, par les invasions successives des ducs, sur-tout de ceux de Bénévent, non moins que par les victoires et la sage administration du dernier roi. Mais le jeune Rodoalde étoit peu capable, comme il paroît, de soutenir cet état florissant et de succéder à la gloire de Rotharis. Arien comme lui, et plus déréglé dans ses passions, il régna d'ailleurs trop peu de temps pour se rendre digne de la réputation de son père. Son incontinence causa sa perte. Ce prince fut assassiné par un Lombard dont il avoit déshonoré la femme. Paul Diacre lui attribue cinq ans et sept jours de règne. Mais comme il est impossible d'arranger ce calcul avec la suite chronologique des rois Lombards, les critiques modernes ont pensé qu'il s'étoit glissé quelque altération dans le texte de l'historien, et que Rodoalde n'avoit régné en effet que cinq mois. La postérité de Rotharis ayant fini en lui, les Lombards lui donnèrent pour successeur Aripert

652, 653.
Giann. IV, 6.

Saxius ad Sig.

de race bavaroise, neveu de Théodelinde veuve du roi Agilulfe. Il prit possession du trône vers le mois de juin de l'an 653. Ce fut la même année que Théodore Calliopas fut renvoyé en Italie par Constant pour servir les projets de l'empereur en faveur du monothélisme.

<small>Fredeg. chr. 34.</small> Childebert II, fils de Brunehaut, avoit d'abord fiancé, puis refusé Théodelinde à l'instigation de sa mère. Il porta la guerre chez les Bavarois, poussé par une jalousie peu honorable, ou pour prévenir l'alliance de la Bavière qui lui étoit tributaire avec la monarchie lombarde son ennemie. Childebert avoit dépossédé par la force des armes le duc Garibalde père de Théodelinde pour mettre à sa place le duc Tassillon. Théodelinde, aux premières étincelles de cette guerre, s'étoit échappée de la Bavière; elle étoit allée chercher en Italie le roi Autharis à qui son père l'avoit accordée sur le refus de Childebert. Elle y avoit été conduite par son frère Gondoalde qui la présenta à son époux. Ce jeune prince Bavarois y transporta en même temps ses richesses; puis voyant la fortune de son père détruite, il se fixa en Italie, il y épousa une Lombarde d'illustre naissance. Quoique étranger, on dit qu'il sut si bien gagner l'estime et l'affection des Lombards qu'Agilulfe, second époux de Théodelinde, en fut jaloux et le fit périr. Il

laissoit deux fils, Gondebert qui nous est inconnu, et Aripert, celui-là même qui parvint à la couronne après la mort de Rodoalde. La fortune de cette nouvelle race royale, d'origine étrangère, fut peu heureuse et ne dura guères. L'ambition et l'inhabileté des princes causèrent des commotions dans l'empire lombard, qui le firent déchoir du haut rang où Rotharis l'avoit placé et qui en hâtèrent la chute.

Aripert fournit une plus longue carrière que son prédécesseur, mais tout aussi obscure. L'histoire ne nous apprend rien de son règne, soit qu'en effet ce règne n'ait rien eu de mémorable, soit que la matière en ait échappé à l'historien. On croit seulement que ce prince né d'une race catholique, n'imita point l'exemple des deux rois ses prédécesseurs et professa l'orthodoxie. Il mourut vers l'an 661, dans la neuvième année de son règne, laissant deux fils Pertharite et Gondebert qu'il fit tous deux héritiers de son sceptre. Par ce partage imprudent dont on ne voit que ce seul exemple dans l'histoire lombarde et qui étoit contraire apparemment aux anciennes lois et aux coutumes de cette nation, il divisa son royaume en deux États. Gondebert régna à Pavie et Pertharite à Milan.

Mais la soif de régner sans partage qui avoit causé tous les troubles des Gaules et apporté tant

653-661.
Paul. Diac.
IV, 50, 53.
Sigon.
Sax. ad Sig.

662.
Paul. Diac.
ibid.

de désastres dans la maison Mérovingienne, perdit celle d'Aripert. Chacun des princes voulut envahir les États de l'autre en ralliant les seigneurs à sa faction. Grimoalde duc de Bénévent, jouissoit d'une grande réputation par son mérite et sa valeur, par l'importance de son duché le plus considérable de tous ceux qui dépendoient de la couronne lombarde et qu'il avoit accru lui-même aux dépens des Grecs depuis environ quinze ans qu'il le gouvernoit. Gondebert envoya Garibalde duc de Turin près de ce seigneur pour l'inviter à se joindre à lui contre son frère Pertharite, lui offrant d'avance pour récompense la main de sa sœur. Garibalde se chargea de la négociation. Mais ce traître, au fond du cœur étoit l'ennemi de son prince ; il attendoit de grands avantages d'une révolution. Arrivé près de Grimoalde, il lui représente l'état déplorable du royaume disputé par deux adolescens sans vertu, sans courage et sans expérience. Lui au contraire dans la maturité et dans la force de l'âge, d'une valeur éprouvée, environné des respects et de l'admiration de tous les Lombards, il sembloit né pour sauver le royaume de ces mains inhabiles. Toute la nation étoit prête à le reconnoître. Qu'il vînt donc et ne tardât pas ; qu'il ne souffrît point que l'empire des Lombards fût déchiré plus long-temps par ces jeunes imprudens qui n'alloient régner que pour sa ruine : qu'il prît hardiment une couronne due à sa vertu. Grimoalde né ambitieux, écoute avidement ce discours. Il remet le gouvernement du duché à son fils Romualde, prend avec lui une troupe d'élite et dirige sa marche sur Pavie.

Par toutes les villes où il passe, il rassemble un grand nombre de partisans et d'amis qui se rangent sous sa bannière. A chaque pas sa troupe grossit à vue d'œil. Trasimond comte de Capoue ville qui dépendoit du duché de Bénévent, est envoyé par lui à Spolète et dans la Toscane pour y former des partis. Les Lombards de l'Ombrie et de la Toscane, réveillés au nom et par la réputation de Grimoalde, imitent ceux de la Campanie et de l'Apulie; ils viennent le joindre dans l'Émilie. Grimoalde recueillant tous ces renforts, arriva devant Plaisance avec une bonne armée. Il fit prendre les devants au duc Garibalde qui continuoit à le servir et à trahir son maître; il le chargea d'aller prévenir Gondebert de sa prochaine arrivée. Le roi qui avoit mis toute sa confiance en ce traître, l'ayant consulté sur la manière dont il devoit recevoir Grimoalde; celui-ci l'engagea à lui donner un logement dans le palais. «Car il ne pouvoit, disoit-il, se dispenser de rendre cet honneur à un homme qu'il avoit choisi pour l'époux de sa sœur et qui venoit à son secours appelé par lui-même. Au reste s'il craignoit quelque chose de Grimoalde, il pouvoit prendre toutes les précautions nécessaires à sa sûreté. » Puis avant que Goudebert et son allié s'abouchassent, Garibalde conseilla au roi de s'armer d'une cuirasse sous sa robe de peur de surprise. En même temps il suggère à Grimoalde de pareils soupçons; il lui fait entendre que le roi doit le faire mettre à mort dans la conférence, et que pour preuve de ses mauvais desseins, il pourra remarquer qu'il est armé sous ses habits. Tel est le récit assez peu vraisemblable de l'historien Lombard. Le duc de Turin avoit tramé cette perfidie en trompant le roi et le duc de Bénévent, ou peut-être ce fut un jeu et un artifice grossier concerté entre lui et Grimoalde. Le lendemain les deux princes s'étant rendus à la conférence, Grimoalde s'avança pour saluer le roi; mais au moment où il l'embrassoit, il sentit la cuirasse sous la robe. Il s'écria que l'on en vouloit à sa vie, et tirant son épée avec toutes les démonstrations d'un homme transporté de fureur et de crainte, il le fit tomber mort à ses pieds. Après cet attentat, il s'empara de la couronne. Un enfant du roi, en bas âge, nommé Ragombert, fut enlevé par des domestiques fidèles et nourri secrètement. Il parvint depuis au duché de Turin et au trône.

LIVRE DIX-HUITIÈME.

A la nouvelle que son frère étoit expiré et que Grimoalde parti de Bénévent venoit d'envahir le royaume, qu'il se trouvoit à Pavie avec une armée puissante, entouré des vœux des peuples qui suivent toujours les faveurs de la fortune; Pertharite trop foible, n'attendit point un sort pareil. Il prit l'épouvante, s'échappa promptement de son palais de Milan. Il s'enfuit en Pannonie et s'alla jeter dans les bras du Khan des Avares. Il ne prit pas même le temps de sauver sa femme Rodelinde et son fils Cunibert qu'il abandonna au vainqueur. Grimoalde maître des deux États, envoya l'enfant avec la mère à Bénévent, sous la garde de son fils Romualde qui prit possession de cet important duché. Il épousa la fille d'Aripert sœur des deux rois, que Gondebert lui avoit promise pour prix de ses secours. Le règne de ces frères avoit duré un an et trois mois. Grimoalde commença le sien dans les premiers mois de l'an 663.

Maître du royaume, il commença par récompenser ses partisans et ses fauteurs. Il fit de grandes largesses à l'armée des Bénéventins qui l'avoit fait monter sur le trône. Il la congédia ensuite et garda seulement près de lui quelques-uns des principaux chefs qu'il éleva aux premières dignités de l'État pour en faire les appuis de sa domination. Quelques villes, et entre autres Asti,

663.
Paul. Diac.
V, 12.

tenoient encore pour les fils d'Aripert. Pertharite, prince d'une humeur douce et affable, avoit des serviteurs affectionnés, et Grimoalde ne vouloit rien négliger pour s'assurer du royaume. La retraite du fils d'Aripert chez les Avares, l'inquiétoit. Il crut qu'il ne seroit jamais suffisamment affermi, tant que Pertharite vivroit ou conserveroit des espérances. Il envoya donc au prince Hun une ambassade pour lui demander qu'il fît sortir Pertharite de ses États; autrement, il faudroit renoncer à la paix qui avoit jusque là subsisté entre les deux nations. Le Hun, à la prière de Grimoalde, ordonna à Pertharite de chercher ailleurs sa sûreté plutôt que d'attirer une rupture entre les Avares et leurs anciens alliés. Ce malheureux prince chassé de son asile et ne voyant où trouver une autre retraite, se résolut à rentrer en Italie et à remettre son sort à la clémence de Grimoalde. Arrivé à Lodi, il envoya Hunulfe, ami fidèle et dévoué, annoncer à l'usurpateur son retour, lui demander une sauve-garde et la permission de vivre en paix dans le royaume. Grimoalde fut frappé de la confiance du roi qu'il avoit dépossédé. Il témoigna le dessein de le traiter avec générosité, de faire tout ce qui seroit en son pouvoir pour adoucir son infortune. Pertharite entré dans Pavie, vint se présenter à lui. Comme il vouloit se jeter à ses pieds, l'usurpateur le releva, l'embrassa; « J'eusse pu, lui dit le roi fugitif, vivre en sûreté parmi des nations païennes ; mais sachant que vous étiez chrétien, j'ai mieux aimé tenir mon salut de vous. » Grimoalde jura qu'il ne se repentiroit point de s'être confié à sa foi ; il promit qu'il le feroit vivre dans un état digne de sa naissance. En effet, il lui rendit d'abord de grands honneurs, il lui donna un palais à habiter et lui assigna des revenus sur le trésor public. Mais les Lombards de Pavie et les anciens amis de Pertharite, ayant appris son retour, venoient en foule le saluer et lui témoigner leur zèle. Ce concours réveilla les inquiétudes de Grimoalde. Les seigneurs dont la brigue l'avoit élevé au trône aigrissant encore ses soupçons, il commença à craindre que les signes de la bienveillance publique qui se manifestoient en faveur de Pertharite, n'éclatassent bientôt en mouvemens et en séditions qui pourroient être fatales à sa puissance usurpée. Il prit tout-d'un-coup la résolution de se défaire de son rival. Pertharite prévenu à temps, échappa au péril. Il se couvrit des habits d'un esclave, passa à travers les gardes que l'on avoit placés de nuit autour de son palais, descendit le long d'une corde du haut d'un rempart élevé au bord du Tésin. Le fidèle Hunulfe avoit préparé des guides pour accompagner sa fuite. Il rentra lui-même dans le palais, afin de donner le change et d'empêcher qu'on ne poursuivît le prince. Cependant Pertharite et ses compagnons ayant saisi des chevaux qu'ils trouvèrent dans la prairie, arrivèrent cette même nuit à Asti, ville pleine de leurs partisans. De là ils passèrent à Turin, d'où ils gagnèrent les Alpes et la frontière françoise. Grimoalde, quoiqu'il vît avec peine que Pertharite eût trompé sa jalousie, ne put s'empêcher d'admirer la générosité du serviteur qui n'avoit pas craint d'exposer sa vie pour sauver celle de son maître. Il lui laissa le choix de joindre Pertharite ou de vivre au milieu des honneurs de sa Cour. Mais ce fidèle serviteur ne voulut point séparer son sort de celui de son maître, et Grimoalde lui permit de se retirer dans les Gaules, vantant le destin de Pertharite qui lui avoit donné de tels amis dans son infortune.

(656-669.) Dans ces entrefaites, l'empereur Constant aborda en Italie. Il étoit chassé de Constantinople par ses remords et par la haine publique qui s'attachoit à lui. Ce prince cédant aux instigations d'un prêtre impie, puis aigri par la blessure de l'orgueil humilié, s'étoit déclaré l'ennemi de l'orthodoxie. Il fut aussi le tyran des peuples. Odieux à l'Empire et à l'Église, malheureux par les armes, Constant ne voyoit que troubles au dedans de l'État, tout étoit en feu sur la frontière. Il vit des sujets mécontens ou mutinés, des gouverneurs rebelles, des provinces livrées au glaive des Sarrasins. Plus il se sent incapable de protéger les peuples, plus il les opprime. Plus il craint de perdre ses provinces, plus il s'efforce d'en arracher la substance que l'ennemi va ravir. Il ruine et appauvrit ce qu'il ne peut défendre. Constant avoit atteint sa vingt-neuvième année, et déjà par les vices de son éducation et par ceux de son naturel, il s'étoit rendu le fléau de l'Orient. (659.)

Il couronna ses cruautés par le fratricide. Mécontent de son frère Théodose dont il avoit reçu quelque offense, disent les historiens, il l'avoit forcé quelque temps auparavant, à prendre l'habit de diacre. Le patriarche Paul lui avoit prêté son ministère dans la dégradation du jeune prince. Cette vengeance eût pu suffire sans doute pour une faute qui n'avoit peut-être d'autre fondement que les défiances de l'empereur. Les historiens ont remarqué comme une circonstance odieuse du crime de Constant, que ce prince approchant de la sainte Table, avoit reçu de la propre main de son frère la coupe qui contenoit le sang de Jésus-Christ. Cependant bravant la voix de la Religion et du sang, il fit mourir ce frère infortuné. (660.) Theophan. p. 288. Cedren.

Depuis ce moment il ne put jouir d'aucun repos. Il éprouva tous les maux qu'il avoit fait souffrir aux autres. La haine que lui portoient les habitans de Constantinople, augmentoit encore ses dégoûts et ses chagrins. Car il ne s'étoit pas contenté des peines infligées au saint pape Martin, il avoit étendu la persécution sur tous les orthodoxes. Le fouet, l'exil, les confiscations étoient le prix réservé à tous ceux qui refusoient d'embrasser ses erreurs et de recevoir le type qu'il avoit proposé à l'Église comme une règle de foi. Enfin le meurtre de Théodose ayant porté l'indignation au comble, Constant pensa à s'éloigner afin d'échapper à ce soulèvement général contre son parricide et son hérésie, ainsi qu'à ses propres remords et à l'horreur qu'il avoit de lui-même. On rapporte que durant les courts instans de sommeil qu'il pouvoit goûter, il voyoit toujours l'image du malheureux Théodose revêtu de ses habits de diacre, dans ce même appareil avec lequel il lui avoit autrefois présenté la sainte Eucharistie, lui offrant alors une coupe pleine de son sang et lui disant : Buvez, mon frère. Constant ne put résister à ces tourmens. Le séjour de Constantinople, ces lieux où il croyoit entendre la voix plaintive de son frère, lui ayant enfin inspiré le même effroi qu'il y causoit, il résolut de transférer à Rome le siège de l'Empire.

Paul. Diac. v, 6-12.

Mais Constant couvroit l'exil qu'il s'imposoit

du prétexte de délivrer l'Italie du joug des Bar- <small>Anast. in Vital.</small>
bares. Il annonçoit qu'il alloit faire la guerre aux
Lombards qui, de leur duché de Bénévent, menaçoient d'envahir le reste de l'Italie inférieure.
Il paroît qu'il avoit conçu réellement cette glorieuse entreprise. Mais ce prince, précipité dans
ses desseins et incertain dans sa conduite, ne se
proposoit point un but bien fixe ni un plan déterminé qu'il étoit peu capable de suivre. Cependant il se flattoit avec les forces qu'il menoit
avec lui, de rappeler cette belle contrée à l'autorité de la Cour d'Orient. Peut-être même les
provinces qu'il traversoit, frappées d'un spectacle
si nouveau, se laissoient séduire à la même espérance. Car il étoit le premier empereur d'Orient
qui se fût mis à la tête d'une armée pour venir
visiter l'Italie. Constant quitta Constantinople en <small>Theophan.</small>
l'an 662. Empressé de se dérober à la haine des
citoyens, il y laissa sa femme et ses trois fils, Constantin, Héraclius et Tibère qui devoient le suivre bientôt après. Mais les habitans s'opposèrent
à leur départ. Constant s'embarqua dans le port
de Constantinople : il mit à la voile et se tournant
avec dédain vers ces murs où il avoit tant souffert, il cracha contre la ville. Il relâcha à Athè-
nes, d'où il cingla vers l'Italie au printemps de
l'an 663. Il aborda à Tarente avec une flotte con- <small>(663.)</small>
sidérable, recueillit les garnisons des villes ro-

maines, les joignit aux troupes qu'il amenoit sur ses bâtimens, et s'avançant dans le pays il traversa les terres conquises par les Lombards Bénéventins. Il prit sur sa route Lucérie dans le voisinage de Siponte, ville de l'Apulie, alors opulente, et la ruina. Mais il ne put emporter Acérenza, à cause de la situation avantageuse de la place. Il enleva les autres villes lombardes sur son passage et vint camper devant Bénévent qu'il investit. Le duché de Bénévent étoit gouverné, comme nous l'avons dit, par le jeune Romualde. Celui-ci qui se trouvoit dans la place, envoya sur-le-champ Gésualde son gouverneur vers le roi son père pour le prévenir de l'arrivée de l'empereur, et le prier de venir promptement porter secours au duché. Grimoalde ne perdit point de temps. Il rassembla une armée à la hâte, laissa à Pavie Lupus duc de Frioul pour tenir le gouvernement en son absence, et se mit en marche. Ce prince élevé au pouvoir suprême par la faction des Bénéventins ses anciens sujets, ne se sentoit point encore parfaitement établi. Pertharite conservoit toujours des partisans. La sûreté du trône de Grimoalde exigeoit donc qu'il se délivrât promptement de cette invasion, de peur de donner sur lui quelque avantage aux ennemis secrets qu'il avoit à la Cour et même dans son armée et que sa prospérité pouvoit seule contenir. Il en eut la preuve dans la route. Plusieurs abandonnèrent ses enseignes et retournèrent dans leurs foyers. On semoit le bruit parmi les troupes qu'il n'avoit quitté la capitale des Lombards qu'après avoir enlevé le trésor et pillé le palais, qu'il se retiroit dans son duché de Bénévent pour ne plus revenir à Pavie. Malgré tous ces obstacles, Grimoalde traversa le centre de l'Italie. Il fit cette longue marche le plus rapidement qu'il put, entra dans la Campanie. Il fit prendre les devants à Gésualde et le chargea d'aller prévenir son fils de sa prochaine arrivée.

Cependant l'empereur disposoit l'appareil de ses machines. Il battit les murs de Bénévent et pressa vivement le siège. Le jeune Romualde, encore adolescent, faisoit de fréquentes sorties à la tête de la jeunesse, troubloit les travaux des assiégeans et ralentissoit leurs progrès, attendant impatiemment que son père vînt le délivrer. Gésualde arrivoit sur les entrefaites. Il étoit près de Bénévent lorsqu'il tomba dans un parti grec qui le conduisit à l'empereur. Constant ayant appris par lui l'approche du roi Lombard, appréhenda de commettre son nom devant ce monarque. Il ne pensa qu'à la retraite, se hâta de faire une composition avec Romualde de peur d'être troublé dans sa marche. Celui-ci, serré de près, y consentit sans peine et lui donna sa sœur Gisa pour otage. Mais avant de se retirer, Constant voulut tenter un dernier effort. Il fit approcher le gouverneur du jeune duc des murs de la place, et lui ordonna, sous peine de la vie, d'annoncer aux assiégés que le roi ne pouvoit venir à leur secours. Gésualde placé en un lieu d'où on pût l'entendre, cria au prince d'avoir bon courage, que son père avoit campé cette nuit même sur les bords du fleuve Sangro. Alors l'empereur transporté de fureur fit trancher la tête à cet homme généreux et la fit jeter dans la place. Il se retira précipitamment sur Naples. Sa retraite ressembla à une fuite; car il craignoit d'être surpris par Grimoalde. Il ne put éviter pourtant que son arrière-garde ne fût atteinte par un détachement de l'armée royale, et taillée en pièces au passage du fleuve Calore.

Grimoalde, usurpateur nouvellement reconnu parmi des factions non encore éteintes, s'étoit vu abandonné d'une partie des Lombards. Dans ces conjonctures, il étoit à croire que Constant, avec les troupes qu'il avoit amenées et celles qu'il trouvoit dans le pays, soutenu de la majesté impériale, et réunissant à l'aide de ce grand nom les débris des forces de l'Italie, eût pu faire la guerre avec avantage et pousser ses succès dans le Bénéventin si le courage et le génie ne lui eussent manqué plus que la fortune. Il venoit de parcourir en vainqueur l'Apulie dont il avoit enlevé les places. La Lucanie, la Calabre, le pays des Brutiens, dépendoient encore, du moins en partie, de l'Empire, et n'étoient point tombés, comme il arriva avec le temps, sous le joug des Lombards de Bénévent; ou bien il étoit facile de faire soulever ce pays récemment occupé par l'ennemi et mal défendu. Naples et les villes de la côte qui composoient ce duché, étoient habituées à résister aux Bénéventins. Elles étoient exercées par de petites guerres continuelles et par une ancienne animosité. Les petits duchés de Gaëte, Sorrente, Amalfi, non moins indépendans, ni moins ennemis des Lombards, reconnoissoient l'autorité de l'exarque et les droits de l'empereur. Constant méconnut ou négligea ces ressources. Ce prince, après avoir échoué honteusement devant Bénévent, étoit entré dans Naples au seul bruit de l'approche de l'armée lombarde. Il se proposoit maintenant de marcher sur Rome. Ce n'étoit point sans doute qu'il se promît d'être plus heureux contre les Lombards en attaquant leur monarchie de ce côté : mais il vouloit du moins déployer l'appareil de sa puissance dans l'ancienne capitale de l'Empire. Il détacha, dit-on, vingt mille hommes de son armée sous la conduite de Saburrus, un de ses lieutenans, qui s'étoit vanté de battre celle de Grimoalde.

Giannon. iv, 3. p. 331.
iv, c. 4, p. 333.
iv, c. 10, p. 354.

Ce corps remontoit la Campanie pour protéger la marche de l'empereur. Le roi Lombard s'étoit rejoint à son fils et éclairoit l'armée impériale. Mais à la demande de ce fils qui le prioit instamment de le charger de cette expédition, il lui remit une partie de ses troupes. Saburrus et Romualde se rencontrèrent à Formies, aujourd'hui le Môle de Gaète, sur la côte de la mer où le combat s'engagea. On rapporte que les deux avant-gardes combattirent avec courage; l'action restoit indécise lorsqu'un guerrier Lombard dont l'office étoit de porter la lance du roi, en perça un Grec, et le soulevant en l'air, il le montra aux ennemis suspendu au haut de sa pique. Les Grecs effrayés de cet exploit, s'ébranlèrent; ils prirent la fuite, si l'on en croit le récit romanesque de l'historien Lombard; et le général de ces troupes put à peine en ramener quelques débris à l'empereur. Constant n'ayant essuyé que des échecs dans toutes les rencontres, continua sa marche sur Rome avec une armée découragée, afin de paroître au moins avoir visité l'Italie dans quelque dessein.

L'arrivée d'un empereur dans Rome étoit un événement inouï, qui devoit tenir tout le monde en admiration et en suspens. Depuis un si long temps que les empereurs avoient abandonné l'Occident, il sembloit que la visite que faisoit Constant à l'ancienne capitale de l'Empire, ne pût avoir qu'un objet de la plus haute importance pour le bien public. Le recouvrement de l'Italie et la ruine de la monarchie lombarde n'étoient point des desseins trop élevés si on les comparoit à une démarche qu'aucun de ces princes n'avoit encore faite depuis la chute de l'empire d'Occident. Aussi toute la ville de Rome étoit dans l'attente de ce que sa présence alloit produire. On le reçut avec les plus grands honneurs. Le pape Vitalien alla à sa rencontre avec le clergé romain et le peuple jusqu'à six milles de Rome; il l'accompagna à son entrée. L'empereur se rendit le même jour dans la basilique du Vatican dédiée à l'apôtre saint Pierre, hors de la ville. Trois jours après, il visita l'église de Sainte-Marie-Majeure où il fit des offrandes. Le lendemain, jour de dimanche, retourné au Vatican en cérémonie avec sa suite, il déposa sur l'autel du prince des Apôtres un pallium tissu d'or. Mais ces apparences de piété se terminèrent par un brigandage odieux. Il resta douze jours dans Rome, occupé à enlever les ornemens d'airain dont la ville et les temples avoient été décorés par la magnificence des empereurs. Il fit même découvrir l'église du Panthéon cédée par l'empereur Phocas au pape Boniface IV qui l'avoit dédiée à la Vierge et à tous les martyrs. N'ayant fait pour ainsi dire que paroître dans Rome, comme s'il eût voulu seulement prendre le temps de piller les temples qu'il étoit venu honorer; il en sortit, chargé du mépris et de l'exécration des habitans, et reprit par terre le chemin de Naples. De là il se rendit à Reggio, d'où il passa en Sicile. Mais ses remords ne l'y laissèrent point tranquille. On dit que ce même spectre de Théodose qu'il fuyoit de Constantinople, l'y poursuivit encore. Alors ses violences et ses sacrilèges n'eurent plus de bornes. De Syracuse où il fit sa résidence, il se rendit incommode à tout l'Occident, dépouillant les temples de leurs richesses et de leurs vases sacrés, exerçant des exactions non-seulement sur la Sicile, mais sur les côtes de Calabre, sur la Sardaigne, l'Afrique. Ses dissolutions égalèrent ses rapines. L'on prétend qu'il faisoit enlever les femmes et les enfans à leurs époux et à leurs pères. Triste jouet de la haine publique et de la fortune, il trouva enfin dans cette île, en l'an 668, une fin digne d'un parricide, après six ans écoulés depuis sa fuite dans les anxiétés et les chagrins.

Theophan. p. 292. Cedren. Niceph. p. 21.

Ce malheureux prince devoit périr par la main des siens. Ses propres serviteurs conspirèrent contre lui. Tandis qu'il prenoit le bain dans Syracuse, celui qui lui aidoit à se laver lui lança à la tête le vaisseau dont il se servoit et prit la fuite. Constant tomba sans sentiment et sans vie.

ses gardes qui l'attendoient au dehors, inquiets de le voir tarder, entrèrent dans le bain, ils trouvèrent l'empereur renversé et noyé dans son sang. Ainsi périt Constant II, odieux jusqu'à sa mort. Il n'étoit encore âgé que de trente-huit ans et en avoit régné vingt-sept.

Grimoalde étoit retourné dans son palais de Pavie après avoir sauvé Bénévent et repris sur les Grecs les villes lombardes dont Constant s'étoit emparé dans la marche qu'il avoit faite de Tarente sur Naples. Soigneux d'attacher à sa fortune des chefs habiles et dévoués, il avoit récompensé Trasimond, ce comte de Capoue qui lui avoit aidé à conquérir le trône, en lui donnant avec la main de son autre fille (la première mourut captive en Sicile) le duché de Spolète vacant par la mort du duc qui l'occupoit. Mais en même temps, délivré de la crainte des Grecs, il songeoit à punir les traîtres, à assurer son trône par les châtimens comme par les récompenses. L'expédition contre Constant avoit éclairé ce prince sur les mauvaises dispositions de ses sujets. Plusieurs, dans la marche, avoient lâchement déserté ; un plus grand nombre, ennemis secrets et jaloux de l'usurpateur, ou anciens amis de Pertharite et de Gondebert, n'attendoient qu'une occasion favorable, un échec, un revers de fortune pour éclater ouvertement. Mais celui dont il avoit le plus à cœur de se venger, et en même temps le plus puissant de tous, c'étoit le duc Lupus, le même à qui, en partant de Pavie, il avoit confié la garde du palais et le soin du gouvernement. Lupus, par la faveur du roi, étoit parvenu d'abord au duché de Frioul qui avoit été autrefois l'apanage des frères de Grimoalde. Ce duché étoit le plus considérable de la Lombardie avec celui de Spolète et après le duché de Bénévent. La position de ce gouvernement situé contre les Avares et les Esclavons, peuples avec qui les ducs de Frioul avoient eu de fréquens démêlés, le rendoit sur-tout d'une grande importance, et il ne pouvoit être confié qu'à un seigneur entièrement dévoué au prince et à la monarchie. Durant l'absence du roi, Lupus, sur le bruit de l'armement des Grecs, jugeant que Grimoalde, entouré de toutes parts d'ennemis, alloit être engagé dans une guerre longue et difficile où il pourroit bien succomber, avoit abusé de la confiance de son maître et exercé insolemment le pouvoir qui lui étoit confié. Puis, sachant que Grimoalde revenoit victorieux, ce seigneur effrayé par le témoignage qu'il se rendoit à lui-même, s'étoit retiré dans son duché sans l'attendre. Il crut même qu'il n'y avoit de sûreté pour lui que dans une défection et leva l'étendard de la révolte. Cette nouvelle porta au plus haut point la

olère et l'indignation de Grimoalde; mais en
même temps elle le jetoit dans un extrême embarras. D'un côté il sentoit la nécessité d'étouffer
promptement une rebellion qui pouvoit devenir
contagieuse; de l'autre, en marchant sur le Frioul
et opposant les Lombards aux Lombards, il craignoit d'exciter des mouvemens dans ses propres
troupes; il craignoit d'ébranler son trône en ac-
coutumant ses peuples aux guerres civiles. Il prit
donc un troisième parti qui étoit peut-être le plus
dangereux de tous, ce fut de se venger par le
moyen des armes étrangères, de charger ses
alliés du châtiment de ses sujets. Il s'adressa au
Khan des Avares dont les États de Pannonie touchoient au Frioul et l'engagea à entrer à main armée dans ce duché. D'autant moins excusable
qu'il se souvenoit lui-même de la furieuse invasion que les Avares avoient faite environ cinquante ans auparavant dans le duché de son père,
de la mort du duc Gisulfe, du supplice infame
auquel sa mère Romilde avoit été condamnée;
de sa propre captivité et des désastres horribles
que ces Barbares avoient causés dans le pays,
d'où ils n'étoient sortis qu'après l'avoir presque
réduit en cendres.

Le prince Hun déféra aussitôt à l'invitation (664.)
de Grimoalde. Il parut sur la frontière avec une
nuée de Barbares qui se mirent à la ravager. Le

duc Lupus rassembla les milices du Frioul et marcha à la rencontre de l'ennemi. Les Lombards assaillis par un peuple si féroce, savoient par expérience qu'ils n'avoient de salut à attendre que de la victoire. Quoique inférieurs en nombre, ils firent la plus héroïque résistance. On rapporte que les deux armées combattirent quatre jours avec acharnement. Durant les trois premiers, l'avantage se soutint en faveur des Lombards. Enfin le quatrième jour, les Avares revinrent à la charge avec plus de fureur, ils écrasèrent de leur multitude l'armée du Frioul, l'enveloppèrent et lui laissèrent à peine le moyen de fuir. Le duc Lupus fut tué dans la mêlée. Les débris de ses troupes se jetèrent dans les forts voisins. Les Huns maîtres de la campagne, se répandirent çà et là, et mirent tout à feu et à sang. Alors Grimoalde se crut assez vengé. Il envoya un message au Khan pour l'inviter à épargner le pays et à se retirer suivant leurs conventions. Mais celui-ci enorgueilli de sa victoire, répondit qu'il ne sortiroit point d'une terre qui étoit sa légitime conquête, et dont il s'étoit rendu maître au prix du sang de ses sujets.

Grimoalde sentit alors l'imprudence qu'il avoit faite en réveillant ces peuplades turbulentes et toujours avides de pillage. Il se voyoit réduit à reprendre les armes pour avoir voulu confier à d'autres qu'à lui-même le soin de sa vengeance. Il réunit quelques milices et se disposa à défendre le Frioul, frontière et sauve-garde de la monarchie lombarde. Des ambassadeurs Avares se trouvoient près de lui au moment où il passoit son armée en revue. Ce prince, dit-on, s'avisa d'un stratagême. Il fit passer plusieurs fois devant leurs yeux les mêmes soldats diversement équipés. Ayant frappé leur vue de ce spectacle et remarquant qu'ils considéroient avec surprise le nombre et la beauté de ces troupes, il leur dit d'un ton ferme, que si leur maître ne se retiroit promptement du Frioul, il iroit l'en chasser à la tête de cette armée. Il les congédia en disant ces mots. Les ambassadeurs retournés vers leur maître, lui firent une description pompeuse de l'appareil qu'ils avoient vu. Le Khan qui n'avoit point cru combattre le roi Lombard ne jugea pas à propos de l'attendre. Contens d'avoir ravagé la frontière comme la première fois et de s'être chargés de butin, les Huns reprirent la route de Pannonie. Ainsi Grimoalde, plus par adresse et par fortune que par sa sagesse, recouvra le pays qu'il avoit abandonné aux Barbares, mais ruiné et dévasté. Il institua Vectaris dans ce duché échu à la couronne par la félonie du dernier duc.

Raffermi dans ses États, Grimoalde s'occupa de perdre ses ennemis. Il tira une vengeance éclatante de tous ceux qui l'avoient abandonné dans sa marche sur Bénévent. Les habitans du Forum-Popilii, aujourd'hui Forlimpopoli, dans la Flaminie, ville soumise à l'exarque, enhardis par le bruit de la marche de l'empereur, avoient plusieurs fois insulté les agens du roi qui alloient de Pavie au camp de Bénévent et qui traversoient leur ville pour le service de l'armée. Grimoalde prit un corps de troupes, et faisant une fausse marche sur la Toscane par les Apennins, il descendit tout-à-coup les monts, marcha sur la ville, la surprit le jour du samedi saint, à l'heure où, suivant l'antique usage, l'on administroit le baptême. Il la livra à la fureur du soldat qui passa tout au fil de l'épée, même les diacres qui vaquoient à cette pieuse fonction. Ce prince se rappelant encore la trahison que le gouverneur d'Oderzo avoit faite autrefois à ses deux frères qu'il avoit attirés et massacrés dans ses murs, rasa et détruisit cette ville conquise par le roi Rotharis, il en partagea le territoire entre les cités voisines. On remarque qu'il se montra l'ennemi violent des Romains, qu'il les traita en toute occasion avec une extrême rigueur. On attribuoit la cause de cette haine au souvenir de cette perfidie faite à sa famille, dont il avoit été témoin dans sa première jeunesse.

Giannon.
IV, 10.

Grimoalde commença dès-lors à jouir paisiblement de la couronne. A l'autre extrémité de l'Italie, les Lombards Bénéventins étoient rentrés en possession de leur territoire. Dès qu'ils furent débarrassés des Grecs, ils passèrent de la crainte au mépris. L'expédition de Constant qui devoit ruiner leur puissance n'avoit fait que l'affermir en attirant le déshonneur sur les armes de l'Empire. Le jeune Romualde, prince digne de son père et non moins entreprenant, déjà vainqueur des Grecs en bataille rangée, voulut faire à son exemple des conquêtes dans le pays abandonné par l'empereur. Il joignit successivement au duché de Bénévent Bari, Tarente, Brindes, et tout le pays de l'ancienne Calabre que l'on appelle aujourd'hui Terre d'Otrante. Il réduisit les Grecs aux seuls petits duchés de Naples, d'Amalfi et d'Otrante, avec les villes de Gallipoli, Gaète, Sorrente, Rossano; et quelques autres situées sur les bords de la mer dans le pays des Brutiens, qui comprennent ce que l'on nomme aujourd'hui Calabre ultérieure. Encore ne purent-ils conserver ces places que parce que les Lombards, manquant d'ailleurs de forces navales, étoient peu habiles dans l'art d'assiéger des places maritimes. Ces villes que leurs habitans avoient fortifiées, se défendirent par leur situation plus que par la valeur des Grecs. Le duché de Bénévent comprit ainsi

Id. IV, 4.

presque toute la contrée qui compose aujourd'hui le royaume de Naples. Ce fut vers ce temps et peu après la levée du siège de Bénévent, que les Lombards de ce duché se convertirent à la religion catholique. Ils abjurèrent l'arianisme et même l'idolâtrie à laquelle plusieurs étoient encore attachés, entre les mains du prêtre Barbatus qui leur avoit rendu de grands services durant ce siège. Mais il les avoit engagés à n'attendre leur délivrance que du Ciel et de leur conversion à la Foi. Les Lombards de Bénévent voulurent que le saint prêtre devînt leur évêque et continuât l'ouvrage de leur conversion.

Paul. Diac. v, 29.

Sous le règne de Grimoalde, vers l'an 667, une colonie Bulgare qui avoit traversé la Thrace et l'Illyrie, parut sur la frontière d'Italie. Ces Barbares se présentèrent en amis sous la conduite de leur duc Alzécon. Sans faire aucun dégât, ils demandèrent des terres et des établissemens. Leur chef vint trouver le roi Lombard. Il lui offrit de le servir fidèlement avec sa nation et de vivre sous ses lois. Grimoalde ne rejeta point la prière de ces supplians ; il crut même qu'il pourroit en tirer quelque service et les opposer à ses ennemis. Il les adressa à son fils Romualde pour qu'il leur assignât des demeures dans le duché de Bénévent. Le jeune duc leur donna pour quartiers les villes de Sepino, Bojano,

Isernia, et quelques autres places voisines avec leur territoire, pays alors désert. Les Bulgares commencèrent à s'y établir sous le gouvernement de leur prince qui dépendit du duc de Bénévent, et auquel on donna le titre de Gastalde. C'étoit le nom que portoient les comtes Lombards soumis à l'autorité des ducs. Les Bulgares conservèrent long-temps ces habitations. Ils se distinguoient même plus d'un siècle après, et du temps de l'historien Lombard, par leurs mœurs et leur langage qui empêchèrent qu'ils ne se confondissent avec les autres peuples de l'Italie.

Cependant Grimoalde mit à profit la paix qu'il avoit donnée à son peuple, et s'occupa de perfectionner les lois lombardes. Il avoit remarqué que l'édit de Rotharis qui comprenoit la révision des anciennes lois et coutumes, étoit encore imparfait en plusieurs points. Il assembla les Grands de la nation, et ajouta au Code de Rotharis quelques lois dont il fit un nouvel édit. A l'exemple de ses prédécesseurs et suivant leur sage politique, il s'appliqua aussi à se conserver en paix avec les François. Paul Diacre nous apprend qu'il avoit fait avec eux une alliance étroite. C'étoient alors Clotaire III et Childéric II, fils de Clovis, qui tenoient le sceptre des Gaules. Grimoalde couvert de gloire, mourut vers l'an 672, d'un effort qu'il fit quelques jours après s'être

Paul. Diac. v, 33.

Id. v, 32.

fait tirer du sang. Ce prince ayant voulu bander un arc, se rouvrit la veine. Son règne dura neuf ans. L'empereur Constant avoit terminé le sien quatre ans auparavant. Né dans l'arianisme, Grimoalde avoit été converti à la foi catholique par Jean évêque de Bergame, prélat d'une grande sainteté. C'est à ce règne qu'il faut fixer l'extinction de l'arianisme en Italie; Théodelinde et Agilulfe lui avoient porté le premier coup. Les Lombards abandonnèrent cette fausse doctrine, et tous les rois qui suivirent furent orthodoxes. Grimoalde fut un prince d'un courage élevé, d'une grande activité, d'une extrême pénétration d'esprit, également habile au gouvernement et à la guerre, et dont il faudroit louer les belles qualités, si elles n'eussent été ternies par sa perfidie envers les deux rois fils d'Aripert, et par la cruauté de ses vengeances.

Sigon.

Giannon.

669.
Theophan.
p. 292.
Cedren.
Paul. Diac.
v, 12, 13.
Anast. in
Adeodat.

Après la mort de Constant, les Syracusains avec les officiers et les serviteurs du feu prince, se voyant destitués d'empereur et craignant que les fils de Constant ne tirassent vengeance d'un complot dont plusieurs d'entre eux étoient complices, usèrent du droit que s'étoient arrogé d'abord les armées romaines, puis chaque légion en quelque sorte, et enfin la populace des villes. Ils prirent un Arménien nommé Mizize, qui ne se recommandoit que par son extrême beauté. Ce vain avantage avoit suffi pour qu'ils jetassent les yeux sur lui. Malgré ses refus et sa résistance, ils le proclamèrent empereur. Mais ce fantôme de prince ne dura qu'un instant. Constantin fils aîné de Constant, déjà associé à l'empire, instruit du meurtre de son père et de l'élévation de l'Arménien, se hâta de réprimer ces fermens de révolte. Il envoya des ordres dans les diverses provinces d'Occident. Les milices du duché de Naples, de la Campanie, de l'Istrie, même de la Sardaigne et de l'Afrique, descendirent en Sicile. Lui-même partit de Constantinople pour cette île où il jugea sa présence nécessaire. Les conjurés dans leur première ivresse, le virent débarquer à la tête d'une flotte. Il les surprit et les fit périr ainsi que celui qu'ils s'étoient donné pour chef. Après avoir étouffé la sédition par sa vigilance, et mis ordre aux affaires de l'Occident, il retourna avec la même célérité à Constantinople, afin d'y assurer aussi par sa présence une autorité encore chancelante. Il remit à la voile, emportant avec lui le corps de son père auquel il donna la sépulture à côté de son aïeul Constantin fils d'Héraclius, dans l'église des Apôtres. Le jeune Constantin IV, surnommé Pogonat ou le Barbu, prit les rênes de l'Empire.

Il décora du titre d'Auguste ses deux frères Tibère et Héraclius, mais sans leur laisser aucune part au gouvernement.

En même temps que Constantin sortoit de Sicile, les Sarrasins y abordoient. Nous avons dit, sur le témoignage d'Anastase, qu'ils y avoient déjà paru et exercé leurs ravages du temps du pape Martin; que l'exarque Olympius, après avoir fait sa paix avec ce pontife, passa dans cette île pour les en chasser. Dans cette nouvelle expédition, les Sarrasins emportèrent d'emblée Syracuse, et livrèrent au fil de l'épée le peuple de cette ville. Les habitans qui purent échapper à la fureur des Infidèles, s'enfuirent dans les châteaux voisins et dans les montagnes. Les Sarrasins chargèrent tranquillement leurs vaisseaux de butin, enlevèrent tous les ornemens d'airain et les statues dont Constant avoit dépouillé Rome. Puis, ils se rembarquèrent pour retourner à Alexandrie d'où ils étoient partis.

<small>Theophan. p. 293. Cedren.</small>

Le nouvel empereur, dans sa conduite religieuse, préféra les traces de son aïeul à celles de son père. Il se déclara le protecteur de l'orthodoxie. Mais cette piété de foi et de zèle n'ôta rien à cette politique prompte et sévère qui ne craint pas d'assurer le pouvoir au prix des rigueurs. La corruption des mœurs grecques de ce temps, l'horrible confusion qui régnoit dans toutes les parties de l'État, en faisoient peut-être une nécessité. Dès la première année de ce règne, on vit un exemple bien remarquable de cet esprit de tumulte et de vertige, moins digne d'indignation que de risée et de mépris, de ce génie dégradé d'un peuple qui mêloit à ses plus grands excès la plus puérile superstition. Une partie des milices commises à la garde de l'Orient quittèrent leurs postes, et se portèrent à Chrysopolis près de Chalcédoine en face de Constantinople. Le motif de cette émeute étoit de forcer l'empereur à partager le pouvoir avec ses deux frères. « Ne croyons-nous pas à la Sainte Trinité, disoient ces séditieux? Par conséquent il est juste que nous couronnions trois empereurs. Nous voulons donc que les trois fils de Constant occupent ensemble le même trône. » Constantin vit le danger d'une nouvelle révolte dont on entendoit déjà les clameurs de Constantinople. Il conserva toutefois sa présence d'esprit. Il envoya aux rebelles le patrice Théodore pour recevoir leurs plaintes. Cet habile ministre apaisa le tumulte en paroissant y céder. Il engagea les plus mutins à passer de l'autre côté du détroit pour exposer leurs demandes au sénat qui y feroit droit. Mais à peine arrivés sur l'autre rive, Constantin les fit attacher à des gibets en face de Chrysopolis. A cette vue, leurs complices glacés d'effroi ne pensèrent qu'à se dérober à la justice du prince. Ils regagnèrent à la hâte leurs cantonnemens. Ce fut peut-être cette sévérité déployée par le jeune empereur au commencement de son règne, qui en fonda la tranquillité pour l'avenir, bien qu'il soit difficile sans doute de justifier la trahison employée par le prince, même à l'appui de sa justice.

672.
Paul. Diac. v, 32, 33, 34.

En Lombardie, Grimoalde mourant laissa dans le palais le jeune Garibalde, enfant encore en bas âge qu'il avoit eu de la fille du roi Aripert. Romualde son fils aîné, né avant son élévation, avoit eu pour partage le duché de Bénévent que son père lui avoit cédé en usurpant la couronne. Cependant Pertharite avoit jusque-là trouvé un asile chez les François. Le renouvellement de l'alliance entre les deux nations, qui eut lieu peu avant la fin de Grimoalde, lui inspira des défiances pour sa sûreté. Il appréhenda, même au milieu des Gaules, le crédit et la puissance de l'usurpateur de son trône. Il résolut donc de passer la mer et de se retirer dans la Grande-Bretagne chez les Saxons. Il se mettoit en mer et avoit déjà quitté le rivage, lorsqu'il fut rappelé par la nouvelle de la mort de Grimoalde. A l'instant il fit tourner la proue vers la côte. Il traversa la Gaule en toute hâte, arriva au pied des Alpes. En touchant à la frontière de son royaume, il vit que son nom et son souvenir étoient toujours chers aux Lombards. Il trouva une multitude de ses anciens sujets et les Grands du royaume qui l'attendoient avec les honneurs et tout l'appareil de la royauté : ils se rangèrent autour de lui. Pertharite encouragé par cette bonne réception, se mit à leur tête, il rentra en Italie plutôt en prince légitime qui reprend possession de ses États, qu'en conquérant. Il marcha sur Pavie, chassa du trône le jeune Garibalde, et y remonta de l'aveu et du choix de toute la nation lombarde, trois mois seulement après la mort de l'usurpateur. Il rappela de Bénévent sa femme Rodelinde et son fils Cunibert. Puis voulant conserver la mémoire de ses malheurs et en même temps rendre grâces à Dieu de sa délivrance, il fit bâtir un monastère sur le bord du Tésin, au pied du rempart d'où il avoit autrefois échappé aux satellites de Grimoalde. Rodelinde imita son exemple en élevant aussi hors de la ville une église qu'elle dédia à la Vierge. Pertharite, long-temps persécuté, justifia l'amour de ses sujets par sa piété, sa justice, sa libéralité, son attachement à la foi catholique, sa compassion généreuse envers les malheureux.

672.

673.

Cependant depuis quelques années, l'ardeur des conquêtes qui animoit les Sarrasins avoit paru se ralentir. Ce fut sous le règne d'Othman qu'é-

(656.)
Elmacin.
Abul-faraj.
D'Herbelot.
Hist. univ. des Angl.

(656.) clata pour la première fois cet esprit de sédition qui troubla tout l'empire des Arabes. Alors commença le cours des discordes et des guerres civiles, qui se perpétuèrent ensuite dans les rivalités des tribus et des familles, et sauvèrent peut-être le reste des provinces romaines. Il sembla qu'après tant de gloire et de conquêtes obtenues dans un espace si court, cet empire fondé par l'enthousiasme et le fanatisme fût divisé et déchiré au-dedans par ces passions puissantes qui avoient fait sa force et qui l'avoient accru au-dehors. Mais comme l'empire et le sacerdoce ne se séparoient point chez les Musulmans, les rivalités de l'ambition formèrent autant de schismes religieux et de sectes. Elles se signalèrent d'abord par un mouvement dont le calife Othman fut victime.

Ce calife avoit régné environ douze ans, lorsqu'il s'éleva un murmure général contre son administration. On lui reprochoit son attachement excessif pour ses proches et la faveur dont il les combloit. Il avoit, disoit-on, dépouillé de leurs charges les plus grands hommes de l'empire, enrichi ses amis aux dépens du trésor public dont il disposoit à son gré, malgré l'exemple de ses prédécesseurs qui ne s'étoient point distingués à l'extérieur des simples Musulmans et n'avoient employé les deniers publics qu'aux besoins de l'État. Sa fierté étoit encore un des griefs de ses sujets. On lui reprochoit de s'être (656.) assis dans la chaire de Mahomet, au lieu que les précédens califes avoient coutume de parler au peuple de quelques degrés au-dessous. Mais la véritable cause de cette espèce de conjuration formée contre Othman, c'étoit la jalousie d'Aïscha veuve du prophète, qui vouloit élever au califat Thaleha son favori. Ce fut encore, à ce que dirent les ennemis de la maison d'Ali, l'ambition de ce personnage qui regardoit tous les successeurs du prophète comme les usurpateurs d'un rang qui lui étoit dû. Le mécontentement fomenté par les Grands éclata dans toutes les provinces; des troupes d'Arabes accoururent d'Égypte, de Bassora, de Cufa. Elles campèrent à quelque distance de Médine; et selon le langage assez ordinaire aux séditieux et aux rebelles, elles envoyèrent au calife une députation insolente pour lui demander la réforme de l'État.

Othman monte en chaire; il s'accuse lui-même, il promet de réparer ses fautes, de restituer au trésor public ce qu'il y a pris; et pour donner une première preuve de sa bonne volonté, il rappelle d'Égypte son frère Abdalla, et remet ce gouvernement à Mahomet fils d'Abubècre. Ali se rend médiateur entre le prince et les mécontens; la condescendance du calife les ramène. Enfin le calme alloit être rétabli, lorsque les in-

(656.) trigues d'Aïscha et la perfidie de Mervan secrétaire du calife, rallumèrent la sédition. Ce traître fit tomber entre les mains des conjurés de fausses lettres qu'il avoit scellées du sceau du prince, et par lesquelles Othman donnoit à Abdalla l'ordre de faire mourir les principaux conjurés à leur retour en Égypte. Les Arabes d'Égypte qui s'étoient déjà mis en marche pour rentrer chez eux, reviennent sur leurs pas transportés de fureur. Ceux de Cufa et de Bassora, rappelés par un message de leurs compagnons, retournent de même sur Médine. Par-tout on peint Othman comme un tyran perfide et cruel dont la mort est devenue nécessaire. Mahomet, fils d'Abubècre et frère d'Aïscha, se met à la tête des rebelles. Othman est investi dans sa maison. En vain Ali et ses fils font mine de le défendre. Ils ne peuvent s'opposer à la fureur des mutins, ou ils ne font eux-mêmes qu'une résistance molle. Othman assiégé pendant trois mois dans son palais, fut forcé de se rendre, faute d'eau. Il se présenta lui-même à ses ennemis, l'Alcoran dans son sein, demandant à ses sujets que ce livre fût juge entre eux et lui. Mais les esprits étoient trop échauffés pour qu'on pût rien entendre. Dès que les conjurés virent les passages ouverts, conduits par le fils d'Abubècre ils se précipitèrent dans les appartemens, et sans respect pour le livre sacré

percèrent indignement le calife de leurs épées. (656.)
Ils outragèrent même son corps après sa mort, et on le laissa long-temps sans sépulture. Ainsi périt en 656, dans une vieillesse avancée (à 82 ans) à la vue de toute sa famille, le calife Othman. Il périt par la révolte de ses sujets, par la perfidie de Mahomet fils d'Abubècre, et d'Aïscha veuve du prophète, pour qui les Arabes avoient un si grand respect qu'ils la nommoient la prophétesse et la mère des Fidèles. Prince grand, habile et généreux, comme le furent la plupart des premiers califes.

Cependant Aïscha ne put parvenir à son but. Le jour même de la mort d'Othman, Ali chef des Haschémites, le plus proche parent de Mahomet et l'époux de sa fille Fatime, fut élevé au califat. Il parvint enfin à ce haut rang qu'il avoit tant souhaité, et qu'il regardoit comme dû à son sang. Comme il étoit alors le personnage de la plus haute autorité dans Médine, ses ennemis même et les principaux des conspirateurs qui n'avoient travaillé que pour eux, entraînés par la voix publique, furent forcés de le reconnoître.

L'élection d'Ali s'étoit faite parmi les partis et les brigues. Aïscha et son favori, Zobéir et les autres chefs, qui n'avoient conjuré contre Othman que pour se mettre à sa place, voyoient avec un dépit violent Ali élevé par sa réputation

(656.) et par la faveur publique, recueillir le fruit de leur crime. Toute la famille d'Ommiah, maison puissante qui étoit celle du dernier calife et dont Moavie, gouverneur de Syrie, étoit alors le chef, imputant à Ali ou feignant de lui imputer la mort d'Othman dont il avoit du moins envié la dignité, joignirent leur ressentiment à l'ambition des premiers. Dès que les vœux des Médinois et des Mecquois, seuls arbitres de l'élection, s'étoient tournés vers Ali, et avant même l'élection, ceux de cette famille et leurs adhérens, voyant qu'ils s'y opposeroient en vain, s'étoient retirés de Médine avec tous les signes du plus vif mécontentement. Ali jugeoit bien qu'il n'avoit obtenu le califat que par le respect dû à son nom et à sa réputation ; il savoit que son élévation même alloit diminuer cette faveur, en donnant prise aux brigues qui jusque-là n'avoient pu l'étouffer. Après une si longue attente, parvenu au terme de son ambition, il se voyoit entouré d'un monde d'ennemis. Les ennemis comme les partisans d'Othman, les Ommiades et les conjurés, réunis par un même intérêt, se tournoient à-la-fois contre lui. Ali s'empressa de se faire inaugurer avant même d'être reconnu dans les provinces ; il prévit qu'aussitôt qu'il auroit pris le commandement, il lui faudroit défendre sa dignité. En même temps, il se méfioit des capitaines qui tenoient les provinces. Il prit un parti (656.) hardi et dont la catastrophe d'Othman eût dû lui faire connoître le danger; ce fut de rappeler les gouverneurs nommés par ce calife, pour mettre à leur place des hommes à sa dévotion.

Mais en mécontentant les amis d'Othman, il ne satisfit point les chefs des conjurés qui aspiroient du moins à ces riches dépouilles. Furieux de se voir refusés dans la demande des gouvernemens, et d'avoir commis pour Ali un crime inutile à eux-mêmes, ils ne gardèrent plus de ménagemens. Thaleha le favori d'Aïscha, et Zobéir l'un des principaux chefs de la conjuration, se réfugièrent à la Mecque où la veuve du prophète s'étoit retirée. Ils s'apprêtèrent à venger Othman, comme s'ils eussent été innocens de sa mort et qu'Ali eût été le véritable assassin. Cependant Moavie indigné de se voir rappelé, et déjà ennemi déclaré d'Ali et de sa maison, refusoit l'entrée de la Syrie au successeur qu'on lui avoit envoyé : il se disposoit à mettre à profit pour sa propre élévation comme pour la vengeance commune des Ommiades, le dévouement et l'amour des Syriens et des Arabes de cette province. Ainsi à peine Ali est élevé à la place d'Othman, tout annonce un règne encore plus orageux que le précédent. Les Ommiades se retirent de Médine et commencent la rivalité si longue, si fu-

(656.) neste et si opiniâtre des deux maisons des Ommiades et des Alides. Les meurtriers d'Othman s'arment contre Ali sous prétexte de venger le calife. Ils fuient à la Mecque et se liguent avec la veuve du prophète si révérée des Arabes. Ali achève de se perdre en rappelant les gouverneurs d'Othman: les siens sont refusés par les provinces. Moavie arme en Syrie. Feignant peut-être de croire qu'Ali est le vrai coupable, il est prêt à lier sa cause à celle des assassins, pour venger son parent sur celui qui a recueilli le fruit du crime. Aïscha se sert du grand respect que les Arabes conservoient pour elle. Elle forme des complots et des ligues dans la Mecque; des gouverneurs dépouillés viennent se ranger à sa faction; celui de l'Yémen apporte au parti le trésor de sa province qu'il a pillé; la veuve du prophète dont les intrigues ont fait périr le calife, rejette son crime sur Ali, elle soulève les esprits du peuple que la retraite des Ommiades a déjà étonnés.

Ceux-ci, sortant de Médine, s'étoient rendus en Syrie près de Moavie chef de leur maison. Ils portoient avec eux la tunique ensanglantée et les doigts du calife qui lui avoient été coupés dans cette tragédie. Moavie monte dans la chaire de Damas; il y expose ces dépouilles sanglantes et fait parler la voix du calife infortuné contre ses assassins. Cette éloquence et ce témoin muet du

LIVRE DIX-HUITIÈME.

crime d'Ali, conformes au génie de ces peuples, (656.)
portent au plus haut point la fureur dans des
cœurs qui lui étoient déjà tout dévoués. A cette
vue, les soldats jurent de servir sa cause et de
venger le sang du malheureux Othman. Moavie
profite de l'enthousiasme qu'il excite pour les
disposer à la guerre. Il en fait les préparatifs.
Amrou rappelé par Othman de l'Égypte, et qui
commandoit alors dans la Palestine, seconde ces
mouvemens. Il souffle dans sa province le même
esprit de sédition. L'Irak dont les forces pouvoient faire pencher la balance, chanceloit entre
Ali et les Ommiades. Cufa et Bassora, ses deux
villes principales, fondées sur la frontière de Perse
dans le pays qu'avoient occupé les Arabes alliés
de cet empire, formoient comme deux grandes
colonies ou plutôt deux grands camps d'où étoient
sorties les armées qui avoient subjugué la Perse;
leurs gouverneurs conservoient un crédit et une
autorité immenses dans les provinces de ce royaume où ils envoyoient des armées; ces villes étoient
devenues à-la-fois des clefs pour l'Arabie, des
quartiers et des places de guerre pour contenir,
gouverner et soumettre la Perse.

Aïscha, son favori Thaleha et Zobéir, les deux (656-661.)
chefs des conjurés, avec le secours du trésor de
l'Yémen, lèvent des troupes contre Ali. On fait
publier dans les rues de la Mecque que la mère

(656-661.) des Fidèles invite les Musulmans à se joindre à elle pour le maintien de la vraie religion, le salut de l'Arabie, et pour venger le sang d'Othman. Les Mecquois arment; on part de la Mecque, et l'on se dirige vers Bassora afin de joindre au parti les forces de l'Irak. On préfère cette province à la Syrie ou à Médine; Moavie étant maître absolu dans l'une, et Ali, malgré l'embarras de ses affaires, étant déjà trop puissant dans l'autre. Aïscha montée sur un chameau, sort de la Mecque à la tête de mille Arabes seulement; elle traverse l'Arabie dans toute sa largeur, d'autres troupes se joignent sur la route à la mère des Fidèles, elle arrive sous les murs de Bassora. Elle y reçoit un renfort que Moavie lui envoie, et se trouve à la tête d'une armée de trente mille hommes. L'armée rebelle s'empare sans beaucoup de peine de Bassora, et campe sous ses murs.

Ali de son côté ne perd point de temps. Il part de Médine avec une troupe encore plus foible que celle d'Aïscha sortant de la Mecque; il ramasse des amis sur sa route, divers corps d'Arabes se joignent à lui, des tribus lui envoient des secours, et les habitans de Cufa qui avoient d'abord refusé de le reconnoître, se déclarent en sa faveur.

Il arriva devant Bassora avec une armée inférieure en nombre à celle de l'ennemi, mais bien *(656-661.)* supérieure pour la valeur et la discipline, et sur-tout pour le mérite et la capacité des chefs, composée des anciens compagnons des victoires des califes. Après quelques vaines tentatives d'accommodement, on se décida à combattre. Aïscha emportée par sa haine parcouroit les rangs montée sur son chameau, et assise selon la coutume des femmes Arabes, dans une espèce de chaise faite en forme de cage : elle inspiroit sa fureur et son animosité aux troupes. Il s'engagea une action sanglante quoique peu long-temps incertaine, et dont Ali remporta tout l'avantage. Les deux chefs de l'armée rebelle, Thaleha et Zobéir, y furent tués. Le dernier et le plus grand effort des combattans fut autour du chameau. Les rebelles résistèrent tant qu'Aïscha put être vue et les encourager. Mais après la mort des deux chefs, la victoire se déclarant pour Ali, on enveloppa le chameau autour duquel il se fit un grand carnage. La litière fut hérissée de flèches, et il sembloit que toute l'action resserrée sur ce champ de bataille étroit, n'eût lieu que pour la prophétesse. Enfin le chameau ayant eu les jarrets coupés, les troupes de Bassora plièrent et prirent la fuite. Aïscha renversée dans sa litière, vit tous ses défenseurs tombés autour d'elle ou dispersés, et la déroute entière de son armée. Dix-sept mille Arabes, dit-on, restèrent sur la place, dont mille seulement du parti d'Ali. Le calife ne permit point que l'on poursuivît les fuyards; et content d'une victoire si sanglante, il alla vers Aïscha, la salua, la traita avec honneur. Il voulut toutefois la mettre hors d'état de lui nuire, et la renvoya à Médine avec un riche équipage, accompagnée pendant une journée de chemin par ses deux fils. Après cette victoire qui avoit détruit une moitié du parti rebelle, il vint à Cufa dont les habitans avoient concouru à la lui faire remporter; il y établit le siège de son empire.

Ce succès le rendoit maître de toute l'Arabie et de la Perse. Mais l'ennemi le plus redoutable restoit à réduire. Moavie se trouvoit à la tête de toutes les forces de la Syrie, il étoit encore appuyé de la réputation d'Amrou. Celui-ci, comme nous l'avons vu, étoit mécontent de sa fortune présente, depuis qu'il avoit perdu le gouvernement de l'Égypte, théâtre de sa gloire. Il avoit lié ses intérêts à ceux du gouverneur de Syrie. Dans cette assemblée du peuple arabe que Moavie tint à Damas et qu'il avoit choisie pour exciter les esprits à la vengeance d'Othman, Amrou, par un mouvement concerté, arriva de sa province, et prêtant serment de fidélité à Moavie il entraîna par son exemple le reste de l'assemblée. Moavie fut reconnu calife légitime et successeur de Mahomet, au milieu des acclamations (656-661.) du peuple et de l'armée. A la nouvelle de ces mouvemens, Ali avoit d'abord employé les voies de la douceur et de la négociation pour ramener les esprits. Mais voyant que ses soins étoient inutiles, que les humeurs étoient trop aigries pour que la négociation pût réussir, et que les peuples de cette grande province se déclaroient contre lui, il songea à étouffer par les armes cette révolte soutenue de deux grands capitaines. A la vérité il pouvoit lutter contre eux par son courage et par ses forces réelles. Il comptoit autour de lui ces braves milices des colonies de l'Irak qui avoient fait la conquête de Perse, et qui formoient vers cette frontière le nerf de la puissance musulmane. Et sans doute avec leur appui, il n'eût rien eu à craindre de ses ennemis, s'il les avoit trouvées aussi fidèles que braves. Il assembla donc ses troupes, et sortant de Cufa à la tête d'environ soixante-dix mille hommes il marcha sur la Syrie. Il se trouva en présence de Moavie qui s'étoit avancé pour le recevoir, et qui s'étoit posté avec une armée de quatre-vingt-dix mille hommes sur la frontière de la Syrie et de l'Irak. Ceci se passoit dans la deuxième année du califat d'Ali.

Ces deux armées qui comprenoient presque toutes les forces du musulmanisme, commencèrent à escarmoucher. Elles restèrent ainsi plusieurs mois en présence, sans engager d'action générale, et livrant presque chaque jour de petits combats dans lesquels la perte des Syriens surpassa de beaucoup celle d'Ali. Enfin en une dernière action qui dura toute une nuit, les troupes syriennes fort maltraitées ayant été repoussées dans leur camp, Ali le fit attaquer vigoureusement et fut près de s'en rendre maître. Moavie qui vit le danger, et que la fortune d'Ali alloit prévaloir sur la sienne, usa d'artifice, et s'avisa, par le conseil d'Amrou, d'un stratagême singulier.

Il fit attacher des Alcorans au haut des piques, et les fit porter à la tête des troupes par des gens qui crioient : « Voici le livre qui doit décider de tous nos différends ; voici la loi de Dieu qui défend de répandre sans raison le sang des Musulmans. » A cette vue, ces braves soldats de Cufa qui faisoient la principale force d'Ali, mettent les armes bas ; ils menacent de l'abandonner, et même de le livrer aux mains de son ennemi, s'il ne fait sonner la retraite. En vain Ali les presse, les conjure de ne point servir la cause de l'impie Moavie, de ce faux calife qui outrage la loi de Dieu par sa révolte, et qui, près d'être vaincu par leurs armes, n'a voulu que leur donner le change par un bas artifice. Le chef des Irakiens étoit, comme l'on crut, gagné par l'ennemi. Ali qui tenoit déjà la victoire en ses mains, se la voit (656-661.) arracher par la superstition ou la trahison de ses soldats. Il est forcé de se soumettre à l'Alcoran qui ordonne de remettre ses différends au jugement d'arbitres. Les Irakiens qui l'ont abandonné, excités sous main par leur chef, lui font encore la loi ; ils lui donnent d'eux-mêmes pour arbitre Abu-Musa, gouverneur de Cufa, esprit simple et grossier, tandis que Moavie remet sa cause à Amrou qui passoit pour le plus fin et le plus délié des Musulmans. Ali frémissant se retire à Cufa pour y attendre l'événement. Moavie triomphe, et tenant victoire gagnée, retourne à Damas.

L'avantage de la négociation ne fut point du même côté que celui des armes. L'habile Amrou fit entendre à son collègue qu'il importoit au bien des Musulmans de déposer les deux califes dont la rivalité troubleroit toujours l'empire, et de nommer un nouveau prince qui pût plaire aux deux partis et rétablir la paix. Abu-Musa accepte sans peine une proposition qui semble si raisonnable. Cela fait, on élève une tribune entre les deux armées. L'arbitre d'Ali qu'Amrou engage par honneur à monter le premier, paroît dans la tribune, et haussant la voix : « Je dépose, dit-il, Ali et Moavie du califat qu'ils prétendent, de la même manière que j'ôte cet anneau de mon doigt. » Il descend, et Amrou prend sa place : « Et moi, reprend-il, de la même manière que je mets cet anneau à mon doigt, je donne le califat à Moavie, le légitime successeur désigné par Othman, et qui a pris la vengeance de son sang. »

A cette décision inattendue, les amis d'Ali sont confondus. Ceux qui l'ont indignement trahi, engagés plus avant dans leur révolte, sont prêts à lever le masque et à applaudir. Ses partisans frémissent. Cependant les armées se retirent. Amrou et les Syriens reviennent vers Moavie et le saluent calife. La division et la haine sont plus grandes que jamais entre les deux partis, qui des plaintes d'injustice et de mauvaise foi passent aux injures, et des injures aux menaces. Séparés éternellement par cette sentence de l'Alcoran qui n'a pu les réunir, ils se maudissent réciproquement et s'excommunient. Deux factions d'État forment deux sectes religieuses qui doivent se propager jusqu'à la fin dans les rivalités qu'elles ont fait naître et dans la jalousie des maisons; et après avoir divisé le peuple Arabe, diviser encore les empires qui sortiront du sien.

Ali réchauffe la fidélité de ses sujets. Plusieurs l'abandonnent. Un plus grand nombre s'attachent à sa fortune. Il arme de nouveau ; mais *(656-661.)* avant de se rengager avec Moavie, il lui faut combattre dans le sein de son parti, une secte qui s'y étoit élevée parmi ces mêmes Irakiens qui avoient d'abord embrassé sa défense et l'avoient ensuite livré à son ennemi. C'étoient les Kharégites, c'est-à-dire, ceux qui se révoltent contre les puissances religieuse et civile : secte fanatique et cruelle qui venoit de naître au sein de l'islamisme. Après avoir forcé Ali de remettre à des arbitres une cause que ses armes alloient décider, ils se soulevèrent contre lui, sous prétexte qu'il n'avoit point dû soumettre au jugement des hommes une chose qui ne devoit dépendre que de la sentence de Dieu, la succession légitime du califat.

Ali en vain leur remontre que ce sont eux-mêmes qui l'ont contraint d'acquiescer à ce jugement, quoiqu'il voulût décider sa cause par les armes; en vain il leur reproche leur perfidie et s'efforce de les ramener. Emportés par fanatisme, obstinés par esprit d'indépendance, ils se détachent des deux partis et font une secte de rigoristes, tels qu'on en a vu naître en d'autres religions, qui interprètent la loi en un sens étroit indépendamment de l'autorité, et qui ne connoissent point de frein. Ceux-ci se propagent,

(656-661.) ils forment un parti nombreux, ils massacrent impitoyablement et excommunient ceux qui refusent d'y entrer; et en même temps qu'ils divisent l'armée d'Ali, ces fanatiques qui ne connoissent aucune loi humaine sous prétexte d'une observance plus épurée de la loi divine, menacent les fondemens même du musulmanisme.

Ali qui vouloit pousser à bout Moavie, se voit forcé de remettre la dispute du califat et de tourner ses armes et ses efforts contre cette secte.

Après avoir, selon son usage, employé les voies de la persuasion et de la douceur, il fait planter un étendard hors du camp, et publier à son de trompe une amnistie pour tous ceux qui se rangeront sous ce drapeau. Les rebelles se dissipent d'eux-mêmes, à l'exception de quatre mille fanatiques qui viennent attaquer en désespérés l'armée d'Ali, et qui tous périssent sous le glaive. Mais comme les sectes renaissent de leurs défaites et se propagent comme un incendie couvert qui gagne sourdement et éclate, ce nouveau fanatisme réprimé, n'est pas éteint.

Ali qui se croit alors maître chez lui, ne voit plus d'ennemis qu'en Syrie. Il semble qu'il se retrouve au même point et avec la même fortune où il s'étoit vu sur la frontière de Syrie, prêt à décider l'affaire, à devoir tout à ses armes et non

plus au caprice des siens. Mais ses capitaines lui (656-661.)
ayant demandé quelque repos avant de s'embarquer dans une nouvelle expédition, Ali, de calife devenu chef de parti, est forcé de tout accorder à des gens qui lui ont fait voir qu'ils peuvent tout obtenir sans lui. Il leur donne quelques jours de repos en leur recommandant toutefois de se tenir prêts à partir au premier moment pour la Syrie. Mais, comme il arrive d'ordinaire dans l'oisiveté d'un camp, les officiers et les soldats se rendant journellement à Cufa dont ils étoient voisins, le relâchement et la dissipation ruinent la discipline. En quelques instans le camp est déserté. Ali craint encore une fois de se voir abandonné. Il suit ses soldats pour paroître encore leur chef; lui-même est obligé de se rendre dans la ville de Cufa et d'y aller rejoindre son armée.

Tandis qu'Ali se préparoit à la guerre, Moavie de son côté travailloit à s'étendre. Ali avoit donné le gouvernement de l'Égypte à Mahomet fils d'Abubècre, homme injuste et violent qui s'étoit aliéné les esprits des habitans, odieux d'ailleurs à tous les Ommiades et à leurs partisans à cause du meurtre d'Othman. Ce gouverneur avoit excité de grands troubles dans le pays en entreprenant d'en chasser tous ceux qui avoient

(656-661.) eu quelque liaison d'amitié avec le dernier calife. Moavie et Amrou résolurent de l'en faire sortir lui-même et de s'emparer du gouvernement de l'Égypte. Amrou partit de la Syrie à la tête de six mille chevaux. Son ancienne réputation lui ouvroit une route facile dans ce pays qu'il avoit conquis et gouverné, où il avoit fait chérir son administration, illustré ses armes par sa modération et sa sagesse. Il rallia autour de lui les partisans d'Othman et des Ommiades. Accru de leurs forces, il alla combattre le lieutenant d'Ali. Mahomet fut défait, il tomba vif dans les mains de ses ennemis qui lui ôtèrent la vie; ils enfermèrent son corps dans celui d'un âne, le brûlèrent et le réduisirent en cendres. Amrou reprit le gouvernement de l'Égypte.

659. Alors recommença entre Ali et Moavie une guerre moins vive que cruelle et acharnée, et qui témoignoit autant l'épuisement que l'animosité des partis. D'un côté les Syriens étoient affoiblis par leurs pertes et fatigués de la guerre. De l'autre les Arabes d'Ali, à peine remis de ces dissentions domestiques qui avoient donné à l'ennemi le moyen de réparer ses revers, avoient peine à se conserver. Moavie envoya ses troupes faire des courses sur les terres d'Ali et les ravagea avec une grande inhumanité. Ses lieutenans surprirent

Bassora d'où ils furent chassés avec perte par ceux (656-661.) d'Ali. Ce calife se tenoit dans l'Irak. Il dominoit de là sur la Syrie et sur les terres de son adversaire. Moavie qui ne pouvoit lui nuire de ce côté, fit passer des partis dans l'Arabie. Ceux-ci entrèrent dans l'Hégiaze, surprirent la Mecque et Médine où les Ommiades conservoient quelque intelligence, et que leurs gouverneurs ne purent défendre faute de troupes. Ils firent prêter par les habitans le serment de fidélité à Moavie, traversèrent une grande partie de l'Arabie et s'avancèrent jusque dans l'Yémen sans trouver de résistance; toutes les forces des Arabes s'étant concentrées vers l'Irak et la Syrie. Ils y exercèrent de grandes cruautés, firent d'horribles massacres des partisans d'Ali. Cet empire nouvellement fondé n'étoit plus qu'un théâtre de factions et de guerres civiles. L'Irak et la Perse se trouvoient opposées à Moavie et à la Syrie. Amrou tenoit l'Égypte. L'Arabie d'où étoient sortis les conquérans, placée comme un champ de bataille entre ces trois ambitieux, étoit ravagée, déchirée par les partis envoyés des provinces qu'elle avoit soumises.

Tel étoit l'état de l'empire arabe lorsque trois D'Herbelot. Kharégites des plus zélés, se trouvant ensemble à la Mecque et s'entretenant des affaires de leur secte et des moyens de la propager, rappeloient avec des regrets ceux de leurs compagnons qui avoient péri par les armes d'Ali, exagérant leur mérite et déplorant leur perte. Ces fanatiques disoient entre eux que si Ali, Moavie et Amrou dont les divisions troubloient tout le musulmanisme, n'étoient plus, les affaires des Musulmans prendroient une meilleure face. A l'instant l'un d'eux se lève; Pour moi, dit-il, si vous le voulez, je vous rendrai bon compte d'Ali. Les deux autres lui applaudissent et se chargent de Moavie et d'Amrou. Ils empoisonnent leurs épées et prennent leur route, l'un vers Cufa, l'autre vers Damas, le troisième vers l'Égypte.

Le premier assassin arrivé à Damas frappa Moavie dans les reins; mais la blessure n'étant point mortelle, le calife de Syrie guérit à l'aide des remèdes. L'autre arrivé en Égypte, se rendit dans la mosquée où Amrou devoit faire les fonctions d'iman; mais comme ce gouverneur retenu au logis par une indisposition, avoit confié à un autre le soin de son ministère, celui-ci paya pour Amrou: l'assassin le tua à la place de celui qu'il cherchoit. Ali seul fut frappé d'un coup mortel dans la mosquée de Cufa. L'assassin arrêté sur-le-champ fut remis aux mains d'Hassan fils aîné d'Ali, et le calife expira quelques jours après. Il avoit ordonné à son fils, s'il mouroit de sa bles- *(656-661.)* sure, de faire périr l'assassin d'un seul coup. Telle fut, après cinq ans d'un règne contesté, la fin d'Ali, le plus brave, le plus éloquent des Arabes, qui dans les plus grandes traverses ne désespéra jamais de la fortune ni de son courage, et couronna ces vertus par la douceur, les agrémens de l'esprit, la modération et la clémence. Mais son nom et ses prétentions au califat formèrent un schisme qui se propagea dans toute la durée du musulmanisme. Ses sectateurs qui le regardent comme le seul légitime iman, successeur immédiat de Mahomet, reconnoissent dans ses enfans l'hérédité de cette même puissance spirituelle, attachant l'orthodoxie à cette succession légitime des imans ou de la famille de Mahomet. Les Ommiades au contraire, héritiers de la puissance réelle des premiers califes, n'ont cessé d'excommunier et de maudire solennellement les Alides, leurs partisans et la mémoire de leur chef, de persécuter et de détruire par toutes sortes de violences la famille de leur prophète et les restes des Haschémites. Jusqu'à ce qu'un siècle après, les Abbassides qui sortoient de la même tige qu'Ali et qui étoient une branche des Haschémites, s'étant emparés du califat sur les Ommiades affoiblis par les dissentions civiles, ex-

(656-661.) communièrent ceux-ci à leur tour dans les temples de leur dépendance, et firent écrire cet anathême aux portes de toutes les mosquées. Mais le parti d'Ali se divisa en une multitude de sectes, toutes également opposées à celle des Sonnites ou Traditionnaires qui les anathématisent encore comme impies et schismatiques. Dans cette constitution singulière de l'Arabie, les révolutions des familles et des tribus, de leurs alliances et de leurs clientèles, ont fait aussi les révolutions publiques. Bien que, après la ruine des Ommiades, ce ne fussent point les descendans même d'Ali, mais une autre branche de la même famille d'Haschem, celle des Abbassides, qui parvint au califat, toutefois les Alides s'étant relevés en divers temps, excitèrent autant de fois de grands troubles dans l'Islamisme. Ils fondèrent même des États en Asie et en Afrique, dont le plus illustre a été celui des Fatimites d'Égypte qui se vantoient de descendre d'Ali par Fatime, fille aînée de Mahomet.

666.
Ibidem.

Ali laissoit de Fatime deux fils, Hassan et Houssaïn. Ses partisans et ses soldats élevèrent le premier à la place de son père. Hassan fut reconnu calife dans l'Irak, la Perse et l'Arabie. Mais ce jeune prince, vertueux et modeste, et qui n'avoit point hérité de la valeur de son père, qui d'ailleurs ne voyoit répandre qu'avec horreur le

sang des Musulmans, étoit peu propre à soutenir (661.)
la fortune d'Ali et à lutter contre celle de Moavie, au milieu sur-tout des discordes qui avoient
agité les terres de sa domination, parmi les trahi-
sons des Irakiens dont son père avoit failli être
victime. D'un côté les amis, les compagnons
d'Ali le pressoient d'employer à la ruine de l'usurpateur, au maintien de leurs suffrages, une armée florissante que son père lui avoit laissée et
que ce grand homme n'eût point sans doute rendue inutile : de l'autre, les Irakiens ne montroient que mécontentemens et inconstance; ils
témoignoient assez hautement qu'ils étoient las
de soutenir les prétentions de la maison d'Ali.

Cependant les corps avancés des deux armées
parurent en présence et engagèrent même quelque escarmouche. Mais sur les entrefaites, une
nouvelle sédition des Irakiens éclata dans Madaïn ou Ctésiphon, ville de Perse. Hassan vit sa
tente pillée et courut risque de la vie. Cet événement ayant fortifié ses dégoûts, il pensa qu'il
ne pouvoit rien faire de plus pieux et de plus
utile pour les Musulmans que de céder le suprême
pouvoir au plus ambitieux plutôt que de soutenir la légitimité de ses droits au prix du sang des
Fidèles. Presque abandonné par les Irakiens, il
traita avec Moavie. Il le reçut dans Cufa, résigna
entre ses mains le califat, lui remit en présence

(661.) du peuple son autorité et ses provinces; puis après avoir reproché aux habitans de Cufa leurs fréquentes infidélités, l'abandon qu'ils avoient fait d'Ali et de lui-même malgré tant de promesses et de sermens, il sortit de cette ville au bout de six mois de règne, et se retira à Médine. Il y mena une vie privée, tout occupée d'œuvres de piété et du soulagement des pauvres. Une telle vie ne le préserva point de la haine que les Ommiades avoient vouée à sa maison, ou des ombrages qu'elle leur inspiroit encore dans cet état privé. Car l'on croit qu'il mourut neuf ans après son abdication, d'un poison que lui fit prendre sa femme subornée à cet effet par les présens de Moavie. Celui-ci désirant établir sa race dans la chaire de Mahomet, craignoit encore que les vœux des Musulmans ne se tournassent vers le fils d'Ali.

Les dissentions domestiques des Arabes avoient laissé respirer l'empire grec. Durant le règne d'Ali, ces conquérans n'avoient fait aucune entreprise importante sur les terres de l'Empire. Moavie lui-même n'étoit guère en état d'inquiéter ses voisins. Il montoit sur un trône chancelant, parmi des factions à peine éteintes et prêtes à se rallumer, entouré des haines et des ressentimens de la famille du prophète qu'il avoit abattue et qu'il avoit besoin de tenir toujours dans l'oppression de peur qu'elle ne se relevât; car elle comptoit toujours de nombreux partisans parmi les Arabes. Ce prince, dans les premières années de son règne, devoit s'occuper d'asseoir sa domination dans ces vastes provinces soumises à son seul empire, de la Perse jusqu'à l'Afrique, plutôt que de chercher à entreprendre de nouvelles conquêtes et à étendre ses armes au dehors. On regarde Moavie comme le chef de la dynastie des Ommiades, quoique Othman fût aussi de cette maison, parce qu'il transporta l'autorité pontificale et royale, de la maison des Haschémites où Mahomet l'avoit fondée et dont Ali étoit l'héritier (les deux seuls Haschémites qui y parvinrent) dans celle des Ommiades où elle resta environ cent ans. Ce prince fixa le siège du califat à Damas qui conserva cette prérogative sous les Ommiades, comme Médine en avoit joui sous les premiers califes.

Moavie pensa donc d'abord à s'établir solidement dans des provinces long-temps agitées, principalement dans l'Irak et la Perse qui avoient été le siège de la domination et le centre des forces de son prédécesseur. Il réprima par la sévérité du gouvernement les esprits inquiets des Irakiens, étouffa par les armes les mouvemens des Kharégites, ces sectaires fanatiques et dangereux qu'Ali avoit une fois domptés. Fidèle à la loi que le besoin de leur sûreté fait aux usurpateurs, il chercha tous les moyens d'opprimer les partisans de ses rivaux ; il proscrivit la maison d'Ali, envoya dans les provinces des agens de sa proscription pour faire la recherche des fauteurs de cette maison et les mettre à mort. Si dans la dispute du califat et lorsqu'on avoit les armes à la main, il avoit fait des exécutions sanglantes en Arabie, parvenu au pouvoir suprême il n'épargna point la fourbe et la perfidie pour perdre les principales têtes attachées à la maison des Alides, quand il le put faire avec sécurité. Les expéditions des Arabes sur les terres de l'empire grec furent pendant ce temps, non des conquêtes, mais des courses et des irruptions que les lieutenans et les gouverneurs faisoient dans les provinces d'Asie et qui n'en étoient pas moins funestes à cet empire. Ils se chargeoient de butin, enlevoient des multitudes de prisonniers et désoloient des contrées entières.

Theophan.

(665.)
Acadèm. des Inscript.
t. xxi.

Mais vers la cinquième année de son califat (45ᵉ de l'hégire, 665ᵉ de J.-C.) Moavie montra les armes arabes à l'Afrique. Ce furent, dit-on, les peuples d'Afrique eux-mêmes qui les rappelèrent, las des vexations et des tyrannies de Constant qui opprimoit et pilloit les provinces qu'il ne pouvoit défendre. Une nouvelle armée sortit d'Égypte et traversant la Cyrénaïque et la Tripolitaine, marcha sur la province d'Afrique. Elle rencontra près de Tripoli une armée grecque de trente mille hommes que Constant instruit du dessein des Musulmans avoit envoyée dans la province, lui donna bataille sur le rivage de la mer et la défit complètement. Ce succès livra aux Arabes la ville d'Usula située sur la côte de la mer en face de l'île de Cercinne ; il les mit en état de reparoître dans le pays avec plus d'avantage cinq ans après (50e de l'hégire, 670e de J.-C.) au commencement du règne de Constantin Pogonat fils de Constant. Moavie poursuivant les desseins de ses prédécesseurs, y envoya Ocba, guerrier déjà connu parmi eux par sa valeur et son zèle pour la propagation du mahométisme, avec une armée de dix mille hommes qui fut renforcée sur la route par un grand nombre de Maures, naturels du pays (autrement nommés Berbers, habitans de la Barbarie), lesquels avoient embrassé cette religion. Car il faut remarquer que la tyrannie grecque et le mauvais gouvernement de la Cour de Constantinople, ainsi que l'inimitié des naturels du pays pour les Grecs, après avoir livré l'Égypte à Amrou, servoient encore en Afrique les armes des Arabes. Les Maures avoient reparu dans le pays ; ils y avoient repris la supériorité dans le déclin et l'affaissement de l'Empire. D'ailleurs les généraux arabes, à l'exemple de leurs califes, ne s'occupoient pas moins de propager leur religion que leurs conquêtes. Missionnaires et conquérans, ils prêchoient la foi pour laquelle ils combattoient. L'armée d'Ocba pénétra jusque sur le territoire de Carthage, se répandit dans l'Afrique propre et la Byzacène, forçant tous les passages, exterminant ou faisant prisonniers les chrétiens qui lui tomboient entre les mains. Un historien grec, Théophane, dit que les Sarrasins dans cette expédition enlevèrent jusqu'à quatre-vingt mille hommes qu'ils emmenèrent en servitude. Le général arabe voulut assurer ses conquêtes en se procurant un poste qui pût lui servir de place d'armes pour contenir le pays, pour le mettre à couvert des tentatives et des insultes des flottes romaines. Il n'étoit point de meilleur moyen que celui qu'avoient pratiqué les Arabes dans l'Irak, en y plaçant des colonies qui avoient servi à l'accroissement de leurs conquêtes dans la Perse. Ce fut dans ce dessein qu'il fonda la célèbre ville arabe de Cairouan dans la province d'Afrique à quarante lieues de Carthage et à quinze de la côte où étoit située l'ancienne Adrumète; elle devint par succession de temps le siège royal et la capitale des États que les califes Fatimites conquirent en Afrique. Ocba, général des Sarrasins, ayant tracé lui-même le plan et jeté les fondemens de cette ville, une multitude d'Arabes

Theophan. p. 293.

ou de Maures vinrent y fixer leurs demeures; la ville, en aussi peu de temps que Cufa et Bassora, devint considérable et florissante. Ce général, après une expédition de cinq années, fut rappelé du commandement de l'Afrique par le gouverneur de l'Égypte qui avoit aussi dans son gouvernement toutes les terres conquises par les Arabes à l'occident.

Moavie, deux ans après sa première expédition d'Afrique (en l'an 667 qui précéda la mort de Constant), avoit tenté une entreprise non moins importante. Sapor chef des milices de l'Arménie, s'étoit soulevé contre l'empereur Constant. (Car malgré la révolte de Pasagnathès et les courses victorieuses des Arabes, l'Empire n'étoit pas encore dépouillé, du moins entièrement, de cette province.) Sapor avoit appelé à l'appui de sa rebellion les armes arabes. Il avoit promis au calife que si par son secours il parvenoit à se rendre maître de l'Empire, il le lui rendroit tributaire. Moavie avoit envoyé des forces pour joindre au parti de Sapor. Mais le rebelle étant mort sur les entrefaites, Yézid fils de Moavie qui commandoit les troupes de son père, n'en avoit pas moins eu l'ordre de poursuivre l'expédition. Traversant l'Asie Mineure, il avoit poussé jusque sous les murs de Chalcédoine. Les Arabes, sans faire de plus grands progrès, étoient

(667.)
Theophan.
p. 290, 291, 292.

rentrés en Syrie, chargés de butin et de captifs. Seulement ils avoient laissé dans Amorium, ville de Phrygie, une garnison qui fut quelque temps après surprise par les Grecs et passée au fil de l'épée. Malgré cet échec, une expédition qui leur avoit montré de si près les murs de Constantinople, avoit inspiré de plus grands desseins à ce peuple et élevé plus haut ses espérances.

672-679.
Theophan. p. 294, 295.
Niceph. p. 21, 22.

Dans la cinquième année de Constantin Pogonat, les Sarrasins éprouvés par tant de courses et d'expéditions aventureuses, résolurent de faire tous leurs efforts pour planter enfin l'étendard de Mahomet sur les remparts de Constantinople comme sur ceux d'Alexandrie. C'étoit leur suprême désir et le but principal de leur ambition. Mahomet et Caïs, deux capitaines Sarrasins, à la tête d'une flotte formidable et chargée de troupes, remontèrent la côte d'Asie. Caïs descendit sur les rivages de Lycie et de Cilicie; Mahomet rangeant toujours la côte, s'arrêta devant Smyrne. Ils prirent l'un et l'autre leurs quartiers d'hiver dans ces différentes stations. Cependant Constantin voyant que tout cet appareil se dirigeoit contre lui, faisoit de grands préparatifs de défense. Il armoit une flotte, fabriquoit des machines, des feux pour lancer sur les ennemis, et construisoit des bâtimens de toute espèce. Dès le printemps, l'on s'aperçut que ces précautions n'avoient point été vaines. Les deux capitaines se rejoignirent, et la flotte arabe cingla vers le Bosphore de Thrace. Elle se mit en bataille devant Constantinople et commença l'attaque. Les Sarrasins restèrent dans cette position depuis le mois d'avril jusqu'à celui de septembre, occupés à livrer à la ville impériale des assauts furieux que les habitans repoussoient avec le même courage et la même opiniâtreté. Les uns combattoient pour la ruine d'un ennemi dont toutes les forces et tout l'espoir étoient renfermés dans l'enceinte de cette capitale; les autres pour la défense de leurs foyers et de tout ce qui restoit de l'empire romain. Enfin les Grecs l'emportèrent dans cette lutte, ils parvinrent à sauver leur ville. A l'approche de la mauvaise saison, les Sarrasins levèrent le siège et se retirèrent vers Cyzique. Ils emportèrent cette place où ils prirent leurs quartiers d'hiver. Ils revinrent au printemps suivant sous les murs de Constantinople, ne se lassant pas chaque année de recommencer le siège avec la même fureur, tandis que les habitans n'étoient point las non plus d'opposer une résistance égale à l'attaque. Le siège dura ainsi sept années consécutives, de l'an 673 à l'an 679, repris à chaque printemps et interrompu aux approches de la mauvaise saison. Les Sarrasins voyant enfin que tous leurs efforts étoient vains, pen-

672-679.

sèrent à se retirer. Ils avoient fait une grande perte d'hommes devant les murs de Constantinople, et de plus ils étoient tourmentés par les maladies contagieuses. Ils remontèrent sur leurs bâtimens. Mais la mauvaise fortune qui avoit accompagné leur expédition, les poursuivit dans la retraite. Poussés par les vents contraires, battus par les tempêtes, ils furent jetés vers le promontoire de Sylée où toute la flotte échoua. Les navires étoient brisés contre les rochers ou engloutis dans la mer. On dit qu'il n'en échappa aucun. Aussi cette délivrance de Constantinople, cette ruine complète et presque miraculeuse de l'ennemi, furent-elles attribuées par les Grecs au secours divin et à la main protectrice de la Mère de Dieu. Ils croyoient à peine qu'ils eussent été délivrés d'un si grand danger, qu'ils eussent vu une armée arabe entièrement submergée comme autrefois celle de l'impie Égyptien. Mais une des principales causes de la victoire des Grecs et du salut de Constantinople, celle qui contribua le plus dans la suite à retarder la chute de l'Empire et à balancer la chance des armes, ce fut l'invention du feu grégeois dont il paroît que l'on fit usage pour la première fois à ce siège. Un habile ingénieur Syrien nommé Callinique, natif d'Héliopolis, apporta, dit-on, à Constantinople le secret de cette composition fameuse que l'on n'a pu retrouver jusqu'à nos jours. Avec ce feu redoutable, il incendioit les vaisseaux et consumoit les hommes. Les Sarrasins malheureux sur mer, éprouvèrent dans le même temps une autre infortune sur le continent. Leur armée de terre épuisée par les fatigues et les maladies, regagnoit ses foyers avec peine. Elle fut atteinte près de Cibyre par trois généraux romains que l'empereur avoit envoyés à sa poursuite, et taillée en pièces, au nombre, dit-on, de trente mille hommes.

672-679.

L'établissement des Mardaïtes ou Maronites fut encore un violent échec à la puissance des Sarrasins. Réfugiées dans les chaînes du Liban, ces familles de chrétiens, à ce que l'on croit d'origine arabe, et probablement issues des Sarrasins chrétiens de Hira, de Gassan et de l'Arabie Pétrée, s'accrurent dans ces pays déserts et montueux, au milieu des désastres de la guerre. Les divisions des conquérans Arabes qui laissoient un peu respirer les chrétiens, leur permirent de se former une retraite, d'y conserver leur liberté et bientôt de la défendre à main armée ainsi que leur religion. Il se joignit à eux une foule d'esclaves, de fugitifs, d'anciens habitans du pays qui avoient assez de courage et de générosité pour préférer une vie libre, périlleuse, la défense ouverte de leur culte et de leur patrie à cette tolé-

Goar. in Theoph. not. p. 613.

672-679. rance inquiète, exposée aux outrages, dont les Arabes les laissoient jouir au sein des villes. Mais, comme il arrive d'ordinaire dans les révolutions où l'on voit la liberté et la religion expirantes, le peu d'hommes courageux et fidèles qui restent à la patrie redoublent de forces et de dévouement pour défendre ces droits sacrés ; alors ils deviennent vraiment redoutables, ils luttent avec opiniâtreté contre un vainqueur qu'ils intimident encore : ainsi les Mardaïtes furent en Orient le dernier et le seul boulevard de l'empire romain.

679. Moavie voyant tant d'obstacles naître coup-sur-coup et sa fortune se démentir, résolut de demander la paix. Aussi superstitieux que les Grecs, mais d'une superstition moins vile et qui les portoit à l'héroïsme plus qu'à la crainte, les Arabes ne virent dans les mauvais succès qui commençoient à déconcerter leurs entreprises, qu'un ordre de Dieu qui leur enjoignoit de les suspendre. Moavie adressa à l'empereur Constantin Pogonat des ambassadeurs pour traiter de la paix. Constantin ne la désiroit pas moins vivement. Il reçut favorablement les députés, et renvoya avec eux en Syrie le patrice Jean Pizigaudès, ministre adroit et prudent qui avoit vieilli dans les affaires, pour entrer en conférence avec les Arabes et régler les conditions de l'ar-

mistice. Jean arrivé en Syrie, montra bien dans cette négociation que l'on n'avoit point eu tort de compter sur son habileté. Il obtint du calife Moavie et des émirs qui formoient son conseil, des conditions peut-être plus avantageuses que ne le faisoient espérer les derniers avantages de l'Empire et les revers des Arabes. On conclut en l'an 679, une trêve de trente ans, sous la condition que les Arabes paieroient annuellement à l'empereur un tribut de trois mille livres pesant d'or, cinquante esclaves et cinquante chevaux de belle race. Après qu'on eut signé ce traité si glorieux pour l'Empire et pour son chef, et qu'on en eut dressé deux actes pour chaque partie contractante, le patrice revint à Constantinople, comblé de présens et d'honneurs et de l'estime des Arabes.

Ce ne fut point là le seul fruit de la victoire de Constantin. L'Orient devoit donner la paix à l'Occident. Constantin, en cette même année 679, dixième de son règne, quoique ses provinces fussent ruinées et resserrées de toutes parts, parut avoir replacé l'Empire dans cet état de calme dont il avoit joui sous Héraclius après l'expédition de Perse. Les Barbares qui habitoient les bords du Danube, apprenant la nouvelle de la paix qui venoit de se conclure en Orient, crurent qu'ils n'avoient rien de mieux à faire que de

679.

la solliciter pour eux-mêmes. Ils n'espéroient plus s'enrichir aux dépens de l'Empire, lorsque Constantinople ne craindroit plus rien des Sarrasins avec lesquels ils avoient eux-mêmes quelquefois associé leurs armes. Le Khan des Avares et les autres princes des tribus septentrionales envoyèrent à l'empereur des députations avec des présens. Constantin leur accorda la paix. Il traita avec eux en maître, dit l'historien Grec, et se fit reconnoître comme tel dans les traités. Ainsi l'empire grec sembloit raffermi vers l'Orient et vers l'Occident, les peuples qui lui restoient soumis alloient enfin respirer à la faveur d'une heureuse paix dont ils ne s'étoient plus flattés depuis l'apparition des Sarrasins et les derniers revers d'Héraclius.

Theophan. p. 296.
Cedren.
Niceph. p. 22, 23.

Mais ce ne fut qu'un calme trompeur. Au moment où ces anciens ennemis du nom romain étoient désarmés, il alloit s'en présenter un nouveau. Le repos de l'Empire ne dura guère plus d'un an. Presque aussitôt après la levée du siège de Constantinople, les Bulgares le troublèrent : nation qui avoit déjà infesté les provinces romaines, mais plus célèbre par ses brigandages que par ses exploits. Nous avons rendu compte dans un des livres précédens de leur origine et de leurs progrès. Ils avoient paru sur les bords du Danube et ravagé la Thrace dès avant Justinien. Poussés par leur caprice ou

par la fortune, ces Barbares s'étoient répandus
çà et là loin de leur terre natale, tantôt poursuivant leurs ennemis, tantôt poursuivis eux-mêmes
et traînés comme sujets à la suite de leurs vainqueurs. Nous avons vu une de leurs colonies jetée
jusque sur les terres de la domination françoise,
et égorgée en Bavière par les ordres de Dagobert.
Une autre s'étoit portée à l'embouchure du Danube, d'où elle s'étoit rendue redoutable aux
provinces grecques. Ou plutôt ces peuples vaga-
bonds n'avoient point cessé de balayer les plaines
qui s'étendent du Rha ou Volga et du Tanaïs
aux bouches de l'Ister, et qui étoient foulées
depuis tant de siècles par tous les Barbares. Ainsi
ils se donnoient la main, pour ainsi dire, du lieu
de leur origine au terme de leurs conquêtes : si
l'on peut donner ce nom à la prise de possession
d'un désert faite par un peuple nomade qui y
posoit ses tentes jusqu'à ce que l'inconstance, le
manque de vivres ou la force des armes l'en fît
déloger. Les Bulgares avoient pour lieu natal ces
vastes plaines situées derrière le Tanaïs et le Volga, et où les historiens Romains placent le berceau de la plupart des peuplades asiatiques qui
inondèrent l'Empire : soit qu'en effet elles tirassent de là leur origine, soit que ce fût seulement
le point de leur passage. Car d'autres monumens
prouvent que plusieurs de ces nations arrivoient

679.

679.

sur la frontière de l'empire romain, des extrémités les plus orientales de la Scythie asiatique, et qu'elles avoient long-temps erré dans les déserts de l'Asie, comme elles firent depuis dans les campagnes d'Europe. Les Bulgares, à l'exemple des Alains, avoient dispersé au loin leur nom et leur sang, tandis qu'une partie de la nation gardoit toujours les anciennes demeures. Comme les Esclavons et les autres nomades de la Sarmatie et de la Scythie, ils avoient subi le joug des Avares qui tenoient alors la domination de ces déserts. Ils les suivoient à la guerre, partageoient leurs courses, et avoient perdu dans cette communauté de périls le droit d'errer au gré de leur seule impulsion. Tous ces Barbares conservant leurs mœurs et quelquefois leur prince sous un chef suprême, devoient tantôt se diviser en une foule de petites tribus, tantôt former une nation immense, selon que l'ascendant d'un seul chef réunissoit un plus grand nombre de ces tribus, ou que la ruine de sa domination les rendoit à leur indépendance et à leur foiblesse originelle. Voilà, comme nous l'avons vu, la cause du peu de durée de ces empires. Un prince commande quelquefois à une foule de peuplades; à leur tête, il menace au loin d'une invasion terrible : son ouvrage est ruiné à sa mort par un nouveau démembrement de ses États. C'est ce qui explique encore la force de leur impulsion et l'effet funeste de leurs conquêtes, quand il s'est trouvé un chef assez habile pour réunir sous ses lois toutes ces tribus scythes d'une origine et d'une langue communes, leur donner le mouvement et les lancer, pour ainsi dire, sur l'Asie méridionale et sur l'Europe; des Attila, des Bajan, et d'autres plus fameux dans les temps modernes. C'est enfin ce qui pourroit faire penser que ces peuplades, quoique depuis long-temps elles n'aient fait aucun de ces grands efforts qui ont étonné le monde, ne sont pas moins propres à ces invasions qu'elles le furent dans les temps anciens. Mais un grand empire établi enfin solidement par les nations sclavonnes dans ces lieux long-temps dévastés par des nomades de même sang, contient les tribus dans leur division primitive, et met obstacle ainsi à des irruptions qui ne peuvent être redoutables que par la masse de ces peuplades entassées et poussées l'une sur l'autre.

L'empire que le vieux Bajan avoit fondé s'étoit affoibli après sa mort, mais non toutefois détruit. Nous trouvons la preuve de cette décadence dans le repos que le Khan son successeur laissa à l'empire grec; d'autre part nous voyons reparoître d'anciens Barbares qui combattent et exercent le brigandage en leur propre nom, et

679. non plus sous l'autorité du prince Avare. Les Bulgares entr'autres, du moins les principales tribus de cette nation, avoient recouvré leur liberté. Par une de ces révolutions fréquentes dont nous venons de développer les causes, ils formoient du Volga au Danube, une nation aussi puissante, aussi célèbre que les Avares leurs vainqueurs, et libre désormais de leur joug. Mais le centre de leur empire et de leur population étoit alors dans l'ancienne patrie, au-delà du cours du Volga. Ils ne s'étendoient jusqu'au Danube que par leurs courses et par la terreur de leur nom, quoiqu'il restât toujours, je pense, vers l'embouchure de ce fleuve des restes de l'ancienne colonie bulgare qui s'y étoit établie vers la fin du règne de Zénon.

Crobat, prince illustre chez ses voisins et même dans l'empire grec, gouverna cette nation depuis les temps d'Héraclius jusqu'à ceux de Constantin Pogonat. Il avoit cinq fils, d'une jeunesse florissante, capables de faire respecter son peuple après lui, de succéder à la gloire que lui avoient acquise et la sagesse de son gouvernement et l'indépendance rendue aux Bulgares avec le domaine de ces déserts. Ce prince se sentant près de sa fin, appréhenda que sa nation, par l'effet ordinaire de cette inclination vagabonde, ne se

divisât de nouveau, ne retombât dans la foiblesse
qui avoit toujours suivi les dispersions de tribus, et
même sous le joug des Barbares voisins. Il appela,
dit-on, ses cinq fils autour de lui, et leur montrant l'état florissant dans lequel il les laissoit, il
leur dit qu'il ne tenoit qu'à eux de s'y maintenir,
de perpétuer sa réputation chez l'étranger, la
prospérité et la sécurité au dedans; il leur fit sentir le déplorable effet des dissentions qui avoient
ruiné tant de peuples voisins et eux-mêmes;
il les engagea à ne point perdre le fruit de ses
travaux, en replongeant la nation dans l'état
de servitude d'où il l'avoit heureusement tirée.
Car ces discordes qui aboutissent toujours à la
ruine des frères dans une hérédité ordinaire,
combien seroient-elles plus funestes dans une
succession royale? Il finit en leur recommandant
de protéger la nation contre les ennemis extérieurs; ce qu'ils ne pouvoient faire qu'en vivant
en commun dans leurs anciennes demeures, et
se tenant unis après lui comme ils l'avoient été
de son vivant. Crobat mourut après avoir laissé
à ses fils ces sages instructions.

Triste et ordinaire effet des vœux d'un père
mourant! Ecoutés avec respect, puis violés sans
retenue dès que celui qui les a dictés n'est plus.
A peine le sage roi Bulgare eut expiré, ses fils

679. procédèrent au partage de ses États. Ils en firent cinq lots, et divisèrent tout l'héritage de leur père, ou plutôt ses sujets qui en faisoient la principale partie chez un peuple porté par inconstance à changer de demeures. Ils ne prirent conseil que de leur humeur, de leurs intérêts qui ne s'accordoient plus, ou peut-être ne firent que suivre la coutume antique qui rendoit aux chefs de la nation ce qu'un seul avoit réuni. Ils résolurent de se séparer, de vivre chacun dans le domaine qu'il venoit d'acquérir avec la partie du peuple qui y étoit attachée, ou bien d'aller chercher fortune avec ses nouveaux sujets. L'aîné, nommé Batbaïas, conserva les plaines du Volga, c'est-à-dire, les anciennes demeures de la nation qui en portent encore le nom, et le siège des États de son père. Le second passa le Tanaïs et s'arrêta en face de son frère, sur la rive droite de ce fleuve, dans les plaines de la Sarmatie européenne qui dépendoient des Bulgares. Il y établit son empire. Les trois autres se rapprochèrent des frontières romaines. Tandis que le troisième des cinq frères se portoit vers l'embouchure de l'Ister, les deux plus jeunes passoient ce fleuve, après avoir traversé le vaste désert qui s'étend du Tanaïs au Danube. Le quatrième s'arrêta dans la Pannonie où il espéroit trouver des quartiers

libres. Mais il tomba avec tout son peuple au pouvoir du Khan des Avares qui dominoit dans ces contrées, et reprit ainsi avec sa colonie le joug que ses pères avoient porté. Le cinquième se repaissant des mêmes espérances, poussa jusqu'au Norique et aux Alpes : il entra dans l'Italie. Assujetti à la domination lombarde, il trouva du moins dans sa servitude l'avantage d'habiter un sol fécond, et de vivre comme tant d'autres Barbares aux dépens de l'ancienne mère du peuple romain. C'est apparemment le même prince à qui Grimoalde accorda des quartiers dans le duché de Bénévent, et dont les historiens d'Italie fixent l'établissement à l'an 667. Mais comme les historiens Grecs ont placé l'arrivée des nouveaux Bulgares sur la frontière de l'Empire, en l'an 679, il faut supposer chez les premiers quelque erreur de date. Tandis que les Bulgares épuisant leurs forces et livrés à leur génie aventurier, subissoient ainsi des lois étrangères, Batbaïas, quoique plus sage, ne trouvoit pas plus de sûreté dans la terre natale. Il se vit exposé aux insultes de ses voisins. Les Turcs Khazars dont nous avons parlé en rendant compte des expéditions d'Héraclius, vinrent fondre sur ce peuple affoibli par les migrations ; ils passèrent même, ce semble, le Tanaïs et soumirent les Bulgares des deux rives

679. jusqu'au delà du Palus-Méotis, c'est-à-dire, selon la coutume scythe, que Batbaïas et son second frère se rendirent tributaires avec leurs compatriotes. Ainsi furent vérifiées les craintes du vieux roi. Les Bulgares se virent assujettis jusque dans leurs foyers, tandis que leurs colonies errantes sur la frontière de l'empire grec tomboient sous le joug des autres Barbares qui la désoloient.

Le seul Asparuch, le troisième des cinq frères, eut une heureuse fortune. Comme il se portoit sur une terre de tout temps dévastée et où les autres Barbares ne lui disputoient rien, il rejoignit sans obstacle les hordes Bulgares qui pouvoient s'y trouver encore, fonda lui-même un empire, et se rendit à son tour le fléau des provinces grecques. Ce prince ayant passé le Borysthène et le Tyras ou Danaster, entra dans ces solitudes ravagées tour-à-tour par les Goths, les Huns, les Gépides, les Avares, les Esclavons, et enfin les premiers Bulgares. Il fixa sa demeure entre ces fleuves et le cours du Danube. Puis, remarquant un terrain défendu en front par des marécages, et des autres côtés par les eaux des fleuves qui abondent dans ces déserts, il le choisit comme une excellente barrière pour se protéger contre les ennemis qui voudroient lui nuire, et comme un fort d'où il pourroit sortir en tout temps pour porter ses brigandages au dehors, où il pourroit de même faire retraite et rapporter son butin, se retrancher en cas de mauvais succès. En effet, il assit sa domination dans le pays mieux que n'avoit fait aucun peuple jusqu'à lui. Asparuch, maître du cours du Danube, mit le pied sur les terres de l'Empire et commença à exercer impunément ses rapines.

679.

Constantin apprit avec un extrême chagrin l'établissement de cette nation. Les Bulgares lui présageoient de nouveaux malheurs. Ils venoient à l'époque la plus glorieuse de son règne, ruiner la paix qu'il avoit donnée à l'Orient et à l'Occident. Il résolut de faire tous ses efforts pour les chasser des lieux qu'ils occupoient et les renvoyer loin du cours du Danube. Il fit donc passer des troupes nombreuses dans la Thrace, arma une flotte pour attaquer ces peuples par terre et par mer. La flotte entra dans le fleuve et débarqua l'armée sur l'autre rive. L'empereur lui-même parut à la tête des troupes, il se présenta près des tentes des Bulgares. Ceux-ci qui ne s'attendoient pas à une attaque si prompte et qui n'avoient point vu peut-être l'appareil d'une armée romaine, sont frappés d'épouvante ; ils ne pensent qu'à la fuite. Asparuch les fait rentrer dans cette fortification naturelle qu'il avoit choisie pour le siège de sa domination. Ils se retranchent entre leurs fleuves et leurs marécages, bravant dans ces retraites la vaine menace de l'armée grecque, et se tenant comme des animaux féroces, aussi tranquilles dans leur fort qu'ils croient impénétrable, que craintifs au dehors où le danger se fait mieux voir.

Ils restèrent quatre jours environ dans ce retranchement d'une nouvelle espèce hors duquel ils n'osoient mettre le pied, tandis que les Grecs, saisis d'une crainte pareille, se montroient à la vue de ce repaire qu'ils mesuroient des yeux sans penser à le forcer. Cependant le Bulgare qui s'attendoit à une chaude poursuite, reprend courage. Les Grecs commencent à se fatiguer et à s'abattre. Un accident inopiné vint encore ajouter à leur frayeur et rendre la confiance aux Barbares. L'empereur attaqué d'une violente douleur de pied, fut obligé de quitter l'armée. Il remonta sur ses bâtimens légers, accompagné seulement de quelques serviteurs, et se fit porter à Mésembrie, ville maritime sur le Pont-Euxin, afin d'être plus à portée de prendre des bains. Mais avant de partir, il avoit donné ordre à ses capitaines d'inquiéter l'ennemi, d'escarmoucher autour de son camp, de le forcer par ces manœuvres, s'il étoit possible, à sortir de ses retranchemens et à combattre en rase campagne; autrement, de tenir les Bulgares étroitement bloqués jusqu'à son retour. Malgré

ces précautions, le départ de l'empereur perdit
tout. La cavalerie s'imaginant qu'il fuyoit, entraîna le reste de l'armée. Frappés d'une terreur
panique et se croyant abandonnés, les Grecs
prennent la fuite. Ils se précipitent vers la flotte
sous les yeux d'un ennemi qui craint peut-être
autant qu'eux. Les Bulgares s'enhardissent, ils
sortent en foule de leur camp, se mettent à la
poursuite des Grecs, les chargent l'épée dans les
reins et les taillent en pièces jusque sur les bords
du fleuve. Ce fut alors que les Barbares, selon
leur naturel, devenus aussi audacieux qu'ils
avoient paru timides, passèrent eux-mêmes le
Danube; ils se portèrent dans la Thrace jusque
près d'Odessus à peu de distance de Mésembrie.
Cette partie de la province qui s'étend du Danube à la chaîne de l'Hémus étoit occupée par sept
peuplades esclavonnes anciennement établies et
qui reconnoissoient apparemment la domination
romaine. Les Bulgares les soumirent. Ils pla-
cèrent dans les demeures de ces Esclavons une
portion de leur colonie afin d'occuper en tout
temps la frontière romaine; ils se dirigèrent ensuite vers la partie occidentale qui touchoit au
domaine des Avares. Ils transportèrent sur cette
autre frontière les Esclavons avec le reste de
leurs propres troupes; et s'étendant au long et au
large, ils commencèrent à piller et à ruiner les

679.

679.

villes de Thrace. Ils s'y établirent si bien que la colonie Bulgare ayant pris une assiette solide donna son nom au pays qui du Danube à l'Hémus porte encore aujourd'hui le nom de Bulgarie.

Constantin désespéra de leur arracher cette proie. Il regrettoit sur-tout de voir troubler la tranquillité de son règne qu'il avoit déjà si heureusement affermie. Il rechercha donc à prix d'argent l'amitié des Bulgares, et fit un de ces traités qui, pour avoir été tant de fois mis en usage par les empereurs, n'en étoient pas devenus moins humilians. Il assujettit l'Empire à une pension annuelle, ou pour mieux dire, à un tribut envers les Bulgares. Ce fut à ce prix qu'il obtint une paix honteuse et déshonorante de ce nouveau peuple que les Grecs méprisoient plus que tous les autres à cause de sa barbarie et de ses vices infames. Mais cette paix soulagea les provinces romaines et rassura l'Empire qui ne fut plus menacé du vivant de Constantin.

680.

Theophan. p. 299.
Cedren.
Niceph. p. 24.
Anast.
Fleury, hist. eccl. xl, 1-27.

Ce prince voulut la donner aussi à l'Église toujours agitée depuis Héraclius. Quoique Constantin n'eût point suivi les exemples de son père et de son bisaïeul, ni donné comme eux faveur à l'hérésie, elle avoit toutefois continué ses progrès sous son règne. Protégé par les patriarches de Constantinople, prenant des forces dans l'autorité de leur chaire, le monothélisme attaquoit la doctrine de l'Église avec plus d'impudence, les divisions des sièges se multiplioient, la tradition étoit menacée. Ce n'étoit point assez que les Sarrasins eussent envahi une grande partie des diocèses d'Orient, jeté une nouvelle semence de troubles entre des sièges déjà désunis pour la doctrine et contestés par différens pasteurs; qu'ils empêchassent par là que l'ordre ne se rétablît moyennant les institutions légitimes ; les chrétiens ne déchiroient guères moins l'Église par leurs disputes opiniâtres que les Sarrasins par leurs armes. L'Église d'Orient étoit tombée dans un état de délabrement d'où il paroissoit presque impossible de la tirer. Les Églises d'Occident, comme celles d'Asie, dispersées parmi des Barbares ariens pour la plupart ou même païens, s'étoient soutenues autrefois par leur fidélité et par l'invariabilité de leur doctrine. L'Orient qui tomboit aujourd'hui dans les mêmes misères, pourroit-il conserver la Foi, lorsqu'une doctrine fixe et certaine ne servoit plus de contre-poids aux désordres apportés par les armes étrangères, et à l'influence même des ennemis du nom chrétien? D'ailleurs depuis l'Echtèse d'Héraclius, depuis que les patriarches s'étoient rendus les principaux appuis de l'hérésie, les deux sièges de Rome et de Constantinople étoient devenus presque ennemis. L'attentat commis sur le pape

680.

680. Martin, les sacrilèges de Constant, avoient mis le comble au mécontentement du peuple de Rome. Quoique cette capitale n'eût point cessé de subsister sous l'autorité des empereurs et que les papes se reconnussent leurs premiers sujets, il existoit toujours un fonds d'aigreur entre l'Orient et l'Occident, un germe de dissention et de schisme que préparoit de loin la querelle du monothélisme. Constantin Pogonat sembla resserrer les liens de l'Occident et de l'Orient qui commençoient à se rompre. Ce prince favorable à l'orthodoxie s'étoit proposé d'assembler à Constantinople un concile général pour travailler à l'extinction des sectes et réconcilier les deux églises principales de Rome et de Constantinople. Il écrivit à ce sujet au pape Donus pour l'inviter à y envoyer ses légats. Ce pontife étant mort sur les entrefaites, le pape Agathon son successeur voulut donner suite à un dessein si pieux et si honorable à l'Église romaine. Il convoqua au palais de Latran un concile des évêques d'Occident pour y recueillir leurs suffrages et les envoyer à celui qui alloit s'ouvrir à Constantinople. Ce concile de Latran s'étant assemblé en l'an 679, les évêques au nombre de cent vingt-cinq, d'un commun accord, condamnèrent l'erreur des monothélites. On frappa d'anathème la mémoire des évêques défenseurs de cette secte, Cy-

rus d'Alexandrie, Sergius et Pyrrhus de Constantinople. Le pape fit porter les décisions de cette assemblée à Constantinople par trois légats qui devoient présider au concile général et qu'accompagnoient trois évêques choisis également par les prélats d'Occident pour les représenter. En effet quoique le pape et les prélats d'Occident n'y assistassent que par leurs représentans, ce concile ouvert en l'an 680, où leurs vœux et leurs suffrages furent portés, et qui fut le troisième de Constantinople, est compté pour le sixième œcuménique. L'empereur l'autorisa de sa présence. On y discuta la cause des monothélites. Quelques prélats leurs fauteurs et entr'autres Macaire d'Antioche, soutinrent l'unité des volontés. Mais ils furent condamnés par les autorités des Pères et des conciles, convaincus d'avoir dénaturé les passages des Pères sur lesquels ils s'appuyoient, et falsifié les actes même des précédens conciles. On excommunia et l'on déposa le petit nombre de ceux qui persistèrent dans leur erreur. On anathématisa également les patriarches de Constantinople depuis Sergius, qui avoient infecté leur chaire de cette hérésie. On confirma les décrets des cinq précédens conciles généraux. Les Pères de Constantinople, après avoir expliqué la doctrine de l'Église catholique sur le mystère de l'Incarnation, établirent la nécessité des deux

680.

680. natures, des deux volontés et des deux opérations dans l'unité de la personne divine. George, patriarche de Constantinople qui avoit soutenu l'erreur, fit sa rétractation en plein concile et souscrivit à ces décrets avec les autres Pères. Les actes signés des légats du saint siège et de cent soixante-cinq évêques furent reçus dans toute l'Église. L'empereur en confirma l'exécution par un édit qui ordonnoit suivant le vœu de l'assemblée, la déposition de tous les évêques qui persisteroient dans l'hérésie. Il y ajoutoit la confiscation des biens et l'exil contre ceux qui continueroient à troubler l'Église. Ce prince recueillit le fruit de ses soins dans le sein du concile même où il fut proclamé protecteur de l'Église et second Constantin. Il avoit à l'exemple de ce grand prince, apporté dans cette assemblée auguste, le zèle ardent pour l'Église joint à la docilité de la foi, défendu sa doctrine à l'extérieur et prêté à ses décrets le secours de l'autorité publique. Ainsi la chaire de Rome, sous le pape Agathon, fut réconciliée avec celle de Constantinople, toute la chrétienté parut un instant confirmée dans une seule doctrine, le peuple même de Constantinople en fit éclater sa joie comme si l'Orient et l'Occident depuis long-temps presque étrangers l'un à l'autre, et déchirés par tant de plaies que leur avoient faites l'hérésie et les Barbares, s'é-

toient trouvés tout-d'un-coup réunis dans une même foi et sous un même prince.

Le pape Agathon eut aussi la joie de voir rentrer sous l'obéissance du saint siège l'Église de Ravenne qui s'en étoit écartée dans les derniers temps comme Constantinople, et par un motif semblable, fière apparemment de la protection des exarques et d'être le siège du gouvernement de l'Italie. L'archevêque Théodore vint lui-même à Rome dans le concile de Latran, faire sa soumission qu'il avoit déjà envoyée par écrit au pape Donus. Les ordres de l'empereur Constantin eurent aussi quelque part à cette réconciliation de ces deux Églises. Les principales villes d'Italie ayant ainsi terminé leurs différends, et Pertharite prince juste et sincère n'ayant rien plus à cœur que de conserver la paix, il sembloit que cette contrée dût jouir d'un peu plus de sécurité et de repos que dans les temps qui avoient précédé. Théodore le jeune étoit alors chargé du gouvernement de l'Italie; et puisque les historiens modernes ont attaché quelque importance à la suite confuse et embrouillée des exarques, nous remarquerons en passant que Théodore Calliopas, ayant été remplacé par le patrice Grégoire, comme l'on croit vers l'an 658, ce nouvel exarque dont on ne connoît que le nom, avoit fait place au second Théodore non

680.

Anastas.

Saxius ad Sig.

moins obscur, dont on fixe l'entrée en Italie en l'an 668, c'est-à-dire dans l'année même de la mort de l'empereur Constant. Car le changement d'empereur amenoit ordinairement le changement de gouverneurs, et le nouveau prince envoyoit le plus souvent un autre lieutenant en Italie.

Ce ne furent point là les seuls bienfaits que l'Église de Rome reçut de l'empereur Constantin Pogonat. Le pape Agathon avoit demandé et obtenu la remise d'un droit pécuniaire que l'on payoit à l'empereur pour l'ordination du pontife, droit abusif et qui étoit une conséquence de celui que les empereurs avoient acquis de confirmer l'élection. Le même prince, par un rescrit impérial adressé à Benoît II, deuxième successeur d'Agathon, rétablit l'antique liberté des élections, en permettant aux pontifes élus par le clergé et par le peuple de prendre possession de leur siège sans consulter l'empereur ou l'exarque, usage qui avoit été observé, même en faveur des rois d'Italie depuis Odoacre. Mais cette liberté rendue à l'Église de Rome ne subsista qu'autant que ce prince vécut. Justinien II son fils rétablit le concours de l'autorité impériale dans les élections. On vit même les exarques profiter des divisions que l'élection des pontifes excitoit d'ordinaire entre les différens partis des citoyens, entre le clergé, les milices et le peuple de Rome ; former eux-mêmes des brigues, favoriser au prix de l'or les prétentions de leurs créatures. On vit l'exarque Jean Platyn qui succéda à Théodore le jeune en l'an 687 sous Justinien fils de Constantin, appuyer l'élection d'un prêtre qui lui avoit offert une somme d'argent, entrer dans Rome ; puis trouvant un pape déjà élu, et ne pouvant plus faire recevoir le sien, exiger de saint Sergius pape légitime, qu'il lui payât le prix de la protection qu'il avoit donnée au concurrent simoniaque ; et, sur le refus de ce saint pape, piller l'Église à l'exemple de l'exarque Calliopas, se faire livrer les dépouilles de la basilique de saint Pierre et retourner à Ravenne avec cet infame butin. Ainsi l'avidité, l'injustice, le brigandage des exarques, contre lesquels les papes étoient toujours en garde, entretenoient une extrême méfiance, une animosité couverte, mais toujours prête à éclater entre Rome et Ravenne.

Malgré un zèle si louable pour la paix de l'Église et pour l'affermissement de sa doctrine, Constantin n'abandonna point cette politique vigilante et sévère qui avoit dirigé sa conduite lors de son avénement à l'empire. Ses deux frères, Héraclius et Tibère, soupçonnés d'avoir pris part à la révolte des milices d'Asie, conser-

681.
Theophan.
p. 300.
Cedren.

voient toujours le nom d'Auguste. Constantin se défioit de leurs vues ambitieuses. Il avoit lui-même un héritier qu'il vouloit laisser seul sur le trône. Il fit déposer à ses frères le titre d'Auguste, et prit pour collègue son fils Justinien. Ce jeune empereur, âgé de douze ans, commença à régner avec son père et à faire l'apprentissage d'une autorité qu'il n'exerça dans la suite que pour le malheur public.

684. Quatre années après la convocation du concile de Constantinople, dans la seizième de son règne, Constantin renouvela la paix avec les Arabes. Ceux-ci la sollicitèrent eux-mêmes comme un remède aux plaies intestines de leur empire dont les provinces étoient désolées à-la-fois par la peste et par les incursions des Mardaïtes qui se rendoient de plus en plus incommodes. Le calife Moavie ne vivoit plus et Yézid son fils avoit pris sa place. Ayant ainsi assuré le repos des provinces qui lui restoient,

685.
Theophan.
p. 301.
Cedren.
Niceph. p. 24.

payant le tribut aux Bulgares et le recevant des Arabes, Constantin Pogonat mourut en l'an 685, dans la dix-septième année de son règne, comblé des bénédictions de l'Église dont il étoit en quelque sorte le restaurateur, titre qu'aucun empereur n'avoit ambitionné depuis long-temps, et qu'il mérita pour les biens que la convocation du sixième concile œcuménique répandit sur la Chrétienté. Il fut enseveli dans l'église des Saints Apôtres, à côté des précédens empereurs. Justinien II son fils, âgé de seize ans, succéda à son sceptre, mais non à ses vertus.

Moavie, après avoir fondé sa puissance sur la ruine des Alides, avoit formé un plus grand projet : c'étoit de rendre le califat, jusqu'alors électif, héréditaire dans sa maison. Il y parvint, en engageant les peuples, de son vivant, à reconnoître son fils Yézid pour son collègue et son successeur. Il employa à ce dessein l'or, la séduction, l'intrigue et même la contrainte. Les Syriens chez lesquels il avoit fixé le siège de son empire et qui lui étoient dévoués, lui donnèrent leur consentement ainsi que les Irakiens; mais il eut plus de peine à obtenir celui de l'Arabie. Il fallut employer la force près des habitans de la Mecque et de Médine; et même quelques chefs des grandes maisons le refusèrent constamment. Il faut compter entr'autres Houssaïn, le second fils et le seul qui restât des fils d'Ali et de Fatime. Pour conduire et mettre à fin une telle entreprise, il eut besoin sans doute d'une grande habileté : d'autant plus que les vices d'Yézid le rendoient indigne de commander au peuple Arabe. Laissant sa postérité établie dans la chaire de Mahomet, Moavie, fils d'Abu-Sofian ce prince Arabe qui avoit été le plus

<small>Elmacin. Abul faraj. D'Herbelot. Hist. univ. des Angl.</small>

grand adversaire du prophète, finit ses jours à Damas, l'an 60 de l'hégire, 680 de Jésus-Christ, après un règne de dix-neuf ans. Les Arabes ont vanté sa libéralité, sa modération et sa clémence. Mais de tels éloges ne paroissent guère convenir au persécuteur sanguinaire d'Ali et de sa famille. La perfidie des moyens qu'il fit servir à son élévation le taxe encore d'une ambition profonde à qui ces vertus apparentes cédoient sans peine. On louera plus justement en Moavie un monarque habile et courageux, guerrier et grand homme d'État. Ce fut à lui que les Arabes durent l'établissement de leurs postes et de leur marine. Nous avons vu qu'il fit l'essai de cette marine contre les Grecs, n'étant encore que gouverneur de Syrie. Les conquêtes de Chypre et de Rhodes furent le prix de ses soins pour l'agrandissement du nom musulman.

Sous ce calife, les Arabes firent aussi des progrès du côté de la Perse. Ils ne se continrent plus derrière les rives de l'Oxus. Les gouverneurs du Khorasan passèrent le fleuve, entrèrent dans la Bukharie qui fait partie de la Transoxane, battirent les Turcs et les Usbeks, habitans du pays, qui vouloient les arrêter. Ces peuples occupoient le bord oriental de la mer Caspienne. C'étoit leur patrie, connue encore aujourd'hui sous le nom de Turkhestan. Les Arabes vain-

Margin note: Académ. des Inscript.

queurs entrèrent dans Samarcande. Ce fut alors, ce semble, qu'ils firent connoître leurs armes à cette province comprise entre l'Oxus et le Jaxarte, connue sous le nom de Transoxane, qui fut possédée comme la Perse par les califes, et qui a été en divers temps le siège de plusieurs principautés Scythes célèbres dans les annales de l'Orient. Ainsi, en moins de soixante ans, les Arabes avoient fondé un empire presque aussi étendu que le fut jamais l'empire romain.

C'étoit seulement après la mort de Moavie que (680.) l'on pouvoit juger si le changement qu'il avoit introduit dans le gouvernement du peuple arabe seroit durable. Les principaux des Coréishites avoient refusé de reconnoître Yézid pour collègue et pour successeur de son père. Leur résistance pouvoit avoir une grande influence sur l'opinion publique dans Médine, la Mecque, et par-conséquent dans toute l'Arabie où ces villes dominoient, et où la famille des Haschémites étoit encore puissante. Cependant Yézid fut salué légitime calife dans la Syrie, la Mésopotamie, l'Égypte, la Perse, et proclamé aussitôt après la mort de son père.

Mais Houssaïn fils d'Ali, et Abdalla fils de Zobéir, les deux plus grands personnages de l'Arabie, qui avoient rejeté le vœu de Moavie, s'obstinèrent à ne point reconnoître son fils.

Yézid donna ordre au gouverneur de Médine d'arrêter les deux mutins. Ils s'échappent de Médine, se retirent à la Mecque, et entraînent dans leur parti ces deux cités où l'on refuse le joug des Ommiades.

Yézid ne fut point reconnu non plus dans une partie de la province d'Irak qui avoit été le centre de la puissance d'Ali. Cette province et particulièrement les colonies de Cufa et de Bassora, dominoient sur la Perse dont elles avoient fait la conquête; elles balançoient à elles seules, pour ainsi dire, les forces de l'empire musulman. Les Cufiens en particulier avoient été d'un grand secours à Ali. Ils l'avoient fait triompher de ses ennemis, tant qu'ils avoient soutenu ses prétentions. Bien qu'ensuite ils l'eussent abandonné, ils conservoient toujours une grande vénération pour la mémoire de ce prince; ils préféroient, ainsi que l'Arabie, la domination des Alides et de la famille de Mahomet, à celle des Ommiades que soutenoit au contraire de toutes ses forces la Syrie où ils avoient fixé le califat. Les Cufiens, apprenant la fuite de ces deux personnages, invitèrent Houssaïn à se rendre chez eux; ils l'assurèrent qu'il releveroit facilement le parti d'Ali avec tant de vieux soldats affectionnés à sa maison. Ils offrirent de le reconnoître pour légitime calife, de défendre ses droits, de se déclarer ouvertement contre Yézid qu'ils avoient toujours regardé comme usurpateur ainsi que la maison des Ommiades, malgré leurs injustes succès. Ces deux chefs se résolurent donc à suivre leur fortune et à disputer à Yézid le califat jusqu'à la mort. Houssaïn ouvrant son cœur à de grandes espérances, se flatta de ressusciter le parti de son père dans l'Irak. Il se disposa à partir pour Cufa. D'un autre côté, Abdalla qui ne pouvoit prétendre à l'autorité suprême tant que le fils d'Ali vivroit, Abdalla qui venoit de battre et de faire prisonnier son propre frère que le gouverneur de Médine avoit envoyé contre lui, resta dans la Mecque où étoient les forces de sa faction : il y attendit les événemens.

Cependant les amis d'Houssaïn le supplioient de ne point remettre sa cause à la légèreté d'un peuple qui avoit trahi son père et son frère, qui l'abandonneroit lui-même au premier revers; à attendre du moins que les résolutions des Irakiens parussent affermies, et non point seulement l'effet d'un premier mécontentement ou d'un mouvement tumultuaire. « Déjà même, disoit-on, l'indiscrétion qui accompagne toujours une conjuration populaire avoit fait éclater le secret. Yézid instruit des offres des Cufiens et du projet d'Houssaïn, avoit envoyé à Cufa des troupes avec un nouveau gouverneur, le plus grand ennemi des Alides. Les mouvemens de l'Irak, ajoutoient les plus prudens, seroient aisément réprimés par les mesures d'Yézid et par la vigilance de ce gouverneur, digne serviteur d'un tel maître. Les Cufiens surpris et prévenus le laisseroient faire, s'ils ne l'aidoient même à perdre la famille d'Ali. Houssaïn ne pourroit éviter de tomber dans ces pièges ; il seroit infailliblement victime de l'inconstance et de la perfidie bien connues des Irakiens, de la cruauté d'Yézid et de sa propre imprudence, s'il se fioit trop légèrement à la voix trompeuse de la faveur populaire. »

Houssaïn fut inflexible. Il s'échappe de la Mecque avec sa famille, ses femmes, ses enfans, environ soixante cavaliers, la plupart ses parens et ses amis, et cent hommes d'infanterie arabe qui lui servoient d'escorte. Avec cette petite troupe, il traverse le désert et dirige sa marche vers Cufa. Il arrive ainsi jusque dans les campagnes de l'Irak. Mais il n'avoit pu dérober sa marche au nouveau gouverneur. Celui-ci avoit envoyé des troupes à sa rencontre, tandis que la ville bien contenue ne pouvoit faire aucun mouvement en faveur du fils d'Ali. Houssaïn se vit surpris et investi tout-à-coup par cinq mille chevaux.

Dans cette extrémité, il recueillit tout son

courage. Il pouvoit encore sauver sa vie en reconnoissant Yézid pour légitime calife. Mais il aima mieux mourir que de recevoir une loi qui le déshonoroit. Il fit serrer ses tentes les unes contre les autres, traça autour de son camp une espèce de retranchement et de barricade, récita les prières, et recommanda à ses gens de combattre avec courage. Il combattit lui-même avec une bravoure incroyable. Ses compagnons qui s'étoient dévoués avec lui et qui ne comptoient que sur leur désespoir, vendirent chèrement leur vie. Houssaïn périt avec tous les siens qui avoient voulu suivre son exemple, à l'exception de son jeune fils Ali et de ses femmes. Ses autres fils furent égorgés de la manière la plus barbare. Il les vit périr sous ses yeux, et sa douleur augmentant son désespoir, il fut tué lui-même en défendant encore les restes de sa vie. Houssaïn mort, on lui coupa la tête : son corps fut livré à mille outrages. Il mourut en ce combat sept fils d'Ali et trois fils d'Houssaïn. Les restes de cette famille infortunée furent amenés à Damas devant leur ennemi qui occupoit le trône sur lequel Ali et ses fils avoient dû être assis. Yézid traita la famille d'Houssaïn avec assez de générosité, et la renvoya à Médine.

Mais quoique cette fatale journée qui privoit l'Arabie de tant de chefs illustres, parût avoir détruit entièrement le parti des Alides, Yézid n'obtint point un triomphe complet, et de son vivant même la mort d'Houssaïn ne manqua point de vengeurs. La vue des femmes et du fils d'Houssaïn de retour à Médine, excita une compassion universelle. Tous les Haschémites vinrent les visiter et prendre part à leurs regrets. L'affliction de cette famille, la plus puissante et la plus illustre de l'Arabie, augmenta la haine contre les Ommiades. La fin funeste de son chef inspira une telle horreur, que les sectateurs d'Ali qui comptent ce prince parmi les légitimes successeurs d'Ali et de Mahomet, la célèbrent encore aujourd'hui avec des signes extraordinaires de douleur. Cependant dans Médine, on relève les circonstances de cette mort, on peint le dévouement d'Houssaïn, sa grandeur d'ame, la cruauté des Ommiades qui ont persécuté jusqu'à extinction les petits-fils de Mahomet. La religion se joint à l'esprit de vengeance et échauffe encore les esprits. On déteste la conduite d'Yézid, successeur lâche et indolent des califes, livré au vin et à la débauche; et non moins ennemi de la loi du prophète que de sa maison. Abdalla profite de ce mouvement des esprits, et lui-même l'accroît. Seul, il avoit appris sans beaucoup de douleur la mort d'Houssaïn qui le délivroit d'un concurrent redoutable. Car dans les vues que cet ambitieux avoit formées sur le califat, il ne pouvoit réunir les vœux de la multitude tant que le fils de Fatime vivroit. Mais alors ce fut sur lui seul que se tournèrent les yeux des Médinois et des Mecquois. Les habitans de Médine éclatent, ceux de la Mecque suivent leur exemple. On chasse de Médine tous les Ommiades. On renonce hautement et en pleine mosquée à l'obéissance d'Yézid, et on proclame Abdalla calife. Les provinces de l'intérieur de l'Arabie semblent disposées à suivre ce mouvement des deux principales villes.

A ces nouvelles, Yézid fit marcher sur l'Arabie une armée composée de troupes syriennes. On somme les habitans de Médine de rendre leur place. Sur leur refus, on l'assiège. Malgré la défense courageuse des habitans, elle est enlevée d'assaut, pillée durant trois jours; la sépulture du prophète est profanée : on passe au fil de l'épée tout ce qu'on rencontre. On permet aux soldats de prendre mille femmes enceintes pour leur part du butin. Les troupes marchent ensuite sur la Mecque où Abdalla s'étoit renfermé et fortifié. Cette ville est battue rudement; une partie du temple de la Caaba est renversée, l'autre brûlée; et il semble que les Musulmans vont porter dans le sanctuaire même de leur religion la flamme qui a ravagé les provinces chrétiennes, lorsque la nouvelle de la mort d'Yézid interrompit le siège, sauva Abdalla, et lui valut même l'empire.

Les troupes syriennes elles-mêmes le lui offrirent. Ces soldats qui étoient venus le combattre, ne virent d'abord que lui qui fût digne du califat par sa haute réputation. Mais Abdalla n'osa se fier à eux; et se reposant entièrement de sa fortune sur sa faction d'Arabie, il la manqua en effet. Les Syriens sans parti, sans dessein, levèrent le siège de la Mecque et retournèrent à Damas.

684. Le règne d'Yézid avoit duré un peu plus de trois ans. Sa mollesse et son impiété concoururent non moins que l'amour qu'on portoit à la maison d'Ali, à faire revivre ce parti et à troubler le musulmanisme. Sous ce règne, les armes musulmanes firent du progrès au dehors. Les gouverneurs du Khorasan repassèrent l'Oxus, reparurent devant Samarcande dont ils mirent le prince à contribution, marchèrent sur les Turcs, prirent Khovarasme leur capitale, conquirent ce royaume fameux dans l'histoire orientale par la dignité et les grandes actions des conquérans Tartares qui l'ont occupé dans la suite, et s'établirent solidement dans la Transoxane.

Après la mort d'Yézid, Abdalla délivré des armes syriennes, se fit reconnoître dans toute l'Arabie, dans l'Irak dont dépendoit la Perse, dans l'Égypte et même dans une partie de la Syrie, c'est-à-dire, dans toutes les provinces de l'empire, à l'exception de la Syrie et de la Palestine. Mais les Syriens dont il avoit refusé les offres, donnèrent pour successeur à Yézid, Moavie II son fils. Celui-ci, trop modéré, ou ne se sentant point assez de valeur pour porter le poids des affaires au milieu des troubles auxquels l'Etat étoit en proie, abdiqua après quelques jours de règne. Les Ommiades intéressés à ne point laisser prévaloir les vengeurs d'Ali, et profitant de la faveur des Grands de Syrie qui vouloient maintenir chez eux le califat, procédèrent à une nouvelle élection (en l'an 65 de l'hégire, 685 de J.-C.). Ils firent tomber le choix sur Mervan, prince de leur maison, qui fut le quatrième des califes de Syrie. Mervan, déjà avancé en âge, voyant la révolution qui éclatoit dans toutes les provinces de l'empire en faveur des Alides, avoit d'abord été tenté de reconnoître Abdalla; puis se sentant appuyé par tout le parti des Ommiades, dont Abdalla avoit juré la perte et qu'il avoit même proscrit dans l'Arabie, il résolut, comme celui-ci, de poursuivre la fortune qui paroissoit lui sourire. Il se mit à la tête des Ommiades, battit le parti syrien d'Abdalla, se rétablit en possession de toute la province. De sorte que l'empire musulman se trouva encore une fois divisé en deux grandes factions, dont l'une tenoit pour Abdalla qui s'étoit proclamé le vengeur des Alides quoiqu'il ne fût pas de leur sang; et l'autre pour Mervan, le nouveau chef des Ommiades. Ce calife s'apprêta à disputer les autres provinces à son rival.

Il commença par porter ses armes vers l'Égypte qui avoit été, pour ainsi dire, une dépendance du califat de Syrie, depuis qu'Amrou devenu lieutenant de Moavie, avoit reconquis cette province sur Ali. Mervan marcha sur l'Égypte, il en chassa le gouverneur d'Abdalla, fit reconnoître son autorité dans le pays, et y laissa son fils Abdalaziz pour le gouverner. Il dissipa à son retour une armée qu'Abdalla avoit envoyée pour le poursuivre, et rentra en vainqueur dans la Syrie.

Cependant les sectateurs d'Ali se réveilloient dans l'Irak. Ces peuples toujours inquiets et toujours attachés au sang de ce grand prince, ne pensoient maintenant qu'avec douleur au triste sort de Houssaïn, de tant d'enfans de Mahomet et d'Ali qu'ils avoient lâchement abandonnés. Ils regrettoient le sang d'Ali, ils cherchoient le moyen d'expier leur crime et de relever sa race en le vengeant. Ils n'avoient pas attendu la mort d'Yézid pour faire leurs préparatifs. Au moment où Mervan parvint au trône, une conjuration étoit déjà toute formée. En réfléchissant sur les troubles naissans du musulmanisme, on s'apercevra facilement que la foiblesse et la division du califat venoit de ce que la famille de Mahomet n'avoit point été directement appelée à lui succéder. Les Ommiades ayant prévalu, avoient cru ne pouvoir s'établir solidement que par la ruine entière de la maison du prophète. Mais d'un autre côté, Ali et ses successeurs, descendus des anciens souverains de la Mecque fondateurs de la réforme de l'Arabie, et qui joignoient à ce titre celui d'héritiers du prophète, avoient cru que la puissance suprême leur appartenoit comme un bien héréditaire. Cette famille ne pouvoit qu'être chère à une grande partie du peuple arabe; elle ne devoit point manquer d'amis dévoués pour soutenir sa cause. Ainsi la division si prompte du califat devoit se perpétuer à jamais et diviser aussi le musulmanisme. Il faut dire pourtant que le plus grand nombre des partisans d'Ali agissoient et remuoient sans un objet bien fixe, sinon de venger la mort d'Houssaïn, ou, comme s'expriment ces peuples, de demander le sang d'Houssaïn; car ils n'avoient alors personne de sa famille qu'ils pussent mettre à leur tête. Ils vouloient seulement expier leur crime envers lui, en poursuivant les auteurs de sa mort par une ardeur de vengeance naturelle à l'enthousiasme extraordinaire de ces peuples, et pour obéir à une loi tout-à-fait conforme aux mœurs des Orientaux. Les conjurés, au fond également ennemis des deux califes, et qui ne reconnoissoient ni celui d'Arabie ni celui de Syrie, mais seulement la maison d'Ali, s'occupèrent de faire des prosélytes. En peu d'instans, ils montèrent à un nombre considérable, de Cufiens principalement. L'on convint de former une armée pour marcher en Syrie et venger sur ces Ommiades abhorrés le sang d'Houssaïn et des Alides. Ce n'étoit donc point l'intérêt d'Abdalla ni le soin de défendre sa cause contre les Ommiades, qui les armoient, mais la vengeance d'Houssaïn. Leur nombre s'élevoit jusqu'à seize mille hommes.

C'étoit avec cette armée qu'ils se disposoient à agir. Mais dans un parti sans chef suprême, il ne pouvoit qu'exister une grande désunion. Il s'éleva différens chefs de faction, entr'autres Moktar, qui devint bientôt le plus redoutable de ces capitaines, et versa des flots de sang pour venger les Alides; mais qui n'étoit point encore assez accrédité dans l'Irak. Les plus fanatiques se rassemblèrent au nombre de quatre mille. Cette foible troupe de conjurés se mit en marche, seulement afin de se dévouer avec le martyr Houssaïn, et s'il le falloit, d'éteindre leurs remords dans leur sang. Ils se dirigent vers la Syrie. Arrivés près du lieu où succomba Houssaïn, ils se prosternent au tombeau du martyr, en poussant des cris et des hurlemens de douleur, et le suppliant de leur pardonner. Puis se relevant avec une nouvelle rage, ils poursuivent leur marche, entrent dans la Mésopotamie, où ils sont rencontrés par les lieutenans de Mervan. Ils combattent avec la même fureur et avec aussi peu d'espoir qu'Houssaïn et ses compagnons, et sont massacrés.

Ainsi se relevoit le parti d'Ali, lorsque Mervan mourut avant d'avoir achevé une année de règne. Ce calife déjà âgé lorsqu'il parvint au trône, s'étoit engagé avec les Ommiades qui l'avoient fait élire, à laisser le califat à Chaled fils d'Yézid, alors trop jeune pour y prétendre. Il avoit épousé la mère du jeune prince, veuve d'Yézid, pour mieux lui assurer cette succession. Puis le désir naturel dans un monarque de laisser sa postérité sur le trône l'ayant porté à violer ces conditions, il avoit fait, comme Moavie, reconnoître son fils Abdul-Mélic pour son successeur. Mais la mère de Chaled vengea l'affront de son fils en empoisonnant son époux. Cependant Abdul-Mélic, reconnu par les peuples, prit les rênes du califat de Syrie : il se montra bientôt digne du pouvoir suprême.

Tels étoient les mouvemens qui agitoient les deux grands empires de l'Orient, jusque vers l'an 685, époque de la mort de Constantin Pogonat et de l'avénement du calife Abdul-Mélic. Entraînés par l'enchaînement des faits plus que par l'ordre des temps, nous avons suspendu pour continuer ce récit, les affaires des Francs depuis l'an 664, qui fut celui de la retraite de la reine Bathilde. C'est ici que cesse cet état de paix intérieure que Clotaire II avoit établi dans les Gaules après la ruine de ses rivaux, et qui avoit subsisté malgré quelques orages et bien des violences privées, durant environ cinquante ans. Cette époque marquée par cinq minorités est le temps de l'accroissement des maires. Au ministère d'Ébroïn commence une nouvelle période de troubles et d'agitations semblable à celle que le fils de Frédégonde avoit fermée, et qui se termine par la chute du trône des Mérovingiens.

664 670.
Vit. S Leodeg.
anct. anonym.
5.

La retraite de Bathilde avoit laissé le royaume de Neustrie à la merci du maire Ébroïn. Cet homme féroce donna libre carrière à son arrogance et à tous ses vices. Bien qu'il eût été, sur la fin de la régence de Bathilde, foiblement contenu par l'autorité de cette reine, il jeta tout-à-fait le masque et montra que son dessein n'étoit point seulement de ne reconnoître pour loi que ses passions, de commettre impunément

toutes sortes de violences, mais de se rendre
seul arbitre du gouvernement, de régner despotiquement et à sa fantaisie, sans le concours des
ordres qui assistoient le roi dans sa justice. Il
méprisa le conseil des Leudes, il insulta les droits
publics, attaqua ouvertement les privilèges des
Grands. Jusque-là il avoit bien satisfait ses inimi-
tiés particulières; mais l'on pouvoit croire encore
que c'étoient là de ces attentats privés dont le
but, quoiqu'on eût pu déjà l'apercevoir, étoit
couvert par la barbarie des mœurs et par l'inconsidération ordinaire des François. Il entreprit
alors de ruiner les Grands en commun, sans renoncer pourtant à exercer une vengeance plus
cruelle contre ses ennemis. Saint Léger, évêque
d'Autun, étoit un des membres du conseil chez
lequel il avoit trouvé le plus de résistance à ses
mauvais desseins. A une sainteté pure, à une
vertu douce et patiente, ce prélat joignoit un
zèle intrépide qui lui avoit fait braver en toute
occasion les menaces d'Ébroïn, lorsqu'il s'étoit
agi du bien de l'État. Digne conseiller de Bathilde, il avoit fait avec la pieuse reine le seul
obstacle aux passions effrénées du maire. Ébroïn
resté maître, s'attacha avec toute la force de
son animosité, à la perte du prélat. Dans le
dessein qu'il avoit formé de détruire les droits de
l'État, il voulut commencer par la ruine des

Leudes de Bourgogne. Ainsi, en même temps qu'il se débarrassoit du prélat, il écartoit la moitié du conseil ; soit qu'il crût que les seigneurs neustriens ne murmureroient point tant qu'ils ne seroient pas eux-mêmes attaqués, qu'ils verroient sans défiance la ruine des Bourguignons, se réjouiroient peut-être de l'humiliation de ces voisins, la plupart d'un autre sang et dont la patrie recevoit depuis quelque temps des lois du palais de Neustrie ; soit qu'il n'osât attaquer à-la-fois tout le conseil, et qu'il voulût d'abord éprouver sur les Bourguignons ce qu'il pourroit faire contre les Neustriens. Ébroïn fit donc rendre un édit par lequel il interdisoit l'entrée du palais à tous les Bourguignons, à moins qu'ils ne fussent mandés de son autorité. Cet édit tyrannique qui privoit les François d'un droit dont ils jouissoient de tout temps, d'entourer la personne du prince, de l'assister de leur conseil dans la paix comme de leurs bras dans la guerre, étoit une tentative inouïe jusqu'alors, un attentat qui attaquoit dans leur principe les mœurs publiques et les droits sacrés de la nation auxquels toute l'audace des maires et de Grimoalde lui-même n'avoit point encore porté atteinte. Aussi cet édit jeta la consternation dans la Bourgogne. L'on s'attendoit que le maire, après s'être emparé seul de la personne du prince qui ne pourroit plus entendre le cri des peuples, alloit poursuivre le sang et les biens de ceux qu'il avoit exclus de son autorité privée de la présence du souverain. Les choses en étoient à ce point lorsque le jeune Clotaire, l'aîné des fils de Bathilde, aussi obscur que son père Clovis, mourut d'une fièvre violente à l'âge d'environ vingt ans, six ans après la retraite de sa mère, dans la quatorzième année de son règne. Dans cet intervalle, le maire avoit comblé la mesure, il s'étoit abandonné sans retenue à toutes ces passions furieuses dont la présence et l'autorité de la reine avoient quelque temps arrêté le débordement.

Que si l'on s'étonne que des seigneurs si inquiets et qui n'avoient pu supporter l'autorité de leurs rois, eussent permis aux maires d'en usurper une bien plus redoutable ; on le concevra facilement en considérant les effets naturels de la passion humaine et l'aveuglement qu'elle produit. Ces seigneurs crurent sans peine qu'un pouvoir dont ils investissoient leur chef, leur protecteur, un Grand choisi parmi eux, en humiliant l'autorité royale tourneroit à leur propre avantage et les maintiendroit libres de cette autorité. Jusqu'à ce qu'enfin ils s'aperçurent que le pouvoir des maires s'étoit réellement substitué à la majesté royale, et que la noblesse n'étoit plus libre de s'en affranchir. D'ailleurs on ne

664-670.

670.
Id. ibid.
Fredeg. cont. 93.
Gest. Reg. Franc. 45.

peut douter que ces magistrats ne fissent d'abord une sorte de partage et, pour ainsi dire, un démembrement de la puissance publique avec les Grands en favorisant leurs usurpations et l'indépendance qu'ils affectoient dans les provinces et dans leurs terres. Ce fut vers ce temps que les comtes et les ducs qui étoient des magistrats révocables, pouvant braver sûrement l'autorité publique, prorogèrent à leur gré la durée de leurs gouvernemens; qu'ils cherchèrent pour la première fois à se les rendre propres comme un patrimoine. C'est ce qui est prouvé par l'ordonnance que publia peu après Childéric II frère de Clotaire, laquelle ne nous est point parvenue, mais dont les historiens font mention. Ce prince ordonna que les gouverneurs des provinces et des villes ne pourroient dorénavant se perpétuer dans les commandemens qui leur étoient confiés. La noblesse instruite par la tyrannie d'Ébroïn sollicita elle-même cet édit, comme nous le montrerons tout-à-l'heure, de peur que cette indépendance des gouverneurs ne leur servît de degré pour aspirer à la même tyrannie sur tout le corps de l'État. On croira aussi sans peine qu'au milieu de ces troubles et sous la protection des maires qui autorisoient tous les désordres par ambition, les domaines de la couronne, les revenus des églises, les territoires des voisins, que tous les droits enfin furent envahis, brouillés et confondus; la propriété incertaine et toujours contestée. Comme chacun tendoit à se rendre plus puissant et à usurper de nouveaux droits, soit publics ou privés, réels et pécuniaires, c'est principalement, je pense, à cette époque que l'on doit rapporter l'établissement de la plus grande partie de ces justices patrimoniales dont nous avons déjà parlé au sujet de l'édit de Clotaire II fils de Chilpéric. Elles se formoient peu-à-peu dans les grandes terres qui appartenoient aux églises et aux Grands, aux dépens de l'autorité des ducs et des comtes et par conséquent de celle du roi dont ces magistrats étoient les lieutenans militaires et civils. Mais ce nouveau droit dont les seigneurs et les évêques s'étoient insensiblement emparés, soit pour étendre leur crédit, soit pour percevoir les amendes et les émolumens de la justice, s'exerçoit peut-être au nom du roi; les justices n'étoient point encore des seigneuries telles qu'on les vit établies dans la suite; les Grands investis du droit d'élire et d'instituer les juges ne pouvoient, je pense, lever ni armer les hommes soumis à leur juridiction qui n'étoient point leurs serfs, quoiqu'ils se servissent de ceux-ci dans leurs querelles particulières et même contre le roi. Nous en avons vu plusieurs exemples, notamment celui d'Ursion et Berthefroi. C'étoient

670.

de simples domestiques et non des vassaux, que ces seigneurs armoient dans leurs propres démêlés pour la défense et pour l'attaque, par un droit privé et presque aussi ancien que la nation. Nous indiquerons dans la suite comment ces droits s'étendirent, se fortifièrent et formèrent des espèces de souverainetés. J'ai déjà rapporté sur le témoignage de saint Ouen, que Dagobert I, à la demande de saint Éloi, avoit accordé à l'Église de Tours la faculté d'élire le comte de cette ville. Ce passage, si l'on en accorde l'authenticité que l'on peut toutefois contester avec fondement, nous doit faire penser que les seigneurs ne possédoient que ce droit d'élection avec les revenus de la justice, laquelle étoit exercée pour le roi et en son nom, sur-tout lorsqu'il s'agissoit d'un titre aussi éminent que celui du comte. Autrement comment supposer, à moins d'une foiblesse bien étrange qui n'étoit point encore arrivée à son terme et d'une révolution totale dans le gouvernement, que les rois se fussent dépouillés eux-mêmes de leur plus belle prérogative, qu'ils eussent abdiqué pour ainsi dire les droits de leur couronne, droits qui peuvent bien être ravis, arrachés à la foiblesse par la force ou la nécessité, mais non concédés de plein gré, comme ils l'eussent été dans l'exemple que je viens de rappeler?

Mais malgré tant d'avantages que les seigneurs avoient trouvés dans ces désordres et ces usurpations, dans le déclin de la prérogative royale, le dernier maire avoit porté trop loin l'abus de son autorité pour qu'on l'en laissât jouir bien longtemps. Son nouvel attentat avoit soulevé contre lui la plus grande partie de la noblesse. Elle avoit bien pu lui pardonner des violences conformes au génie de la nation, dont eux-mêmes profitoient ou qu'ils se permettoient de leur côté; une attaque ouverte dirigée contre leurs droits étoit un crime d'un nouveau genre qui devoit donner le signal à l'indignation publique. Après la mort de Clotaire qui ne laissoit point de postérité, il fallut reconnoître un de ses frères pour régner à sa place. Il sembloit que le choix de la nation, suivant ses coutumes et ses anciennes lois, dût se porter naturellement sur Thierri, le troisième des frères resté seul sans héritage. Ébroïn sûr de jouir sous un prince plus jeune, de l'autorité despotique qu'il avoit exercée sous Clotaire III, se gardoit bien de désirer un autre roi; d'appeler de l'Austrasie Childéric, le deuxième fils de Clovis, dont le gouvernement protégé par le duc Vulfoalde, se faisoit alors chérir et respecter des peuples. Il eût craint de tomber lui-même avec la Neustrie sous la dépendance des Austrasiens moins patiens peut-être que leurs

670.
Vit.S.Leodeg. auct. anon. 3, auct. Ursino, 4.

voisins et qui l'instruisoient par le sort de Grimoalde du succès qu'il devoit attendre de sa tyrannie. Ébroïn s'apprêta donc à faire couronner Thierri dont l'enfance et la foiblesse lui répondoient d'une longue domination. Il avoit besoin pour cela d'une assemblée générale des ordres de l'État. A la vérité leur concours, sur-tout dans une telle cérémonie, où tout avertit la multitude de sa force, où l'épanchement des cœurs dispose naturellement à la confiance et à l'audace, étoit à craindre pour un tyran ; mais ce concours étoit nécessaire pour faire reconnoître l'autorité du roi et par conséquent celle du maire qui alloit continuer de gouverner le palais sous un nouveau règne. Ébroïn fit donc convoquer solennellement les Grands et les prélats. On publia qu'ils eussent à se rendre à la Cour pour y reconnoître un roi et célébrer son inauguration. Déjà même plusieurs avoient prévenu cette convocation. Des Leudes de Bourgogne, quoique précédemment exclus par l'édit d'Ébroïn, s'étoient mis en route pour le palais. L'évêque d'Autun, à la nouvelle de la mort de Clotaire, étoit parti sur-le-champ avec d'autres seigneurs, comme son devoir et sa dignité l'y appeloient. Il ne croyoit pas dans cette circonstance pouvoir faire trop de diligence pour s'opposer, s'il en étoit besoin, aux mauvais desseins du maire. Mais Ébroïn qui espéroit dominer ce conseil, faire la loi aux ordres de l'État et au prince, surpris de cette affluence et fâché que son autorité eût besoin de concourir avec la leur ou même fût exposée à leur examen, indigné sur-tout de voir reparoître Léger et les Bourguignons qu'il avoit exclus, de siéger lui-même non plus comme tyran au fond du palais mais comme premier officier de la couronne dans l'assemblée légitime des Grands, voulut décider seul des droits du roi, c'est-à-dire, régner lui-même. Il repoussa les Grands qui étoient arrivés dans le palais, refusa de les assembler après les avoir convoqués et déclara qu'il n'avoit plus besoin de leur intervention. Il envoya sur les routes porter l'ordre aux Leudes qui arrivoient les uns à la suite des autres, de rebrousser chemin et de se retirer dans leurs provinces. Le roi, disoit-il, n'avoit point besoin de leur conseil pour diriger son gouvernement ni de leur autorité pour examiner ses droits.

Cet excès d'insolence révolta tous les esprits, l'indignation fut au comble. Les seigneurs qui se voyoient si indignement chassés de la présence de leur roi, jurèrent de se venger du maire. Ils résolurent de travailler sur-le-champ à sa perte. Loin que l'inauguration du nouveau prince leur fût favorable, ils virent bien qu'Ebroïn s'emparant de tout et même du roi qu'il alloit gouverner à sa fantaisie comme le reste de la nation, n'épargueroit ni leur sang ni leurs biens dont il étoit devenu maître. Ces nouvelles terreurs retraçant vivement à leurs yeux l'image du joug qu'ils avoient porté sous Clotaire, ils tremblèrent de le voir s'appesantir. Ils se réunirent donc, ils tinrent conseil, réveillèrent et aigrirent mutuellement leurs anciens et leurs nouveaux ressentimens. « Déjà le maire ne se contentoit plus d'attaquer, de ruiner l'un après l'autre tous ceux qui lui portoient ombrage. Il avoit d'abord essayé sur chaque famille ce qu'il pouvoit faire dans l'État. Régner seul à l'ombre de l'autorité royale, renverser les droits des Grands, la liberté des Leudes, les privilèges du clergé, c'est ce qu'il se proposoit aujourd'hui. Le premier de ses attentats avoit été d'exclure du palais les Leudes Bourguignons, à moins qu'ils ne s'y présentassent d'après son ordre, c'est-à-dire, pour répondre au maire, cités et interrogés par lui, comme des accusés devant leur juge. Puis il avoit enveloppé toute la nation dans la même honte par un seul édit. Ainsi pour que des François, les compagnons d'armes et les conseillers de leur roi, pussent seulement se jeter à ses pieds, il falloit obtenir la faveur du maire. Ou plutôt ils n'avoient plus à traiter qu'avec ce gardien du palais qui, comme un tuteur jaloux, cachoit le véritable maître à ses sujets. L'inauguration, cette cérémonie consacrée par leurs ancêtres, étoit devenue inutile; Ebroïn donnoit des rois aux François, il pourroit bientôt les leur ôter, être lui-même leur roi. Dorénavant, loin de paroître dans les conseils du prince, qu'ils se tinssent bien à l'abri; qu'ils s'occupassent seulement de garantir leurs biens et leurs têtes, s'ils n'aimoient mieux aller ramper aux pieds du tyran et se sauver à force de bassesses. Mais iront-ils reporter leur honte dans leurs familles, se livrer à la risée publique, attendre en tremblant les édits du tyran? Se vengeront-ils? Tout leur en faisoit un devoir. Quel que fût le prince qu'Ebroïn alloit couronner, Ebroïn lui ôtoit dès-à-présent tous ses droits en les proclamant seul. »

Cependant Ebroïn, sans s'émouvoir, sans consulter le conseil, seul, de sa propre autorité, fait proclamer Thierri, IIIe du nom, roi des Francs en Neustrie et en Bourgogne. C'étoit à Thierri en effet que ce trône étoit destiné. Mais les seigneurs outragés jusqu'au bout, ne délibèrent plus; ils brûlent de se venger, même en entraînant le frère de leur dernier roi dans la ruine de leur ennemi. Ils prennent en aversion un prince qu'on veut leur imposer par force et seulement pour servir de voile à la tyrannie. Ils s'éloignent d'Ebroïn et de Paris; et laissant le maire jouir

670.

Fredeg. cont. 93, 94.
Gest. Reg. Franc. 45.
Vit. S. Leodeg. auct. anonym. 3,
auct. Ursino, 4.

insolemment dans le palais d'un triomphe de quelques instans, ils se portent d'un mouvement unanime vers la Cour d'Austrasie. Ceux qu'un reste de terreur ou d'ancien respect pour le maire empêche de partager l'élan général, s'échappent par la fuite et gardent le silence : quelques-uns sont entraînés par une autre crainte sur les pas des seigneurs qui menaçoient avec furie tous ceux qui refuseroient de partager leur dessein et de servir la vengeance commune. Une partie des conjurés arrivent à la Cour de Childéric et l'appellent pour roi, d'autres font lever les provinces en sa faveur. Secourus des forces autrasiennes qui paroissent sur la frontière de Neustrie avec le jeune roi et le duc Vulfoalde, ils annoncent la déchéance de Thierri. La révolution fut prompte. Par-tout les seigneurs qui n'envisageoient qu'avec effroi la puissance du maire, saluèrent le roi d'Austrasie. Ebroïn abandonné en un instant de tout le monde et voyant les troupes austrasiennes pénétrer de toutes parts dans le royaume sans qu'il eût aucun parti à leur opposer, déjà peut-être enveloppé par ses ennemis, ne pensa qu'à sauver sa vie. Il se réfugia dans une église de Paris, et embrassant l'autel il attendit en tremblant le sort qui lui étoit réservé.

Mais le peuple long-temps tenu dans l'oppression, se jetoit sur les trésors du maire. On les pille, on disperse ces richesses immenses qu'il avoit grossies du sang et de la dépouille des malheureux. Cette vengeance ne suffisoit point encore. La mort du tyran étoit une satisfaction due aux Neustriens. Les seigneurs se disposoient à l'arracher de son asile, Ebroïn alloit périr, si quelques évêques, et particulièrement saint Léger, quoiqu'il eût plus qu'aucun autre à se plaindre du maire, n'eussent obtenu qu'on lui accorderoit la vie. Léger sollicita sa grâce près de Childéric qui étoit entré dans Paris avec ses Austrasiens et le duc Vulfoalde. Ebroïn lui-même, avec une bassesse d'ame digne de sa cruauté, alla se jeter aux pieds du roi, présenté par le prélat. Il supplia qu'on lui permît de choisir un exil dans quelque monastère pour y faire pénitence. On le prit, on le rasa, on l'envoya à Luxeu où il fut enfermé dans le cloître en attendant de nouveaux troubles où il pût reparoître. L'innocent Thierri partagea le sort de son ministre. Childéric, déjà maître des trois royaumes, entouré d'un parti de seigneurs encore ivres de vengeance, demanda qu'on amenât son frère en sa présence, soit qu'il témoignât par là qu'il lui accordoit sa grâce; soit qu'embarrassé de prendre une résolution, il consultât les sujets de Thierri pour les engager à y pourvoir à sa place, à consommer leur œuvre en lui remettant un trône exempt

670.

670. d'orages. Les Neustriens lui amenèrent son jeune frère, la tête rase, comme pour lui annoncer par cette flétrissure que Thierri ne pouvoit plus à jamais être leur roi. Alors Childéric se tournant vers Thierri, « Que te semble, lui dit-il, que je doive faire de ta personne ? J'ai été dépossédé du trône, répondit fièrement le prince, par le crime de mes sujets ; je remets ma cause dans les mains de Dieu et ne veux point d'autre juge. » Sur cette réponse, on l'envoya au monastère de Saint-Denis, et on le confia aux soins de l'abbé pour qu'il vécût tranquillement dans le cloître, sans porter ombrage à la domination de son frère. Ainsi Childéric, le second des fils de Clovis et de Bathilde, fut élevé sur les trois royaumes de l'empire françois. Le duc Vulfoalde qui n'avoit point pris, ce semble, le titre de maire en Austrasie, quoiqu'il en exerçât les fonctions, remplaça Ebroïn dans le gouvernement du palais de Neustrie. Il paroît même qu'il y succéda à sa charge et à son titre. On ignore quelle part eut saint Léger à cette révolution. Les contemporains ne font point mention de lui dans le mouvement qui se fit vers l'Austrasie. Mais comme la révolution étoit l'ouvrage du parti opposé à Ebroïn dont ce prélat étoit comme le chef, son autorité et son crédit ne firent que s'accroître par là dans la Neustrie et dans la Bourgogne.

Les seigneurs Neustriens et Bourguignons délivrés de leur tyran, demandèrent d'abord d'une voix unanime au nouveau roi qu'il leur donnât une garantie pour l'avenir contre de pareils abus d'autorité. Les rois élevés par leurs sujets sont contraints de composer avec les peuples. Childéric leur accorda un édit tel qu'ils le souhaitoient. Cependant il paroît que les conjurés n'exigèrent cette fois rien que de juste, et leur modération fut peut-être encore due à saint Léger. Ils demandèrent le rétablissement des lois et des coutumes qui avoient été observées avant la tyrannie des maires, avant le désordre général introduit dans l'État par le mauvais usage qu'ils avoient fait de l'autorité du prince. Cette réforme étoit alors d'autant plus nécessaire que Childéric se trouvoit établi sur trois royaumes dont chacun, soit par la démarcation fixée dans la suite des différens règnes, soit par la diversité d'origine des peuples qui le composoient, avoit acquis des lois et des coutumes particulières. Childéric donna donc au gré de ses sujets un édit par lequel il ordonna que chaque peuple, Franc, Bourguignon, Romain, suivroit exactement la loi et la coutume de ses ancêtres, telle qu'elle avoit été reconnue ou écrite, telle que les juges et les magistrats l'avoient fait de tout temps observer ; que chacun seroit jugé suivant cette loi

670.
Vit.S.Leodeg.
auct. anon. 4,
auct. Ursino,
5.

à laquelle seule ses actions seroient soumises. Que les magistrats ou gouverneurs d'une province ne s'arrogeroient aucun droit sur une autre et ne pourroient y entrer pour y exercer leurs fonctions. Cette disposition comprend apparemment encore la défense déjà faite par Clotaire II, d'instituer des juges d'une province dans une autre, ne permettant de les choisir que dans le canton ou la province qu'ils habitent. On ordonna que ces gouverneurs, ducs ou comtes, ne seroient plus perpétuels, de peur que quelqu'un d'eux, à la faveur d'une autorité irrévocable, ne voulût imiter Ebroïn et n'affectât comme lui la tyrannie. Ce qui nous fait voir qu'au mépris des anciennes lois par lesquelles les charges de ducs et de comtes étoient révocables, plusieurs avoient su profiter des troubles de l'État, de la foiblesse des rois, de la collusion des maires qui dissimuloient les tentatives des autres ambitieux afin de s'agrandir eux-mêmes; qu'ils avoient commencé à se constituer des commandemens presque indépendans et illimités. On prit des mesures pour remédier à la puissance excessive des maires; mais elles furent très foibles, ce semble, et par conséquent fort peu efficaces. Quoiqu'une partie de ces dispositions paroisse non moins favorable à l'autorité royale qu'à la liberté des peuples, la suite des événemens fit voir que le monarque ne

les avoit accordées qu'à regret. Mais la perte que
nous avons faite de l'édit empêche de connoître
à quel point Childéric fut obligé de condescendre
au vœu de ses sujets. Léger revêtu de la confiance
du roi, et pénétré de la nécessité de conserver
ces anciennes maximes qui faisoient la sûreté du
prince et celle des peuples, le repos et la bonne
harmonie des différens membres de l'État, s'attacha à rappeler les constitutions antiques, à
faire revivre les plus sages édits proclamés par les
rois au milieu des plaids, et en dernier lieu par
Dagobert, à rétablir le bon usage des lois particulières à chaque nation, auxquelles les troubles
des derniers règnes avoient porté atteinte en y
substituant la violence et la vénalité.

670.

Les soins du prélat eurent d'abord beaucoup
de succès. Le jeune roi lui témoignoit une entière
confiance et paroissoit se gouverner par ses conseils. Les suffrages des Grands, la voix des peuples concouroient à maintenir ce bon ordre. De
sorte qu'après la tyrannie violente d'Ébroïn,
chacun se félicitoit d'avoir Childéric pour roi
et bénissoit le nom de Léger à qui l'on attribuoit
avec raison les meilleures délibérations du palais.
Le roi charmé de son habileté et de sa prudence,
vouloit l'avoir toujours près de lui ; la faveur du
prélat répondoit aux peuples de leur prospérité
et de la durée d'un gouvernement aussi sage.

670-673.

Mais, comme il arrive trop souvent, le roi après avoir donné satisfaction à ses sujets, se repentit du rétablissement des lois comme d'une concession forcée qui avilissoit son autorité ou gênoit ses passions. Les mauvais conseils de quelques courtisans le portèrent à violer sans retenue ce qu'il avoit d'abord approuvé autant pour sa propre sûreté que pour le repos des peuples. Il se lassa du joug de la justice qu'il s'étoit imposé, méprisa ses propres édits, n'écouta plus que ses passions et les caprices de ses favoris. Il transgressa ouvertement les différentes lois et les coutumes des peuples qu'il avoit promis solennellement d'observer et de faire respecter aux autres. Le saint prélat s'efforça de le rappeler à de meilleurs conseils. Le jeune roi lui prêta d'abord une oreille docile; puis, emporté par la fougue de l'âge, il commença à trouver sa voix importune. D'un autre côté, la Cour étoit pleine d'hommes envieux ou qui auroient voulu renouveler les désordres, à qui la vertu de Léger ne pouvoit manquer de déplaire. Ils envenimoient l'esprit du roi, lui suggéroient des soupçons et des sujets de plainte contre le prélat. Ceux qui prenoient avec Léger ou sous sa conduite le soin de l'administration, redoutoient son intégrité ; tandis que des seigneurs qui voyoient leurs droits et ceux de l'État violés de rechef, lui attribuoient par un mécontentement réel ou par l'effet d'une jalousie secrète, les injustices du roi auxquelles il ne cessoit de s'opposer. Ils commençoient à juger qu'ils avoient peu gagné à la ruine de Thierri et à l'élévation de son frère. Dans leur chagrin, ils s'en prenoient à tout, et principalement à ceux qui entouroient le maître. La mauvaise conduite de Childéric l'avoit lui-même aliéné d'un ami qui lui reprochoit son manque de foi. En peu de temps il se forma contre Léger une cabale puissante dont le roi étoit comme le chef, quoiqu'une partie des mécontens fussent peut-être encore plus éloignés du roi que de Léger. Le prélat ne cessoit de rappeler à Childéric l'engagement qu'il avoit pris de suivre dans son gouvernement les lois de ses prédécesseurs et les coutumes des peuples qu'un long respect avoit consacrées. Toutes ces remontrances plaisoient peu à un jeune prince qui ne vouloit pour guide que sa volonté. Mais ce qui lui déplut davantage, à ce qu'on prétend, ce fut le reproche que lui fit le prélat, d'avoir pris pour femme Biléchilde fille de son oncle Sigebert et de la reine Himnéchilde, union qui étoit condamnée par les canons. Ses courtisans qui l'entraînoient au mal, ne croyant pas jouir sûrement du fruit des désordres publics tant qu'on entendroit dans le conseil la voix de Léger, l'excitoient sans cesse à se délivrer d'un censeur incommode. Le maire Vulfoalde, quoique du reste un sage magistrat, jaloux du crédit de l'évêque, d'un simple conseiller du palais, qui avoit prévalu sur le sien, et voulant peut-être ressaisir tous les droits de sa charge, se joignit aux ennemis de Léger. Mais la vénération publique dont le prélat étoit encore protégé, ne permettoit pas de précipiter les choses. Trois ans s'étoient ainsi écoulés depuis la chute de Thierri et d'Ébroïn, pendant lesquels Léger avoit d'abord fait régner les lois, puis retenu quelque temps le jeune roi sur le bord du précipice où il s'alloit perdre comme son prédécesseur, enfin lutté infructueusement contre un mal qu'on ne pouvoit plus arrêter.

SOMMAIRE

DU LIVRE DIX-NEUVIÈME.

Childéric II se rend à Autun, sur l'invitation de saint Léger, pour y célébrer la fête de Pâques. Tableau du conseil de Childéric. Irrésolution et foiblesse de ce prince. La faction du maire Vulfoalde, opposée à celle de Léger, indispose le roi contre le prélat. Léger voyant ses jours menacés, s'échappe d'Autun. Il est arrêté dans sa fuite, ramené à Autun, condamné à la réclusion dans le monastère de Luxeu. Il y retrouve Ébroïn qu'il y avoit fait renfermer. Réconciliation apparente d'Ébroïn et de saint Léger. Childéric, après l'exil du prélat, destitué de sages conseils, s'abandonne à ses passions. Son gouvernement mal-habile et tyrannique. Childéric devient odieux aux Grands. Il est assassiné dans la forêt de Livry par un seigneur Franc qu'il avoit offensé. Le maire Vulfoalde fuit en Austrasie.

Anarchie des Gaules après la mort de Childéric. Ébroïn et saint Léger sortent du cloître de Luxeu. Léger reprend possession de son siège. Se dirige sur Paris avec Ébroïn et les autres seigneurs de Neustrie et de Bourgogne, pour rétablir l'ordre dans le palais et proclamer un roi. Thierri III quitte sa clôture de Saint-Denis; il est reconnu en Neustrie. Léger rentre dans le conseil; Leudèse, fils d'Archambaud, est élu maire. Ébroïn jaloux de saint Léger, et voyant le parti du prélat prévaloir sur le sien, se jette dans l'Austrasie avec ses partisans. Il

SOMMAIRE DU LIVRE DIX-NEUVIEME.

réveille les ressentimens des Austrasiens contre la Neustrie. Refuse de reconnoître Thierri III, fait proclamer en Austrasie un enfant nommé Clovis, supposé fils de Clotaire III. Il fond sur la Neustrie avec les forces austrasiennes. Surprend la Cour de Neustrie à Nogent-sur-l'Oise. Poursuit le maire Leudèse jusqu'à Crécy en Ponthieu et le fait périr dans une entrevue. Ravage la Neustrie. Y proclame son faux Clovis à main armée. Thierri disparoît de nouveau. Ébroïn envoie un détachement de ses troupes sur Autun pour enlever saint Léger.

Les Austrasiens, mécontens d'Ébroïn, l'abandonnent. Ils rappellent d'Irlande Dagobert II, fils de Sigebert III, autrefois exilé dans cette île par le maire Grimoalde. Siège et reddition d'Autun. Saint Léger, captif des lieutenans d'Ébroïn, est condamné à perdre les yeux et renvoyé en exil. Ébroïn, rejeté par la faction austrasienne, abandonne son faux Clovis. Pendant qu'il est maître encore de la Neustrie, il rappelle le roi Thierri et reprend l'intendance du palais. Il gouverne la Neustrie et la Bourgogne sous le nom de Thierri, tandis que Dagobert reprend possession de l'Austrasie avec l'appui du maire Vulfoalde. Cruautés et vengeances d'Ébroïn. Supplice de saint Léger et du comte Guérin son frère.

Ébroïn, maire de Neustrie, renouvelle la guerre civile entre la Neustrie et l'Austrasie. Conspiration en Austrasie contre le jeune Dagobert II. Il est assassiné par les conjurés. Les ducs Martin et Pepin, petits-fils de saint Arnoul, s'emparent de l'autorité en Austrasie. La guerre civile continue. Les ducs Austrasiens sont vaincus à Lafau près de Laon. Martin s'enferme dans la place de Laon. Est attiré dans une conférence par le maire et tué par trahison sous les murs de cette ville. Pepin fuit en

Austrasie. Ébroïn, vainqueur des Austrasiens, et près d'établir sa tyrannie sur toutes les Gaules, est tué par un seigneur Neustrien nommé Hermanfroi. Pepin recueille en Austrasie les exilés et les mécontens qui ont fui la tyrannie du palais de Neustrie.

Suite des affaires d'Espagne. Mort de Sisénand, roi des Goths. Cinthila lui succède. Il assemble deux conciles à Tolède. Tulga, nouveau roi, chassé après deux ans de règne et condamné à la vie cléricale. Chindasuinthe, chef de faction, lui succède. Il règne par la terreur. Fait reconnoître son fils Récésuinthe. Huitième concile de Tolède, qui déclare la couronne élective et limite l'autorité des rois. Mort de Récésuinthe. Élection et sacre du roi Vamba. Belles qualités de ce prince. Révoltes de la Cantabrie, de la Narbonnoise et de la Tarragonoise contre Vamba. Il réprime la sédition de Cantabrie et les incursions des Gascons. Il marche sur la Narbonnoise, traverse la Tarragonoise en vainqueur. Passe les Pyrénées. Assiège Narbonne et Nîmes. Fait prisonnier dans Nîmes le duc Paul, chef des révoltés. Il triomphe dans Tolède. Il tombe malade. Nouvelle conspiration du clergé et des Grands du palais. Quiricus, archevêque de Tolède, administre au roi les sacremens et le revêt de l'habit monastique durant sa maladie. Vamba, revenu en santé, est contraint de descendre du trône et de s'enfermer dans un cloître pour satisfaire à la pénitence qui lui a été imposée. Ervige, chef de cette singulière conjuration, est reconnu roi. Il assemble le douzième concile de Tolède qui délie le peuple de son serment envers Vamba. Égica, gendre d'Ervige, lui succède.

LIVRE DIX-NEUVIÈME.

Les choses en étoient à ce point, lorsque saint Léger qui étoit retourné à Autun pour la solennité de Pâques, pria le roi de lui faire l'honneur de s'y trouver, afin de célébrer la fête avec lui dans sa ville épiscopale. C'étoit alors l'usage que les rois célébrassent cette solennité en grand appareil au milieu de leur Cour ou chez les évêques qu'ils vouloient honorer. Childéric se rendit à Autun l'esprit plein de soupçons et de défiances, et déjà déterminé à perdre le prélat. Il y trouva l'occasion qu'il cherchoit. Hector, patrice de Marseille, s'étoit rendu vers ce même temps à Autun, pour y réclamer de la justice royale l'héritage de sa belle-mère Claudia, dont celle-ci avoit disposé en faveur de l'église de Clermont, peut-être parce qu'elle ne considéroit point le patrice comme l'époux légitime de sa fille qu'il avoit d'abord enlevée. Mais saint Léger, soit qu'il trouvât la cause juste, soit qu'il n'approuvât point que l'Église s'enrichît de cette donation au préjudice des héritiers naturels, avoit pris le patrice sous sa protection. Il lui avoit donné l'hospitalité, et s'étoit à sa prière chargé de faire valoir

673.
Vit. S. Leodeg. auct. anonym. 5, 6, auct. Ursino, 5, 6.
Vit. S. Præject. inter act. SS. Bened. sec. 2.

673.

sa cause près du roi. Hector appuyé de saint Léger se présenta à l'audience royale; il y accusa saint Préject évêque de Clermont, qui avoit reçu la donation des biens de Claudia, et obtint du roi qu'il le feroit citer aussitôt à sa Cour. Préject fut obligé de donner caution de se représenter à l'audience royale, et partit pour Autun, malgré l'approche de la solennité et le regret qu'il avoit de quitter son église en cette conjoncture.

Cependant les ennemis de Léger ne cessoient d'enflammer contre lui l'esprit du jeune roi. Ils se joignirent au maire Vulfoalde pour donner des couleurs odieuses à la liaison d'Hector et de l'évêque. Ils avoient persuadé au maire que l'union de ces deux personnages, puissans par leur réputation et par leur dignité dans l'État, avoit pour but secret de ruiner l'autorité du palais pour s'en emparer eux-mêmes. Childéric déjà irrité contre Léger et qui ne cherchoit qu'un prétexte pour le perdre, quoiqu'il lui témoignât encore du respect et de la considération en apparence, accueillit avidement ou feignit d'accueillir les nouvelles impressions qu'on lui donnoit. Il résolut d'en venir aux extrémités, et de se défaire au plutôt d'un homme qu'il ne regardoit déjà plus seulement comme un censeur incommode, mais comme un ennemi caché et dangereux. Le jeudi saint, Léger reçut avis que le roi avoit résolu sa mort. Le prélat, sans se troubler et par un excès de zèle digne d'un siècle peu éclairé, se rendit le lendemain au palais, dans l'intention, puisqu'il devoit périr par l'ordre du roi, d'offrir son sang à Dieu le même jour où le Rédempteur avoit répandu le sien pour le salut du monde; et l'on rapporte que le roi transporté d'une colère violente, alloit dès ce moment le tuer de sa main, s'il n'en eût été empêché par quelques seigneurs qui l'entouroient.

L'évêque de Clermont étoit arrivé à Autun sur les entrefaites, pour y plaider sa cause devant le tribunal du roi. La défaveur de ses adversaires le servoit mieux que la bonté réelle de sa cause. Il se rendit au palais le samedi saint. Mais au lieu d'entrer en matière et de combattre la demande qu'Hector venoit de former devant le roi et sa Cour, il s'excusa, invoqua le privilège des canons et de la loi romaine, qui ne lui permettoient pas de comparoître en justice durant le temps pascal. Les seigneurs qui assistoient le roi, peu contens de cette réponse, le pressoient de se justifier. Préject forcé par leurs instances, répondit encore que les affaires de son Église, comme dépendant du royaume d'Austrasie, étoient sous la protection de la reine Himnéchilde veuve de Sigebert, à qui Childéric son gendre continuoit apparem-

673.

ment de confier en ce royaume quelque portion du gouvernement. On ne le pressa pas davantage. Childéric et la reine Blichilde lui firent même des excuses sur les fatigues du voyage auquel on l'avoit forcé dans ces circonstances, et ils le comblèrent de caresses. Bien plus, le roi voulut mortifier Léger en faisant honneur à Préject. Et comme le moment approchoit où l'on devoit célébrer la veillée de Pâques, suivant la coutume établie alors dans l'Église pour toutes les grandes fêtes; au lieu de se rendre à la cathédrale où saint Léger alloit commencer les prières publiques, il pria l'évêque de Clermont de célébrer le saint sacrifice dans le monastère de Saint-Symphorien. Ce monastère étoit alors troublé par les intrigues d'un moine factieux qui avoit formé une cabale contre son évêque, et qui s'étoit joint à ses ennemis pour le charger de calomnies. Les Grands et une partie des prélats qui avoient accompagné le roi dans ce voyage, se rendirent avec lui au monastère. Childéric assista aux prières; et, chrétien comme la plupart de ces princes Barbares qui conservoient toute la férocité de leurs mœurs quoiqu'ils suivissent à l'extérieur les lois du Christianisme, il ne craignit pas de recevoir la Communion, tout en méditant la perte du prélat dont il étoit venu, comme ami, honorer le diocèse par sa présence.

Saint Léger, de son côté, se rendit à sa cathédrale. Il entroit dans l'église, lorsqu'une personne s'approcha de lui et lui donna avis de se tenir sur ses gardes, que ses ennemis l'emportoient, et que le roi avoit résolu de le faire périr après la messe. Léger préparé à tout, ne fit paroître aucune crainte. Conservant la sérénité de son visage, il entra dans l'église, célébra les mystères au milieu de son peuple, tout occupé de la sainteté du sacrifice et sans envisager l'effet des menaces du roi. Childéric, après avoir reçu l'Eucharistie dans le monastère, étoit retourné au palais pour prendre son repas. Léger n'avoit point encore achevé les fonctions de cette sainte nuit, il étoit occupé près des fonts baptismaux (c'étoit l'usage d'admettre les catéchumènes au baptême dans cette grande solennité), lorsque le roi entra dans la cathédrale, ivre de colère et de vin. Il accouroit pour faire insulte au prélat, tandis que le peuple à jeûn vaquoit encore aux prières. Childéric entra avec bruit, appelant Léger à haute voix et troublant tous les fidèles par ses éclats scandaleux. Il pénétra ainsi jusqu'au baptistère. Le prélat, sans être interdit, répondit aux cris du roi : Me voici. Childéric frappé de la clarté des cierges, de l'odeur du chrême et de l'encens, et de tout ce saint appareil, parut saisi de respect : il passa outre sans reconnoître le prélat. Il sortit de l'église, se rendit au palais épiscopal où il avoit pris son logement. Les évêques qui avoient célébré les mystères avec Léger, retournèrent aussi dans le leur, et le peuple se retira effrayé de la fureur du roi, inquiet de ce qui se tramoit contre son pasteur.

Léger, après avoir achevé paisiblement les cérémonies, se rendit avec le même calme près du roi. Il se plaignit sans aigreur que Childéric n'eût point paru à la basilique avant les prières, et de ce qu'il conservoit son ressentiment dans une si sainte nuit. Childéric confondu par le courage du prélat et par la douceur de cette plainte, répondit avec embarras et en apparence sans colère, qu'il avoit quelque raison de se défier de lui. Mais Léger ne se méprit pas à la dissimulation de Childéric. Jugeant qu'en secret son sort étoit décidé, que ses ennemis avoient enfin entraîné l'esprit du roi, et que le moment n'étoit pas éloigné où l'on devoit le faire périr avec le patrice Hector, il se reprocha d'attirer la perte d'un homme qui s'étoit remis à sa protection; il craignit sur-tout, dit-on, que la journée de Pâques ne fût souillée par le meurtre d'un évêque et par le pillage de l'église. Il crut donc que son devoir lui ordonnoit de fuir, de sauver son ami, d'épargner un crime au roi et un grand scandale aux peuples. Il sortit du palais avant le jour, et prit la fuite avec Hector pour se dérober à sa colère.

673.

Childéric fut instruit au matin de cette évasion. Aussitôt il envoya à leur poursuite. On les atteignit dans la route. Hector se mit en défense, et fut tué sur la place avec ses serviteurs. Léger fut ramené prisonnier dans sa ville épiscopale, ayant par sa fuite laissé le champ libre à ses ennemis, et convaincu d'avance de tout ce qu'on alloit lui imputer.

A la nouvelle que Léger étoit arrêté, Childéric ne put contenir sa joie. Il protesta de sa reconnoissance envers les sujets fidèles qui lui avoient rendu un tel service. Cependant lorsqu'il tint Léger en son pouvoir, il n'osa de sa seule autorité disposer de la personne d'un évêque. De l'avis des seigneurs et particulièrement des prélats qui vouloient le sauver, il jugea à propos de l'envoyer à Luxeu, en attendant ce qu'on résoudroit sur son sort. Léger lui-même demanda avec instance qu'on lui permît de se retirer dans un monastère, afin qu'après un si triste essai de la faveur des princes, délivré des soins du monde et des orages de la Cour, il pût penser en paix à une meilleure vie. Après son départ, Childéric tint conseil avec les Grands. Tous opinèrent à la condamnation de Léger, déclarant pourtant que le roi pouvoit lui faire grâce de la vie en lui infligeant pour peine une réclusion perpétuelle. Les évêques eux-mêmes consentirent à cette sentence, dans le dessein de le soustraire par un exil à la violence du roi. Léger échappa ainsi pour cette fois au prix qui étoit réservé à ses vertus dans une Cour ingrate et corrompue.

Vit. S. Leodeg. auct. anonym. 6, 7, auct. Ursino, 6.

Cependant le saint prélat étoit conduit par des satellites dans le monastère de Luxeu. La sérénité de son innocence l'y accompagnoit. Loin de se plaindre de l'injustice des hommes, il se promettoit dans la retraite de Colomban, un repos dont il n'avoit pu jouir au milieu du tumulte de la Cour auquel son rang l'avoit condamné. Il y trouva Ébroïn qui sembloit comme lui résigné à son sort et désabusé des fausses joies et des vains honneurs de la Cour. Mais ce calme trompeur couvroit une agitation violente et n'attendoit pour se démentir que de nouveaux orages politiques. L'infortune en terrassant Ébroïn n'avoit point dompté son orgueil ni adouci son humeur féroce. Maintenant hypocrite profond dans le cloître autant qu'il avoit paru turbulent et cruel dans le palais, il cachoit un front humilié sous le voile monastique et suivoit avec les religieux les offices du monastère, tandis qu'au fond du cœur il rongeoit ses blessures et aiguisoit son ressentiment. A l'arrivée de Léger, Ébroïn reconnut avec surprise l'homme qui avoit combattu sa tyrannie dans le conseil et dont le parti l'avoit fait échouer; puis, voyant que le prélat victime des mêmes revers étoit comme lui prisonnier dans ce monastère, il sentit une vive émotion d'alégresse et de malignité. Mais il contint cette joie secrète, s'efforça de prendre un front serein; et comme s'il eût oublié qu'il avoit devant les yeux ce même Léger dont la prudence avoit déconcerté son ambition, il cacha sous un accueil humble et bienveillant la haine qui dévoroit son cœur. Léger, de son côté, s'avança vers le maire de Neustrie; il lui adressa des paroles de consolation, il confessa qu'il avoit eu quelques torts envers lui. Ébroïn fit le même aveu; ils se demandèrent réciproquement pardon de leurs offenses et parurent vivre en bonne intelligence, comme d'anciens ennemis que le malheur, dont l'effet ordinaire est de calmer les passions des hommes, a réconciliés en leur imposant le même joug. Mais Léger seul avoit pardonné. Sa douceur et sa simplicité le livroient sans défense à un ennemi dont il ne voyoit plus que l'infortune, au lieu qu'Ébroïn gardoit un ressentiment implacable que cette fausse réconciliation ne rendoit que plus dangereux. Cependant l'abbé à la conduite duquel ils étoient remis, jugea à propos de les séparer quelque temps l'un de l'autre, afin

673.

qu'ils vaquassent à part aux exercices de la pénitence qui leur étoient imposés. Puis ils suivirent en commun les offices et les travaux des moines. Mais saint Léger n'étoit point encore à l'abri dans cette retraite. Childéric, à l'instigation de ses ennemis, avoit donné ordre de le tirer du monastère pour le faire déposer de l'épiscopat et mettre à mort. Et il auroit, comme il paroît, mis à exécution cette odieuse sentence, si Hermenaire, abbé de Saint-Symphorien d'Autun, à qui ce prince, à la demande du peuple de la ville, avoit confié la conduite du diocèse pendant l'absence de l'évêque, ne se fût jeté à ses pieds, s'il n'eût à force de prières détourné sa résolution et retardé ainsi le martyre auquel le saint prélat étoit destiné.

Gest. Reg. Franc. 45. Fredeg. cont. 95. Vit. S. Leodeg. auct. anonym. 7. Vit. S. Lautberti inter act. SS. Bened. sec. 3.

Childéric lui-même ne tarda pas à porter la peine de sa tyrannie et des mauvais conseils auxquels il s'étoit abandonné. Tant que Léger avoit eu la principale part aux délibérations du palais et qu'il avoit dirigé les rênes de l'État, le peuple avoit béni le gouvernement de Childéric. Tombé ensuite dans la disgrace du prince par l'austérité de sa vertu et l'importunité de ses censures, Léger put quelque temps encore lutter dans le conseil contre les fausses résolutions, contre l'infraction des lois et les passions du prince ; il apporta quelque obstacle aux désordres publics.

Mais lorsque les ennemis du prélat furent venus à bout de le perdre, le mal n'eut plus de bornes, Childéric ne mit plus de frein à ses caprices. Ce prince imprudent et vain non moins qu'injuste, crut que tout lui étoit permis ; et parce que l'autorité royale sembloit depuis la chute d'Ébroïn affranchie du joug des maires, il ne garda plus de ménagemens : il traita les Grands avec le même mépris que les maires leur avoient témoigné. Ce qu'il y eut de plus déplorable, c'est que son inconsidération et son peu d'habileté ne pouvoient soutenir ces procédés hautains et annonçoient d'avance sa ruine. Childéric devint odieux à ses sujets. Il fit à la noblesse des insultes qui outrageoient le sang françois, en le confondant avec celui des serfs. Entr'autres violences, il fit, de sa seule autorité, attacher à un poteau et battre de verges un seigneur d'origine françoise nommé Bodilon, malgré la loi nationale qui défendoit de frapper les hommes francs ou de leur infliger ce supplice infamant. Cet acte de tyrannie combla la mesure. Bodilon jura de se venger. Les autres seigneurs neustriens indignés d'un outrage qui retomboit sur eux tous, partagèrent son ressentiment contre un prince qu'ils avoient appelé d'Austrasie pour en faire leur roi, et qui payoit leurs services d'un tel prix. Il se forma contre Childéric une conspiration dans laquelle entrèrent la plupart des seigneurs de cette Cour. La mort du roi fut résolue et fixée à la première occasion. Ce prince chassoit dans la forêt de Livry près de Chelles. Les conjurés qui se tenoient en embuscade, fondirent sur lui, Bodilon à leur tête, ardent d'assouvir sa vengeance. Ce barbare poignarda le roi avec la reine Blichilde fille de Sigebert roi d'Austrasie, qui étoit alors enceinte. Les conjurés égorgèrent aussi leur fils Dagobert en bas âge. Mais il échappa un autre enfant de Childéric, nommé Daniel, que nous verrons dans la suite parvenir au trône. Telle fut la vengeance que ces seigneurs tirèrent de leur roi : exemple horrible de cette férocité et de cette barbarie de mœurs qui va toujours croissant. Car malgré les anciens débats des seigneurs et de la prérogative royale, malgré la passion que l'on apportoit des deux parts à soutenir ses droits, jamais la vengeance et la révolte n'avoient été poussées à cet excès d'inhumanité. Childéric fut tué en 673, à l'âge d'environ vingt-trois ans, quelques mois après la réclusion de saint Léger, dans la quatorzième année de son règne sur l'Austrasie, et la quatrième depuis qu'il avoit réuni sous ses lois toute la monarchie. Il fut inhumé avec sa femme et son jeune fils dans la basilique de Saint-Vincent de Paris, ou Saint-Germain-des-Prés.

La mort funeste de Childéric dispersa cette foule de flatteurs et de courtisans qui avoient entraîné à tant d'erreurs un jeune prince facile à séduire. Le maire Vulfoalde qui l'avoit suivi en Neustrie lorsqu'il étoit venu prendre possession du trône de son frère Thierri, et qui dirigeoit son gouvernement, put à peine se soustraire à la haine publique. Il trouva son salut dans la fuite et gagna l'Austrasie. Mais l'on vit bientôt que de tous les maux publics, le plus funeste n'est pas toujours la domination d'un mauvais prince. Dès que le bruit du meurtre de Childéric eut été répandu, tout s'agita, s'inquiéta dans les Gaules. On ne reconnut presque plus ni chefs, ni droits. L'empire sans guide et sans maître, fut en proie à l'anarchie et comme livré au pillage. Les ducs et les comtes à qui étoit remis le gouvernement des villes et des provinces, étoient souvent opposés l'un à l'autre par des haines de parti ou ligués entr'eux pour le mal public. Un reste de respect pour la royauté qui avoit modéré leurs passions ou réprimé leurs vengeances tant qu'ils avoient vu l'autorité du palais au-dessus d'eux, s'étant entièrement dissipé, ils commencèrent à s'y abandonner de nouveau, à se courir sus d'une ville à l'autre, à se faire une sorte de guerre civile aux dépens des habitans, dont les héritages, les moissons, les

673.
Gest. Reg.
Franc. ibid.
Fredeg. cont.
95.
Vit. S. Leodeg. auct. anonym. ibid.

personnes étoient exposés à la plus indigne rapine. En même temps tous ceux que Childéric avoit exilés, soit par précaution et par crainte lorsqu'il s'étoit emparé du trône de Thierri, soit à bon droit et pour leurs crimes durant le ministère de Léger, soit par l'effet de ses dernières injustices, voyant qu'il n'étoit plus aucune force publique qui pût les contenir, sortirent de leur exil impatiens d'abuser d'une liberté long-temps comprimée et qu'ils avoient exercée jadis dans la licence, comme la plupart des hommes puissans. Ces troupes de proscrits se répandirent en un instant dans toutes les parties des Gaules, où ils augmentèrent le trouble et portèrent la consternation. Chacun à la tête de ses partisans, rentroit dans ses domaines le fer à la main, ou erroit çà et là au gré de l'anarchie générale. Les Grands et les prélats qui assistoient la justice du roi, eussent pu seuls maintenir un reste d'ordre et de subordination, en formant dans l'interrègne un conseil autour du trône vacant. Mais épouvantés du meurtre de Childéric, ils avoient quitté une Cour encore plus agitée que le reste du royaume, souillée par un attentat inoui, et s'étoient retirés dans leurs provinces; principalement les Bourguignons, qui depuis long-temps n'avoient plus de prince particulier et dépendoient du palais de Neustrie. La Gaule, dans

Vit. S. Leodeg. auct. anonym. 9.

cette confusion universelle, sembloit fourragée par des partis ennemis qui l'eussent traversée en tout sens.

Tandis que ces exilés et ces fugitifs sortoient en tumulte de leurs retraites, le cloître où Léger étoit enfermé s'étoit rouvert. Childéric, peu de temps avant sa mort, las de tant de contraintes et de vains respects, avoit chargé deux ducs Bourguignons de tirer l'évêque d'Autun du monastère et de le lui amener. Ces seigneurs passèrent quelques jours à Luxeu afin qu'on soupçonnât moins leur dessein. Sur les entrefaites, la nouvelle de la mort de Childéric étant parvenue à leurs oreilles, ces hommes, touchés intérieurement d'un pieux remords, se rendirent les appuis du prélat dont ils étoient venus saisir la personne pour la livrer à la vengeance du roi. Ils lui gagnèrent d'autres défenseurs parmi les seigneurs et les comtes du pays voisin. Les anciens amis de Léger, croyant maintenant sa délivrance assurée par la mort du roi, se portoient de leur côté au monastère, impatiens de revoir, d'embrasser le prélat, et de le ramener en triomphe dans son église. Tous ces seigneurs lui jurèrent de le défendre contre ses ennemis, tant que dureroient ces troubles qui avoient éclaté tout-à-coup dans toutes les provinces, et jusqu'à ce qu'ils eussent donné au feu roi un successeur dans

673.

Vit. S. Leodeg. auct. anonym. 7, 8, auct. Ursino, 7.

un prince de sa race. Car malgré l'infortune de Léger, la haine des méchans qui l'avoit poursuivi, n'étoit point éteinte. Parmi cette foule d'exilés qui couroient le pays ou qui rentroient chez eux à main armée, plusieurs séditieux punis pour leurs crimes, s'en prenoient à lui de leur disgrace; et même les ennemis de Childéric et l'ancienne faction du palais opposée à Léger, imputoient encore au conseiller du prince les excès de cette Cour ou leurs espérances trompées.

Dans le même temps que Léger étoit ramené du monastère dans son église par ses cliens et les nouveaux défenseurs que sa vertu lui avoit donnés, un autre cortège bien différent se portoit sur Luxeu pour en arracher Ebroïn. C'étoient ses anciens serviteurs, les compagnons de ses violences, des factieux qui vouloient se faire encore les ministres de ses rapines. C'étoient une partie des exilés condamnés par la Cour de Neustrie, qui accouroient autour de lui, comme sous la bannière du chef et du fauteur de tous les désordres. Tout ce ramas d'hommes impurs se reposoient sur Ebroïn du soin d'assurer l'impunité de leurs attentats et de servir leurs vengeances. Ébroïn, ayant passé près de trois ans d'exil dans les exercices religieux, se prépara, quelques instans après Léger, à sortir du monastère de Luxeu. Il reçut la bénédiction de l'abbé; puis toujours couvert du vêtement monastique, il se jeta précipitamment au milieu de cette troupe nombreuse de satellites armés, qui reconnoissoient encore sous cet habit le maire du palais de Neustrie. Il courut sur la trace de l'évêque, tandis que celui-ci de son côté poursuivoit tranquillement sa route vers Autun.

Léger n'avoit point fait encore une journée de chemin, lorsqu'il aperçut l'escorte d'Ébroïn qui venoit sur ses traces. Tout étoit en mouvement sur la surface des Gaules. En même temps que les séditieux parcouroient le pays à la tête de leurs bandes, les François fidèles qui désiroient le rétablissement de la paix publique, grands ou prélats, se mettoient aussi en campagne. Ils s'occupoient de l'élection d'un nouveau prince, d'où dépendoient en grande partie la fortune de tous les ordres et la tranquillité de l'État. Ébroïn et Léger, dans la solitude du cloître, s'étoient promis réciproquement l'oubli de leurs injures. Le prélat reconnoissant son ancien rival au milieu de cette troupe d'hommes armés, ne dut point voir sans une vive inquiétude, Ébroïn échappé du monastère, qui dans un instant sembloit avoir relevé son parti. Il se rassura pourtant sur la foi de leurs sermens d'amitié qui étoient encore tout récens. Mais Ébroïn, dès qu'il aperçut Léger, sentit revivre toute l'ardeur de sa vieille haine. Croyant que le moment étoit venu de satisfaire des ressentimens couverts et dissimulés, mais non éteints, il fut tenté de fondre sur la troupe de Léger et d'enlever la personne du prélat. Ces hommes turbulens dont il étoit entouré, l'y excitoient, et il eût exécuté ce mauvais dessein, si par un heureux hasard, il ne se fût trouvé là pour l'en détourner, un autre personnage non moins vénérable. C'étoit saint Genès évêque de Lyon, ancien domestique du palais et aumônier de la reine Bathilde, qui voyageoit sur la même route, également bien escorté, et se rendoit comme les autres Leudes de Bourgogne à la Cour de Neustrie. Car dans ces temps de trouble et de confusion, les prélats, ainsi que les grands, et même, comme on voit, de pieux évêques, se faisoient accompagner dans leurs voyages par des hommes armés. C'étoit une précaution nécessaire à leur sûreté, conforme d'ailleurs aux mœurs publiques qui distinguoient peu les prélats des seigneurs quant aux droits civils, et les plaçoient au même rang dans l'État, à la tête de leurs serviteurs et de leurs cliens. Ébroïn fut intimidé par l'appareil de ces deux troupes contre lesquelles la sienne eût été trop foible. Il jugea que le parti le plus prudent étoit de se contraindre encore, d'attendre une occasion plus favorable. Il aborda Léger, et feignant toujours d'être sincèrement réconcilié, il lui renouvela les promesses d'amitié et de dévouement qu'ils s'étoient faites dans l'enceinte du cloître. Il joignit son escorte à celle des deux prélats, et poursuivit ainsi sa route vers Autun. Ébroïn déclara à Léger qu'après la mort de Childéric, son devoir, ses anciens engagemens, les espérances communes des François, le portoient naturellement vers Thierri frère du dernier roi, qui languissoit depuis quatre ans dans le monastère de saint Denis. Il lui annonça que son dessein étoit de le rejoindre au plutôt avec les amis qu'il avoit rassemblés, de lui offrir de rechef ses services, de lui reporter une fidélité qui avoit été malheureuse une première fois et pour le prince et pour le ministre, lorsque Childéric avec ses Austrasiens étoit venu s'emparer à main armée du trône de son frère. Le prélat applaudit à ce dessein et voulut le partager. Car le jeune Daniel, seul échappé au massacre de la famille de Childéric, ignoré de la plupart des François ou enveloppé dans la proscription de sa maison, loin d'aspirer au trône paternel, ne pouvoit trouver de salut que dans son obscurité et dans la fidélité des mains qui prenoient soin en secret de son enfance. Ébroïn et Léger paroissant agir de concert et comme de sincères amis, entrèrent ainsi dans la ville d'Autun, toujours accompagnés de l'évêque de Lyon, et des autres seigneurs Bourguignons; offrant aux regards surpris des habitans, dans cette réconciliation apparente si perfide d'un côté, le double spectacle de la vertu éprouvée par la persécution et rendue plus pure et plus auguste, de l'orgueil humilié par la pénitence et corrigé par l'infortune. A l'approche de leur pasteur qu'ils avoient vu maltraiter à leurs yeux et enlever de son siège, les habitans firent éclater leur alégresse. Dès qu'on apprit son arrivée par ceux qui devançoient le cortège, on se précipita au-devant de lui; le clergé se porta à sa rencontre avec la croix, les cierges, les ornemens sacerdotaux, le peuple le combloit de bénédictions. Le saint prélat traversa ainsi les rues d'Autun que l'on avoit ornées pour le recevoir et qui étoient couvertes d'une foule de peuple; il s'avança vers son église et fut porté dans sa chaire dont il reprit possession au milieu des chants religieux, parmi les transports de la joie publique.

Tandis que ces événemens se passoient au monastère de Luxeu et dans Autun, un autre exilé plus illustre, Thierri III, sortoit du cloître de saint Denis où il avoit été enfermé par son frère Childéric. Il paroît du moins que ce prince étoit déjà reconnu par une partie des seigneurs François avant que Léger se rendît à la Cour. Les plus sages des Neustriens gémissant de l'anarchie qui désoloit les Gaules depuis la mort de Childéric, voulurent faire cesser cet interrègne : ils tirèrent de son exil le frère du dernier roi, condamné autrefois à la réclusion par la faction austrasienne. Toutefois ce prince ne fut point d'abord solennellement proclamé dans les Gaules. Les Austrasiens sur-tout refusèrent de reconnoître un roi donné par leurs voisins. Dans cette élection tumultuaire, on ne consulta point les droits du second fils de Childéric. On s'étoit habitué dans les derniers troubles, à violer les lois de l'hérédité royale; et ce qui prouve combien le respect pour la succession légitime s'étoit affoibli, c'est qu'on ne craignoit déjà plus de détrôner les fils des rois et de les laisser vivre, au lieu qu'autrefois on n'avoit cru pouvoir éteindre leurs droits que dans leur sang. D'ailleurs un prince enfant, tel que celui qu'avoit laissé Childéric, n'étoit point propre à tenir les rênes de l'État dans des temps si orageux. Les Neustriens mécontens de la tyrannie du père qui de l'Austrasie étoit venu envahir leur couronne, rejetèrent son sang. Ils crurent devoir faire plus de fond sur un prince éprouvé par le malheur, et revinrent à Thierri comme à leur véritable maître. Tel étoit l'état de la Cour de Neustrie : un roi sorti de l'ombre du cloître qui cherchoit à faire reconnoître son

673.

673.

autorité et n'avoit point encore réuni les factions, qui voyoit de son trône les Gaules déchirées par leurs fureurs; l'Austrasie incertaine ne connoissant point encore de chef; tout l'empire près d'expirer dans de nouvelles convulsions; lorsque Léger que sa délivrance, la chute de ses oppresseurs et son ancienne réputation faisoient tout-d'un-coup reparoître avec gloire comme l'une des principales colonnes de l'État, se déclara en faveur du nouveau roi. Ébroïn parut embrasser ouvertement le même parti. Dès le lendemain de leur arrivée dans Autun, les deux rivaux devenus amis, repartirent avec leurs escortes, et se mirent en route pour aller trouver Thierri. Mais Ébroïn qui n'aspiroit qu'à se ressaisir de son ancienne tyrannie, ne pouvoit se ranger de bonne foi à un parti qui sembloit le plus sain de la nation, à un parti sur-tout auquel Léger s'attachoit. Il voyoit bien que si le prélat reprenoit sa première autorité dans les conseils comme la vénération publique le lui promettoit; lui-même ne devoit plus rien prétendre; qu'il n'avoit plus qu'à se confondre parmi les conseillers du prince, à suivre docilement l'avis qui seroit dicté par la bouche de Léger. Peut-être même ses ennemis voudroient-ils le faire rentrer dans le cloître comme un moine apostat. Ainsi puisqu'il ne trouvoit plus en Neustrie une carrière ouverte à son ambition, il résolut d'abandonner Thierri qu'il avoit autrefois soutenu contre le parti d'Austrasie, de se tourner du côté des Austrasiens, d'y chercher un nouveau prince, légitime ou non, qui pût servir de voile à sa tyrannie et lui laisser à son gré manier le gouvernement et bouleverser l'État. Il n'ignoroit pas que son nom étoit en horreur chez ces peuples non moins que chez leurs voisins; qu'outre son despotisme et ses cruautés qui l'avoient rendu odieux dans toutes les Gaules, ils avoient encore à lui reprocher son opposition au parti de Childéric leur roi; que la honte de sa réclusion avoit été même en partie l'effet de leur vengeance. Mais il savoit aussi que dans un état si violent et si tumultueux, rien n'étoit plus incertain et plus variable que les amitiés et les haines. Il se fia donc à un autre ressentiment que les Austrasiens gardoient à Thierri, à la fierté de ces peuples qui rejetteroient toujours ou ne recevroient qu'avec dépit un roi qu'on leur proposeroit d'une Cour étrangère. A peine les deux voyageurs avoient fait la moitié du chemin d'Autun à Paris, Ébroïn quitta tout-à-coup la compagnie du prélat. Il prit une autre route, emmenant avec lui son escorte, au grand étonnement de Léger et de ses compagnons qui reconnurent en un instant et comme d'un coup d'œil l'ancien maire du palais de Neustrie qui laissoit tomber le masque et leur déclaroit la guerre par cette fuite précipitée. Ébroïn jeta l'habit monastique. Il alla rejoindre sa femme, prit les armes; et toujours suivi de son parti de gens armés, il appela autour de lui de nouveaux amis, des factieux, des mécontens de toutes les provinces. Il s'apprêta à reprendre le cours de ses ambitieux projets interrompus par l'exil de Luxeu; devenu plus farouche par l'humiliation qu'il avoit subie, plus ardent et plus fier par la contrainte qu'il s'étoit imposée.

Léger avec sa suite continua sa route vers Paris. Il alla se présenter à Thierri. Son exemple entraîna une partie de ceux qui balançoient encore. Les Neustriens replacèrent sur le trône ce roi qu'ils avoient peu auparavant confiné dans un cloître. Léger fut reçu comme un grand personnage et un saint évêque, autrefois protecteur de l'État, qui avoit succombé par l'effet de la jalousie des méchans et de son attachement au bien public. Dans le nouveau conseil qui se forma autour du roi, on s'occupa de rétablir l'ordre du gouvernement et la paix domestique. Les seigneurs et les prélats s'y étoient rendus de Neustrie et de Bourgogne. Parmi les Bourguignons, ceux que l'on remarqua le plus en cette assemblée, furent saint Léger évêque d'Autun et le comte Guérin son frère qui avoit toujours appuyé

Marginalia:
673.
Iidem ibid. Gest. Reg. Franc. 43. Fredeg. cont. 96. Adon. chr.

sa voix dans le conseil et qui bientôt partagea ses infortunes. Ce fut principalement par leur avis, qu'entr'autres résolutions dictées pour le bien de l'État, l'on éleva à la dignité de maire du palais, Leudèse fils d'Archambaud, l'un des premiers seigneurs de la nation. Les François habitués à la dignité des maires devant laquelle toute autre fléchissoit, ne pouvoient plus se passer de ces magistrats suprêmes. Le nom d'Archambaud, la modération et la sagesse qu'il avoit fait paroître dans un poste si éminent et qui étoit devenu un écueil si dangereux pour la vertu, semblèrent répondre de la conduite qu'on avoit droit d'attendre du fils, après les excès d'Ébroïn et de Grimoalde. Ainsi Thierri III parut solidement établi sur le trône, toute la Neustrie reconnut son roi; le peuple toujours avide de nouveautés et prêt à suivre la voix des hommes puissans, courut au-devant de son joug. Léger reprit sa place de fidèle conseiller du prince. Retenu à la Cour par Thierri, il recouvra par l'ascendant de sa vertu tout le crédit et la faveur dont il avoit joui d'abord dans celle de Childéric.

Mais Ébroïn exclus du palais de Neustrie, s'étoit jeté dans l'Austrasie. Là, laissant croître ses cheveux, il s'occupoit d'échauffer l'animosité des peuples qui étoit déjà poussée au dernier degré contre Thierri. Ils voyoient ce prince élevé

673.

sur la ruine de Childéric qu'ils avoient donné eux-mêmes aux Neustriens. Bien que Thierri fût innocent de la mort de son frère, ils ne pouvoient lui pardonner d'avoir acquis le trône au prix du sang de leur roi. Ébroïn les affermit dans la résolution où ils étoient de ne point le reconnoître, il leur offrit ses services ; il sut si bien gagner leur confiance en flattant leurs ressentimens, que les Austrasiens ne crurent mieux faire que de s'en fier à sa haine, de le mettre à leur tête pour ruiner un prince qui aspiroit sans doute à reprendre tout l'héritage, mais qui leur étoit doublement odieux comme ancien ennemi et comme donné à la nation par les seuls Neustriens. Ils crurent que personne ne pouvoit mieux les servir en cette conjoncture et troubler la nouvelle domination, qu'un factieux déjà signalé par les tumultes qu'il avoit excités dans les Gaules. Ainsi Ébroïn, d'abord plus odieux que Thierri même aux Austrasiens, après avoir échoué dans la Neustrie, se vit par ses intrigues et son habileté, à la tête d'un parti plus puissant et chef d'un peuple naguère ennemi. Ces Austrasiens si jaloux de leur indépendance, qui avoient détruit ou borné l'autorité de leurs derniers maires, se livrèrent par une vengeance inconsidérée à un nouveau tyran dont la perfidie leur étoit trop connue. Ébroïn suivit les traces de

Grimoalde. Sans considérer la chute de cet ambitieux et la nouveauté de son propre pouvoir, il voulut d'abord donner à l'Austrasie un fantôme de roi afin de gouverner despotiquement sous son nom. Il fit couronner sous le nom de Clovis, un enfant qu'il supposa né de Clotaire III, l'aîné des fils de Bathilde. Il le fit élever sur le bouclier et proclamer dans toute l'Austrasie. Il se disposa à le faire reconnoître par la force dans les deux autres royaumes, c'est-à-dire, à y régner lui-même par les armes de ses anciens rivaux, à l'aide des factions que le nom de Thierri et l'autorité de Léger n'avoient point encore entièrement éteintes. *673.*

Ébroïn rassembla tous ces hommes turbulens qui ne voyoient qu'avec crainte l'ordre qui commençoit à renaître dans la Neustrie. Il fit des levées de troupes austrasiennes. A leur tête il se porta rapidement sur la Neustrie en suivant le cours de la rivière d'Aisne et la rive gauche de l'Oise. Le roi résidoit alors à Nogent, métairie royale à peu de distance de l'autre rive. Il s'y tenoit sans inquiétude et jouissoit déjà de la tranquillité de son royaume, de la soumission de ses sujets, après les premières agitations qui avoient suivi la mort de son frère. Le maire Leudèse étoit près de lui et exerçoit les fonctions du palais. Léger ayant donné ses premiers soins au *673, 674.*

rétablissement de la paix publique, étoit retourné dans son diocèse où il s'occupoit de réparer les désordres qu'avoit causés son absence. Ébroïn fit une marche nocturne, il arriva au pont de Sainte-Maxence, sur la rive gauche de l'Oise, en face de Nogent. Il s'en empara, passa au fil de l'épée le corps de garde qui l'occupoit, mit le pied sur l'autre bord et marcha droit au quartier du roi. Thierri n'eut que le temps de prendre la fuite avec Leudèse et les officiers qui purent le suivre. Ébroïn ne lui donne point de relâche, il fait massacrer ceux qui lui tombent entre les mains et qu'il reconnoît pour ses anciens ennemis; puis, courant toujours à la poursuite du roi qui fuyoit avec ses trésors, il faillit encore l'atteindre à Baisiu, village près de Corbie où étoit une métairie royale. Le roi ne put sauver que sa personne. Ses trésors furent la proie d'Ébroïn. Celui-ci sans ralentir sa marche, poussa les fuyards jusqu'à Crécy en Ponthieu, sur la petite rivière de Maye qui tombe dans l'Océan. Là, tenant le maire Leudèse en échec et craignant qu'il ne lui échappât encore une fois, il eut recours à la ruse. Ébroïn connoissoit l'art de mêler la fourbe à l'activité et à la violence. Il lui proposa donc une négociation, il lui fit entendre qu'on pouvoit à certaines conditions conclure la paix entre les deux royaumes : il fit des sermens sans crainte de se parjurer, et représentant habilement au maire la position critique où il se trouvoit, l'intérêt qu'ils avoient l'un et l'autre à cimenter leur puissance au moyen d'un traité mutuel, il le fit consentir par l'extrémité où il étoit réduit et peut-être par l'espoir de maintenir sa dignité avec l'alliance des Austrasiens, à accepter une conférence. Leudèse, moitié persuasion, moitié contrainte, s'abandonna à la foi d'Ébroïn et se rendit au lieu désigné pour l'entrevue. Mais à peine arrivé, il fut arrêté prisonnier par l'ordre du tyran et mis à mort. Un historien dont l'autorité est du reste très foible, donne même à entendre que le roi Thierri tomba au pouvoir d'Ébroïn. Mais comme cette circonstance si importante n'est appuyée par aucun autre des contemporains, on doit la rejeter avec fondement ; d'autant plus que l'on voit Ébroïn peu après rechercher la faveur de Thierri et reparoître à sa Cour. Un homme si perfide et si empressé de régner sous le nom d'un prince supposé, n'eût point sans doute conservé le véritable roi après lui avoir fait un tel outrage ; ou bien, maître du monarque, il se fût emparé sur-le-champ de tous les droits du palais. Il est donc certain que Thierri parvint alors à se soustraire à la poursuite des factieux.

Ébroïn délivré du maire et même du roi qui

673, 674.

Gest. Reg. Franc. 45.

Vit. S. Leodeg. auct. anonym. ibid.

avoit trouvé sa sûreté dans quelque retraite, répand le bruit de la mort de Thierri, il proclame hautement l'obéissance due au jeune Clovis fils de Clotaire III et légitime héritier du trône. Étrange obscurité de ces rois que le cloître receloit et rendoit tour-à-tour! Un faux Clovis est proposé aux respects des peuples et reçoit leurs sermens de fidélité. Ebroïn emploie les caresses, les menaces, la violence, même les supplices pour lui donner des partisans. Il lève de nouvelles troupes et renforce son armée. Il parcourt la Neustrie les armes à la main, la livre à toute la licence du soldat, il force les comtes et les autres magistrats à reconnoître son prétendu roi, à rendre la justice en son nom. Ceux qui refusent de prêter serment, il les chasse, les maltraite outrageusement ou les fait mettre à mort. La plupart n'évitent le supplice que par une prompte fuite. Ainsi Ebroïn jette toute la Gaule dans un désordre auquel on n'avoit rien vu de semblable. Un enfant supposé et un roi fugitif laissent tout le pouvoir public aux mains du tyran. Cet homme farouche, aigri encore par l'infortune, se venge à loisir dans le sang et dans les ruines de son affront et de l'exil de Luxeu.

Cependant Ebroïn, aussi habile qu'on peut l'être avec autant de violence et de fureur, se fait des partisans de tous ceux qui espèrent l'im-

LIVRE DIX-NEUVIÈME. 413

punité et le pillage parmi les troubles. Il réveille 673, 674.
l'envie des factieux obscurs contre les hommes
puissans, des seigneurs turbulens contre les
Grands que leur vertu a honorés. Il étend ses intrigues jusqu'en Bourgogne; il gagne des évêques. Ce qui étoit d'autant moins étonnant que,
mêlés aux séditions des Grands, portés dans les
chaires du sein des Cours et des emplois civils
par la faveur et la simonie, un grand nombre
d'entre eux vivoient dans toute la corruption des
mœurs séculières. Ebroïn avoit attaché à sa ligue
ce qu'il y avoit de plus impur dans tous les ordres de l'État. Deux prélats Bourguignons, Désidérat et Abbon, déposés pour leurs crimes, le
premier du siège de Chalon-sur-Saône, l'autre
de celui de Valence, étoient ses principaux agens
et les appuis de sa faction. Mais c'étoit peu pour
Ebroïn d'établir sa domination en troublant toutes les Gaules s'il ne perdoit ses ennemis particuliers; et les ennemis d'Ebroïn, c'étoient tous
ceux qui avoient à cœur le bien public ou qui
lui avoient résisté dans le conseil. Sur-tout tant
que Léger vivroit et qu'il jouiroit dans Autun des
honneurs de l'épiscopat, Ebroïn ne pouvoit croire
sa tyrannie solide. La vénération publique qui
entouroit le prélat, lui paroissoit un cortège
non moins redoutable que l'escorte de factieux
dont lui-même se montroit suivi. Il se souve-

noit que Léger avoit prévalu autrefois dans le conseil des rois par l'ascendant de sa vertu et la force de son éloquence; que tant que les affaires s'étoient gouvernées par sa sagesse, l'État avoit prospéré : il craignoit cette sagesse, il craignoit la reconnoissance des peuples; mais sur-tout il haïssoit Léger. Il n'avoit pas oublié que c'étoit le parti de l'évêque qui l'avoit précipité dans le cloître. La contrainte dans laquelle il y avoit vécu sous le même habit que Léger, ces faux semblans d'amitié, ces sermens, ces parjures, ces efforts d'hypocrisie; l'humiliation où il s'étoit vu réduit, la plus honteuse de toutes à son gré, de dévorer sa peine aux yeux de son rival; tout le lui rendoit plus odieux, à proportion de ce qu'ils avoient paru mieux réconciliés. C'étoit encore Léger qui venoit d'élever le fils d'Archambaud à la place due à Ebroïn. Il cherchoit donc les moyens de le surprendre et de se rendre maître de sa personne; lorsque deux de ses conseillers et de ses fauteurs, l'évêque Désidérat et Vaimer duc de la Champagne, auxquels il s'ouvroit de ce projet, s'écrièrent qu'il n'avoit pas besoin de chercher d'autres vengeurs, qu'eux-mêmes se faisoient fort d'enlever Léger de sa ville épiscopale et d'en tirer un châtiment dont il auroit lieu d'être satisfait. Ebroïn, saisi de joie, applaudit à leur dévouement, il leur remit un nombreux détachement de son armée. Le duc et le prélat se mirent sans tarder à la tête de ces troupes et dirigèrent leur marche sur Autun.

Tandis qu'Ebroïn désoloit ainsi la Neustrie avec les forces de sa faction et les milices du royaume voisin, il se préparoit de ce côté une nouvelle révolution. Les Austrasiens trompés par une passion aveugle qui les avoit livrés à leur ennemi ou plutôt à l'ennemi du repos public, n'avoient pas tardé à s'apercevoir de leur erreur. Quelques mois à peine écoulés depuis la délivrance d'Ebroïn, ils reconnurent que cet homme d'une ambition effrénée ne leur avoit donné, à l'exemple de Grimoalde, un fantôme de roi que pour s'emparer de l'intendance du palais et les ployer à une dure domination dont la Neustrie avoit déjà fait l'essai. Lorsqu'ils virent que Thierri et le parti neustrien n'étoient plus à craindre, ils abandonnèrent sans peine Ebroïn. Le caractère connu de ce personnage, sa cruauté, ses fraudes, et ce qui se passoit alors dans la Neustrie livrée au fer et à la flamme, leur annonçoient ce qu'ils devoient attendre à leur tour d'une telle protection. Las des intrigues et des factions de tant de chefs ambitieux qu'ils s'étoient donnés pour leur malheur, ils tournèrent les yeux vers les légitimes descendans de leurs rois, qui seuls pouvoient leur rendre la paix et rétablir la liberté

673, 674.

Vit. S. Wilfrid. inter act. SS. Bened. sec. 4. Mabillon. præfat. in sec. 4.

publique. Il restoit un fils du pieux Sigebert mort à la fleur de l'âge et qui pourtant avoit assez vécu pour donner aux peuples une belle image des vertus d'un roi clément, ami de la justice, et pour laisser de lui de profonds regrets. C'étoit ce même Dagobert qu'autrefois Grimoalde avoit dégradé par le rasoir et envoyé en Irlande sous la garde de Didon évêque de Poitiers. Les négocians qui naviguoient dans cette île lointaine, avoient vu ce jeune prince parvenu à l'âge adulte, capable de porter le sceptre, et qui traînoit son exil loin du trône paternel. Ils avoient rapporté en Austrasie la nouvelle de Dagobert échappé à la perfidie de ses ennemis. Ses amis et ses proches conçurent dès-lors l'espérance de le ramener un jour dans le palais de ses pères. Ils ménagèrent peu-à-peu les esprits en sa faveur, firent parler les droits du sang royal indignement opprimé. Le mécontentement que causoit déjà le despotisme d'Ebroïn, la haine des peuples qui se réveilla dès que la crainte eut cessé, l'amour de la nouveauté, peut-être un reste d'attachement pour cette race royale et le souvenir des vertus du père, déterminèrent en un instant les Grands d'Austrasie à chercher du côté de l'Irlande un remède aux maux de leur patrie. Le duc Vulfoalde forcé de fuir la colère des seigneurs Neustriens après le meurtre de Childéric son maître, conservoit dans l'Austrasie son ancien crédit. Il n'omit rien pour favoriser ou même pour faire naître cette heureuse disposition. Vulfoalde ne voyoit qu'à regret le pouvoir naissant d'Ebroïn qui déjà contrebalançoit le sien. Il contrarioit de toute sa force les desseins de ce rival, et leur opposition avoit formé en Austrasie deux factions dévouées à l'un ou à l'autre de ces chefs. Enfin celle de Vulfoalde l'emporta. Il fut résolu dans le conseil des Grands que l'on rappelleroit Dagobert de son exil. Les seigneurs Austrasiens s'adressèrent à Vilfrid évêque d'Yorck, disciple de Dauphin archevêque de Lyon, lequel jouissoit d'une grande réputation de vertu et de sainteté. Car l'Église d'Angleterre, quoique récemment fondée par le grand pape saint Grégoire, étoit déjà très florissante. Elle produisoit dès sa naissance des rameaux féconds qui alloient porter de nouveaux fruits en des contrées barbares. Les évêques de ce pays, comme Vilfrid, alloient puiser à Rome la doctrine évangélique à la même source d'où Grégoire l'avoit répandue chez eux; et les rois Saxons, zélés disciples de l'Évangile, disputoient de piété avec ces prélats. Les Austrasiens députèrent à saint Vilfrid pour le prier d'appeler près de lui le jeune Dagobert héritier de leurs rois et dernière espérance de la patrie, de le faire passer en leur pays, afin qu'ils pussent réparer envers lui les torts de leur nation. Le prélat anglois touché du malheur du jeune prince se prêta avec empressement à un dessein si juste et si pieux. Il fit venir Dagobert d'Irlande. Il lui procura l'appui des princes et des grands de sa nation, lui composa un brillant cortège et le renvoya en Austrasie dans un état qui pût attirer sur lui les regards des peuples. Ainsi par une révolution qui n'est pas la moins surprenante de celles que nous avons déjà retracées, Dagobert II proscrit dès le berceau, le front déshonoré par le ciseau, exilé, réduit à une vie obscure et oublié de ses sujets, reparut tout-à-coup, vers 674, à l'âge d'environ vingt-trois ans. Il remonta sur le trône de ses pères, après dix-huit ans d'exil, par un retour inattendu des peuples fatigués de troubles et de désordres et par la mauvaise conduite de ses ennemis.

<small>Vit. S. Leodeg. auct. anonym. 9, 10, auct. Ursino, 8, 9.</small>

Mais Ebroïn ignorant encore les mouvemens de l'Austrasie, poursuivoit le cours de ses projets. Il s'attachoit à la Neustrie comme à sa proie, la dévastoit, faisoit reconnoître son faux Clovis par le fer et par le feu. Ses deux lieutenans, l'évêque Désidérat et le duc Vaimer, étoient arrivés sous les murs d'Autun. A leur approche, les habitans des campagnes, frappés de terreur, fuyant la licence ordinaire à ces bandes indisciplinées, se jetoient tumultuairement dans la ville. Tout ce peuple renfermé dans Autun, en barricada les portes. Ils se portèrent sur les remparts, y disposèrent les machines propres à la défense et se préparèrent à repousser l'ennemi. Saint Léger appelé à la Cour par ses devoirs et par le rang qu'il tenoit dans l'État, l'avoit quittée, comme nous l'avons vu, après avoir reconnu Thierri III. Il étoit retourné à la hâte dans son diocèse pour y donner ses soins au rétablissement de la discipline et fermer les plaies que son absence avoit faites à son Église. Mais il ne crut pas pouvoir violer la fidélité qu'il venoit de promettre à son roi. En vain son peuple et son clergé le voyant poursuivi de rechef par la vengeance d'Ebroïn, l'exhortoient à fuir avec ses trésors avant que la place fût investie, à ne pas s'exposer à la fureur d'un ambitieux avec qui sa vertu le rendoit irréconciliable, puisqu'il ne pouvoit acheter l'amitié d'Ebroïn qu'en trahissant ses devoirs. Malgré ces instances, l'évêque ne voulut point quitter son diocèse et sauver une seconde fois sa vie ou sa liberté par la fuite. Il reconnut l'ordre de Dieu dans l'acharnement de ses ennemis ; il résolut d'attendre en son église comme dans le poste que Dieu lui avoit confié, le sort qui lui étoit réservé ; de périr avec un courage inébranlable, en fidèle pasteur au milieu de son troupeau, plutôt que de l'abandonner au fer des méchans. « Je

674. n'ignore pas, dit-il à ses amis qui le pressoient d'assurer sa retraite, jusqu'où mes persécuteurs peuvent porter leur rage. Qu'ils disposent de ces jours mortels, s'il est vrai que Dieu les leur ait livrés. En me dérobant à leur vengeance, peut-être ne ferois-je que fuir inutilement son arrêt. Que lui seul soit le conservateur de mes jours et le gardien de cette cité; nos ennemis n'en deviendront maîtres que par son ordre. Quant à ces richesses que j'avois recueillies pour nos communs besoins et que vous voyez ici comme en un dépôt fidèle, irai-je, déserteur de mon Église et chargé de ce poids honteux, les promener avec mon opprobre d'asile en asile; et moi-même qui devois enseigner aux autres à les mépriser, indigne pasteur, déshonorer mon ministère en abandonnant le troupeau pour ne sauver que des trésors périssables? Dépouillons-nous plutôt dès-à-présent de ce que nous ne pourrons emporter avec nous, et des seuls biens que l'ennemi peut nous ravir. » Ayant dit ces mots, il fit tirer sa vaisselle, on la mit en morceaux par son ordre, et on la distribua aux indigens. Il envoya dans les temples les vases qui pouvoient servir à leur usage. Il distribua une partie de l'argent aux pauvres monastères et aux vierges consacrées à Dieu; une autre fut employée au soulagement des veuves et des orphelins. Léger se tourna ensuite vers le se-

cours céleste. Il ordonna un jeûne de trois jours, fit une procession autour des murs avec tout le peuple, précédé de la croix et des reliques des Saints. Il se prosternoit à chaque porte de la ville, priant Dieu avec des gémissemens, s'il avoit résolu de l'appeler à lui, de le prendre pour seule victime et d'épargner son peuple. Il assembla ensuite les fidèles dans le temple. Là, comme s'il eût vu sa fin prochaine, le pasteur frappé et l'Église délaissée, il leur adressa la parole pour la dernière fois, les priant, si jamais il les avoit offensés par quelque emportement ou quelque reproche un peu dur, de lui pardonner cet excès de zèle, afin qu'il pût se présenter à Dieu dans la paix de ceux que Dieu lui avoit confiés, exempt sur-tout de tout levain de ressentiment qui pût affoiblir devant la Majesté divine le prix de son sacrifice.

674.

Cependant les lieutenans d'Ebroïn, après avoir dévasté la campagne voisine, formèrent le siège de la ville. Les habitans avec les paysans qui s'étoient jetés dans Autun, les repoussèrent avec courage du haut des murs. L'attaque de la place dura une journée seulement. Les soldats d'Ebroïn passèrent la nuit suivante à en faire le tour; ils éclatoient en menaces et poussoient des cris de fureur à la vue de ces remparts. Le lendemain saint Léger craignant de voir couler le sang pour sa propre cause, voulut en prévenir l'effusion. Il parut sur les remparts, fit signe au peuple de cesser le combat, envoya au camp ennemi un parlementaire pour demander aux chefs de l'armée quel étoit le motif de cette aggression injuste et inattendue; afin que si le malheur qui menaçoit la ville n'étoit que l'effet de la haine qu'on lui portoit, il pût lui-même le détourner, désarmer ses ennemis en leur livrant la victime qu'ils cherchoient. Les assiégés, à sa prière, descendirent du haut des murs l'abbé Méroalde chargé de cette négociation. Celui-ci entré dans le camp, alla se présenter aux deux lieutenans d'Ebroïn; il les conjura par les motifs les plus sacrés de l'humanité et de la Religion, de suspendre l'assaut, d'avoir pitié des citoyens d'Autun qui ne leur avoient fait aucune insulte. S'ils croyoient avoir contre eux quelque grief dont ils dussent poursuivre la vengeance par les armes, ne pouvoient-ils accepter du moins la composition pécuniaire qu'on leur offroit pour le rachat de la ville? Mais l'évêque Désidérat vendu à la tyrannie d'Ebroïn, répondit qu'il ne leveroit point le siège tant que Léger n'auroit point reconnu Clovis roi des François, dernier héritier de la race royale, qui venoit de recueillir tous les droits de Thierri par la mort de ce prince; ce que le fourbe affirma par serment, ainsi que les autres chefs. C'étoit là le motif apparent de la persécution suscitée contre Léger; mais ses ennemis qui connoissoient sa fidélité à ses engagemens, avoient compté sur son refus. Ils ne méditoient que sa perte, c'étoit le plus ardent désir d'Ebroïn.

674.

Ces paroles reportées dans la ville firent connoître à Léger quels étoient ses devoirs et le sacrifice qu'on exigeoit de lui. Il fit répondre aux deux traîtres que tant qu'il lui resteroit un souffle de vie, il garderoit inviolablement la foi qu'il avoit jurée au roi Thierri. Sur cette réponse, les ennemis attaquèrent la place avec une nouvelle fureur; ils y lancèrent une grêle de flèches, des matières enflammées, et s'efforcèrent d'enlever les murs. Le généreux prélat ne balança plus. Résolu de sauver son troupeau en offrant sa vie, après avoir célébré les saints mystères pour se fortifier contre le péril qui approchoit, il fit des adieux solennels à son peuple. Il consola les citoyens, releva leur courage et leur espoir; puis se faisant précéder de la croix, des reliques des Saints, et de son clergé qui chantoit des psaumes, il fit ouvrir les portes, sortit de la ville et alla tranquillement se présenter à ses persécuteurs. Les lieutenans d'Ebroïn ravis de tenir en leur pouvoir l'ennemi de leur maître, le condamnèrent par son ordre à perdre les yeux. Le prélat, aussi calme et aussi serein dans cette cruelle exécution qu'il s'étoit montré magnanime dans son dévouement, trouva toute sa force en sa piété et sa résignation. Il ne souffrit pas qu'on lui liât les mains; et tandis qu'on lui arrachoit les yeux, il ne laissa échapper aucun gémissement et ne cessa de chanter les louanges de Dieu. La ville privée de son pasteur dont le supplice avoit dû épuiser la fureur de ses ennemis, ne fit plus de résistance. Les habitans ouvrirent leurs portes. Les capitaines d'Ebroïn parurent satisfaits du sang du prélat et ne les réduisirent point en servitude. On leur donna pour évêque à la place du saint pasteur, ce même Abbon que ses crimes avoient fait déposer du siège de Valence, et qui apparemment accompagnoit Désidérat et Vaimer dans cette expédition. On remit à ces deux chefs pour racheter la place et par forme de composition, cinq mille sous d'or provenant des biens de l'Église; ce qui n'empêcha point qu'ils ne pillassent encore les habitans. Ce fut ce nouvel évêque qui leur livra les trésors de l'Église. Ainsi les citoyens d'Autun, aux dépens de leurs biens et en recevant dans leur ville un indigne pasteur, échappèrent à la captivité qui les attendoit. Car c'étoit, dans ces mœurs barbares, un droit naturel des guerres civiles et étrangères.

Après la réduction d'Autun et le partage des

dépouilles, les chefs des factieux divisèrent leur armée en deux corps. Vaimer, duc de la Champagne, retourna chez lui avec ses milices, chargé de la garde de Léger. L'autre division de l'armée, ayant à sa tête les prélats Désidérat et Abbon et le duc Adalric auquel ils avoient promis un riche gouvernement dans la Bourgogne, se porta sur le centre de ce pays. Ils marchèrent sur Lyon occupé par saint Genès, ennemi d'Ebroïn, qui avoit pris autrefois la défense de Léger, qui persévéroit dans le même parti et dans la fidélité due à son prince. Adalric se proposoit de s'établir dans Lyon par la conquête et de se faire reconnoître patrice de la province. Mais le peuple de cette ville et du pays voisin, encouragé par son évêque, fit si bonne résistance que ces trois chefs, d'ailleurs peu entendus dans le métier de la guerre, furent obligés de lever honteusement le siège et de se retirer. Cependant le duc Vaimer emmena avec lui Léger, il rendit compte à Ebroïn de ce qui s'étoit passé sous les murs d'Autun. On rapporte que le tyran lui donna ordre de tenir Léger dans le fond des bois, de l'y faire périr de faim et de misère; et comme il craignoit encore la vénération attachée à ce nom et répandue dans toutes les Gaules, il fit courir le bruit que Léger s'étoit noyé au passage d'une rivière, il lui fit même, dit-on, ériger un tombeau. Vaimer,

674.

674.

tout féroce qu'il avoit paru jusqu'alors, touché de la patience inaltérable et de la résignation de Léger, frappé de la force avec laquelle il supportoit la faim et les douleurs de toute espèce qui eussent dû déjà terminer ses jours, crut y reconnoître clairement l'œuvre de Dieu. Il commença donc à se sentir ému de pitié, il ne vit plus dans son prisonnier qu'un martyr de la fidélité pour le prince, de l'attachement pour le troupeau, un favori de Dieu, soutenu dans ses maux par un secours supérieur et nourri dans la disette d'une nourriture céleste. Il le tira de la forêt où il le faisoit garder, l'emmena chez lui et soigna ses blessures. Il prenoit plaisir à sa conversation toute pleine des choses célestes, et écoutoit attentivement ses leçons. Enfin la piété et la douce éloquence du prélat adoucirent tellement le cœur farouche de son bourreau, que cet homme ne pensa plus qu'à apaiser lui-même la colère du Ciel. Il se fit, ainsi que son épouse, le disciple de Léger; et se regardant comme un profanateur tant qu'il retiendroit les dépouilles des lieux saints, il voulut remettre à Léger ce qu'il avoit touché pour sa part du trésor de l'Église d'Autun. L'évêque trouva moyen de renvoyer ces richesses au lieu d'où elles avoient été enlevées, pour y être employées au soulagement de l'Église. Le saint prélat fut conduit ensuite dans un monastère, apparemment par l'ordre d'Ebroïn qui avoit découvert l'infidélité de son gardien. Le tyran se proposa dès-lors la perte du duc Vaimer; mais ne se croyant peut-être pas encore assez sûr de sa puissance pour le faire périr, il le tira de son gouvernement, et l'éleva à l'évêché de Troyes, par un de ces changemens de fortune qui n'étoient que trop communs, et qui avilissoient l'Église en lui donnant d'indignes ou d'ignorans ministres. Ebroïn s'assura ainsi de ce seigneur et du prélat, en attendant le moment peu éloigné où il ordonneroit leur supplice. Léger passa environ deux ans dans le cloître, à pratiquer de nouveau les vertus monastiques.

{674.}

C'étoient sans doute les nouvelles qu'Ébroïn recevoit d'Austrasie qui le forçoient à quelques ménagemens. Dans le même temps à-peu-près que l'on pressoit le siège d'Autun, il avoit appris que les Austrasiens dégoûtés de sa tyrannie, avoient rappelé le fils de Sigebert. Dagobert II avoit été salué avec joie par toute la nation, il régnoit sans rival sur l'Austrasie. Cet événement sembloit ruiner la fortune d'Ébroïn. Haï dès long-temps de ces peuples, cet ambitieux avoit profité d'une haine plus forte contre le parti neustrien, pour s'emparer chez eux de la puissance publique qu'ils lui avoient déférée. C'étoit avec leurs forces qu'il s'étoit jeté comme un lion

{674, 675. Vit. S. Leodeg. auct. anonym. 12. Sigeb. chr.}

sur la Neustrie, afin d'y opérer le même bouleversement, détrôner le roi Thierri, rallier ses partisans, et assujettir ensuite l'Austrasie par les Neustriens. Cependant il formoit des sièges, opprimoit et mettoit à mort les sujets fidèles, et menoit promptement à terme un ouvrage qui ne pouvoit être accompli qu'à l'aide d'un aveuglement passager. Tout dépendoit de l'instant. Une révolution qui lui retireroit les forces austrasiennes, le faisoit retomber du faîte de la puissance où il étoit près de s'élever, en un abîme profond. Ebroïn vit le péril. Il vit en un moment ce qui lui restoit à faire. Tandis qu'il maîtrisoit encore les factions de Neustrie, il résolut de ressaisir les débris de sa grandeur. Il abandonna tout-à-coup son faux Clovis qui rentra dans l'obscurité d'où il l'avoit fait sortir. Il se tourna vers Thierri qu'il persécutoit et qu'il avoit presque entièrement dépouillé de ses États. Il traita avec le roi légitime. En un instant Thierri qui avoit disparu, que l'on croyoit perdu, Thierri déjà tellement oublié que l'on répandoit par-tout le bruit de sa mort, sort de sa retraite et reparoît dans sa Cour. Ebroïn maître des provinces, entre presque en même temps dans le palais; il y est reçu comme ami et comme protecteur; il y trouve les seigneurs de sa faction; il est caressé par le prince, proclamé maire; enfin plus maître de Thierri devenu son roi que de Thierri fugitif, il occupe à-la-fois le palais et le royaume par la dignité de sa charge, par le droit des armes et de la conquête. Le foible Thierri substitué à un fantôme de roi, est, comme le faux Clovis, un jouet dans la main de son maire. Pendant que l'Austrasie lui échappe et reçoit volontairement le joug de Dagobert, Ébroïn, aussi habile qu'audacieux, est reconnu souverain magistrat et arbitre de la Neustrie. Telles sont les révolutions auxquelles nous ont accoutumés la ruine de l'autorité royale et l'élévation du pouvoir des maires, et qui, tout étonnantes qu'elles paroissent, ne sont que le résultat naturel du bouleversement des lois, du conflit des factions, de la confusion de l'État et de la foiblesse du trône.

La Neustrie et la Bourgogne ne virent qu'avec horreur Ébroïn élevé sur le siège qu'il avoit déjà souillé de sang et de rapines. Seulement quelques seigneurs de sa faction se réjouirent en retrouvant l'autorité publique consacrée par le droit de la magistrature dans la main de celui qu'ils regardoient comme le protecteur de leurs brigandages. D'autres plus timides ou moins puissans, après un assez long intervalle passé dans le tumulte des partis, durant lequel ils s'étoient enrichis par les mêmes voies et livrés à toutes leurs passions, voyant un roi rétabli sur

675.

Vit. S. Leodeg. auct. anonym. ibid.

le trône, un magistrat en apparence dépositaire légitime de son sceptre, craignirent, quoique ce magistrat fût Ébroïn, qu'on ne substituât un certain ordre à l'anarchie qui avoit régné jusqu'alors; ils tremblèrent pour ces richesses qui étoient le fruit de violences exercées à main armée et des courses qu'ils avoient faites sur les voisins. C'étoient là principalement ceux à qui la domination d'Ébroïn devenoit redoutable. Car le peuple pillé et opprimé de toutes parts ne savoit ce qu'il devoit craindre ou espérer. Ébroïn s'empressa de dissiper ces inquiétudes par une espèce d'amnistie pour les excès commis dans l'ardeur de la guerre civile. Il publia un édit par lequel il ordonna que personne ne seroit recherché pour le gain qu'il pourroit avoir acquis ou le butin qu'il auroit fait pendant tout le temps qu'auroient duré les troubles. Ébroïn, quoiqu'il pût se mettre au-dessus de toute loi, devoit cette déclaration à sa propre cause; car il s'étoit enrichi lui-même des dépouilles des citoyens que ses officiers et ses serviteurs étoient chargés de lui apporter de toutes les provinces. Après cet édit par lequel il sembloit moins rétablir une sorte de paix qu'assurer à ses partisans ainsi qu'à lui-même le fruit de leurs crimes, on vit renaître l'odieuse tyrannie qui avoit déjà pesé sur les Gaules lors de la retraite de la reine Bathilde; d'autant plus violente cette fois qu'Ébroïn irrité par les revers, relevoit le front avec plus d'audace après avoir rejeté le voile d'hypocrisie dont il s'étoit couvert. Deux fois maître de ses adversaires et de tout l'État, il ne mit aucune borne à ses vengeances. Il persécuta par toutes sortes de voies les François qui s'étoient opposés à ses élections de princes ou qui avoient refusé de reconnoître les rois qu'il avoit faits. Il rechercha les enfans de ceux qui l'avoient offensé ou à qui lui-même avoit fait quelque injure : c'étoit être assez coupable envers lui que d'avoir eu à s'en plaindre dans soi-même ou dans les siens. Il déclara la guerre aux Grands, fit périr les uns par le glaive, força les autres à fuir et confisqua leurs biens. Les seigneurs Neustriens alloient chercher un asile dans l'Austrasie, dans l'Aquitaine ou chez les Barbares, abandonnant leurs trésors à l'avarice du maire. Le comte Guérin entr'autres, toujours fidèle à la fortune de son frère Léger, échappa à sa poursuite et se cacha dans le pays des Gascons. Non content d'éteindre ses soupçons dans le sang des Grands à l'ombre de l'autorité royale entièrement anéantie, de ruiner tous les ordres de l'État et de faire du royaume comme la proie de sa rapacité, Ébroïn porta encore une fois le trouble dans l'Église. Il déposséda des évêques de leurs sièges pour y placer d'indignes sujets ou des fauteurs

675, 676.

675, 676.

de sa tyrannie. Il envahit les richesses des lieux saints, détruisit des monastères, en chassa les vierges consacrées à Dieu, envoya les abbesses en exil, et joignit le titre de persécuteur de l'Église à celui d'ami perfide et de tyran sanguinaire. En sorte que tous les droits civils et religieux furent violés sous son administration. Le désordre des sièges ecclésiastiques, l'intrusion, la profanation des temples, un despotisme violent substitué à une turbulente anarchie et qui même ne l'avoit point éteinte : tel étoit le tableau du gouvernement d'Ébroïn.

676.
Vit. S. Leodeg. auct. anonym. 12, 13, auct. Ursino, 9. et seq.

Ce maire craignit pourtant de se charger de l'horreur de tant de meurtres. Pour donner quelque prétexte à ses cruautés, il se déclara le vengeur de Childéric ; et parce que ce prince avoit péri réellement par une conspiration des Grands, il feignit, en immolant à sa sûreté les principales têtes de l'État, de satisfaire à un devoir de justice et à la mémoire du dernier roi. Il fit retomber principalement cet attentat sur Léger, et lui donna pour complice le comte Guérin son frère, quoique l'évêque fût en ce temps-là même prisonnier avec Ébroïn dans le monastère de Luxeu. L'impudence de cette accusation étoit d'autant plus grande, que personne ne s'étoit réjoui autant qu'Ébroïn de la mort de Childéric élevé sur le trône malgré sa faction et dont le meurtre avoit été le signal de sa délivrance. L'état d'abaissement où il avoit réduit le prélat, son supplice et une seconde réclusion ne le lui avoient point fait mettre en oubli. Loin que la haine d'Ébroïn fût assouvie, il sembloit qu'elle eût redoublé à mesure qu'il l'avoit comblé d'outrages. Une mort prompte n'eût point suffi à sa vengeance : il vouloit épuiser sur lui l'horreur des supplices. Ébroïn fit donc rappeler dans le palais, par un ordre du roi, le comte Guérin qui, avec plusieurs autres seigneurs, fuyoit alors dans les Pyrénées la persécution du maire. On tira aussi le prélat de son monastère, et on amena ces deux fidèles amis, long-temps compagnons de la même cause, devant l'audience du foible Thierri, premier sujet de son ministre. Le féroce Ébroïn, à la vue de ces accusés qui lui étoient livrés pour victimes et dont le plus illustre portoit encore les marques de sa rage, ne put modérer son ressentiment. Sans être touché par l'aspect de leur malheur ni contenu par la présence du roi, il les accabla d'injures : dernier affront que la majesté royale avoit encore à essuyer de l'insolence des maires. Mais Léger se tournant vers lui : « Notre sort, dit-il, sera bientôt à l'abri de tes outrages. Mais Dieu qui nous a jugés dignes de souffrir pour lui, nous rendra avec usure les biens périssables que tu nous a ravis. Pour toi, homme violent, qui te

676.

676.

joues insolemment des maux publics et de nos douleurs, crains de perdre à-la-fois et les biens de cette vie et l'espérance des biens futurs. » Ébroïn frémissant de courroux, fit séparer les deux frères. On entraîna Guérin sous les yeux du roi, qui le vit sans s'y opposer, sans y consentir. Tandis que Léger exhortoit son frère à tourner ses regards vers la gloire céleste qui leur étoit assurée, le comte étoit conduit au supplice. On l'attacha à un pieu et on le lapida. Guérin déjà fortifié contre la mort par les leçons de son frère et par sa propre vertu, expira en offrant à Dieu le sacrifice de sa vie, et le remerciant de lui avoir fait partager la palme des martyrs.

Léger reçut ce coup avec résignation. Il regretta de n'avoir pas accompagné son frère; il espéra que les souffrances de Guérin avoient eu pour terme une récompense éternelle. Mais lui-même étoit réservé à de plus grandes épreuves. Ébroïn voyant que Léger, loin d'être effrayé de l'aspect de la mort, attendoit le moment qui devoit le délivrer des maux de cette vie, lui envia la gloire du martyre. Il vouloit, dit l'historien du prélat, à force de douleurs, le faire tomber dans le découragement et le désespoir. Si l'on en croit la même légende, on le fit marcher les pieds nuds sur des pierres aiguës et tranchantes. On lui déchiqueta le visage avec le fer, on lui coupa les lèvres; de sorte que Léger déjà privé de la vue, n'offroit aucune partie de son visage qui ne fût mutilée. En cet état, on le livra au comte Varingue qui fut chargé de tourmenter ses derniers momens. Au milieu de ces tortures horribles, Léger montra une douceur et une sérénité inaltérables. Hermenaire abbé de Saint-Symphorien, qui occupoit alors le siège d'Autun, trouva moyen de le visiter et de guérir ses plaies. Il obtint cette faveur de son gardien. Le comte Varingue, après avoir conduit Léger dans sa maison, touché comme les autres de sa patience dans de si grands maux, et même, dit-on, frappé des signes d'une vertu céleste qui éclatoient en lui, cessa de le tenir à la gêne : il ne voulut plus servir de ministre à la scélératesse d'Ébroïn. Varingue déposa Léger dans le monastère des vierges de Fécamp que ce comte avoit fondé : il l'honora comme l'ami de Dieu. Léger passa encore deux ans environ dans ce monastère, occupé à la prière et à l'instruction des religieuses. Ce fut de cette retraite qu'attentif aux douleurs des autres plus qu'aux siennes propres, il écrivit une lettre de consolation à sa mère Sigrande, religieuse au monastère de Soissons, où remplissant à-la-fois l'office de fils et celui de pasteur, il l'exhorte à supporter tous ces maux à l'exemple du divin maître des chrétiens, en vue de l'éternité qu'il nous a ouverte lui-même par de plus grandes souffrances. Il ne cessoit de prier pour ses persécuteurs; d'implorer pour eux une conversion sincère : quant à lui, il leur avoit dès long-temps pardonné. Et même, ayant appris la mort ou l'exil de plusieurs de ses ennemis, qu'Ébroïn, comme il est ordinaire aux tyrans, mécontent des ministres de ses iniquités, avoit fait périr ou forcés à la fuite; il pleura leurs maux et s'affligea sur-tout de ce que la plupart étoient morts sans expier leurs crimes.

677.
Vit. S. Salabergæ inter act.SS.Bened. sec. 2.
Vit. S. Wilfrid. auct. Eddio, ibid. sec. 4.
Longuerue, Annal. Franc.

La guerre civile ne tarda point à se rallumer dans les Gaules. Ébroïn ne voyoit qu'avec la douleur de l'ambition trompée, Dagobert rétabli par les Austrasiens sur le trône de son père, après que ceux-ci lui avoient confié à lui-même et leurs armées et la conduite de leurs affaires. Thierri tiré du cloître pour succéder à son frère Childéric, croyoit peut-être aussi qu'il avoit droit, comme son prédécesseur, à étendre son sceptre sur les trois royaumes. L'intérêt et la passion qui aigrissoient les deux Cours depuis le rétablissement de Dagobert, rendoient ainsi les brouilleries inévitables. D'ailleurs, le maire Ébroïn à qui tout obéissoit, ne pouvoit vivre qu'au milieu des discordes. La haine qu'il portoit au roi d'Austrasie l'excita encore à poursuivre les amis et les anciens protecteurs du jeune prince. Saint Vilfrid, chassé de sa chaire d'Yorck par les persécutions d'une cabale, s'étoit déterminé à passer à Rome pour y soumettre sa cause au Saint-Siège et demander justice contre les usurpateurs. Il sortit d'Angleterre avec ses clercs, passa dans la Germanie, et s'arrêta dans le pays des Frisons où il prêcha l'Évangile. Il fut le premier apôtre de ce peuple Barbare. Cependant les ennemis que le prélat Anglois laissoit dans sa patrie, croyant qu'il devoit débarquer sur la côte de Neustrie, avoient envoyé des émissaires à Thierri et à Ébroïn, avec des présens, pour les engager à arrêter le prélat dans sa route et à le retenir prisonnier. Ebroïn saisit avidement l'occasion de se venger du protecteur de Dagobert. Il écrivit à Adalgèse, roi ou duc des Frisons, pour lui promettre une grande somme d'or s'il lui livroit Vilfrid mort ou vif. Mais ce prince Germain qui favorisoit la prédication de l'Évangile, loin de déférer à cette demande, fit lire la lettre d'Ébroïn à son repas, en présence de tous ses Grands dont la plupart étoient prosélytes de l'évêque ; puis il déchira la lettre et en jeta les pièces au feu. Les ambassadeurs d'Ébroïn furent renvoyés honteusement. Vilfrid, après avoir prêché durant quelques mois et jeté les semences de la Foi dans cette terre nouvelle, poursuivit sa route pour Rome. Il traversa l'Austrasie, se présenta à la

Cour de Dagobert. Ce prince l'accueillit avec la tendresse et le respect dûs à son premier ami. Il voulut même le fixer dans ses États, et lui offrit le siège de Strasbourg, le plus étendu de son royaume. Mais Vilfrid refusa d'abandonner ses droits au siège d'Yorck que Dieu lui avoit confié, et qu'il devoit réclamer comme usurpé par ses ennemis au mépris des canons. Dagobert congédia ce prélat avec de grands honneurs. Vilfrid se rendit à Rome avec un évêque françois nommé Déodat, que le roi lui donna pour l'accompagner. La guerre se poussoit vivement entre Dagobert et Thierri, ou plutôt Ébroïn, principalement sur la frontière du diocèse de Langres. On ravagea les campagnes, on ruina par le fer et par le feu les métairies et les bourgades. Suivant la coutume impie qui s'étoit introduite dans les troubles civils et qui n'étonnoit déjà plus, on ne respecta pas les choses saintes, on viola les sépultures, on dispersa les reliques des Saints. Mais comme cette guerre n'avoit d'autre cause que l'orgueil et les ressentimens du ministre, elle fut sanglante et courte. Les deux partis parurent bientôt désirer d'en venir à un raccommodement, et se lassèrent de verser inutilement du sang. La paix se conclut entre les princes; elle fut confirmée peu après dans un plaid général des évêques et des Grands de Neustrie et de

Bourgogne, que Thierri III convoqua, comme l'on croit, dans son palais de Marly près de Paris. Toute cette querelle eut lieu en l'an 677, trois ans environ après le rétablissement de Dagobert II. Dès-lors les deux Cours vécurent, du moins à l'extérieur, en assez bonne intelligence; peut-être seulement parce qu'elles ne pouvoient se nuire. Dagobert, en remontant sur le trône d'Austrasie, n'avoit pu se ressaisir des parties de l'Aquitaine et de la Provence qui avoient dépendu de ce royaume et qui subissoient alors le joug du palais de Neustrie. Elles étoient trop éloignées du siège de ses États pour que ce prince, à peine affermi, songeât à les reconquérir par les armes. Il ne les recouvra même point par cette paix. Peut-être ces provinces furent-elles cédées alors au prince Neustrien. On peut supposer aussi que les droits réclamés par l'Austrasien sur cette portion de son héritage, furent l'une des causes ou l'un des prétextes de la rupture. Car cette période de nos annales est extrémement obscure, les historiens sont rares et peu instruits, la plupart des traités et des diplomes n'ont point échappé à l'injure du temps. On ne peut donc qu'avec peine s'éclairer sur ces différens objets. Souvent même l'on s'expose à donner beaucoup aux conjectures.

Ébroïn peu de temps après, malgré la violence

677.

678.
Vit. S. Leo-

de sa tyrannie, parut observer une forme de justice en traduisant devant leurs juges légitimes ceux que leur caractère et la vénération des peuples exemptoient de la juridiction commune. Thierri, toujours guidé par son ministre, assembla en l'an 678, dans une de ses maisons royales, un concile pour y juger des évêques prévaricateurs ou dont la Cour étoit mécontente. On y condamna plusieurs prélats qui furent déposés et envoyés en exil, après avoir été accusés devant le concile par le maire lui-même au nom du roi. Désidérat entr'autres, ancien évêque de Chalon-sur-Saône, qui avoit servi de ministre aux violences d'Ébroïn et s'étoit rendu le persécuteur de Léger, fut rasé, dégradé et puni de l'exil. Mais Ébroïn peu satisfait de cette sentence, porta ensuite de lui-même la vengeance jusqu'à la peine capitale. Bien que la forme de ces jugemens ait paru régulière, il est vraisemblable pourtant qu'Ébroïn assembla ce concile plutôt pour satisfaire des haines privées que pour l'intérêt de la discipline ecclésiastique. Rien ne le prouve mieux que le sort de ce prélat et celui qu'éprouva bientôt après le duc Vaimer. C'étoit le même qui avoit assiégé Léger dans Autun, qui le premier s'étoit chargé de la garde du saint évêque, et qui depuis, devenu suspect au maire, avoit été transféré de son gouvernement à l'évêché de Troyes. Cet ancien con-

678.
deg. auct. anonym. 14. et seq.
auct. Ursino, 14 et seq.

fident fut, comme il paroît, condamné dans le même concile. Mais Ébroïn quelque temps après, malgré la sainteté de son caractère, le fit arrêter, battre de verges, et enfin pendre à une potence. Ainsi le rapporte l'historien de saint Léger, qui n'ose toutefois affirmer ce fait. Tel fut le sort des principaux persécuteurs de Léger, amis et fauteurs du maire. L'évêque n'étoit point pour cela à l'abri des derniers effets de la cruauté d'un homme qui n'abandonnoit jamais ses ressentimens. Ébroïn résolut de mettre un terme au supplice de Léger en commençant par son déshonneur. On le tira du monastère de Fécamp, on le traîna dans ce synode corrompu. Là, on voulut le forcer de nouveau à se déclarer coupable du meurtre de Childéric. L'évêque ayant persisté dans son désaveu en prenant Dieu à témoin de son innocence, on lui déchira sa tunique en signe de dégradation. Le maire le livra pour la dernière fois à Chrodobert comte du palais, avec ordre de le faire mourir par le glaive. Cet officier se chargea donc de la personne de Léger et le conduisit chez lui dans l'Artois. Il le traita dans la route avec assez d'humanité. Léger arrivé au lieu où devoient se terminer ses longues souffrances, inspira la même commisération à la maison du comte, et son supplice fut différé de quelque temps. Car tel étoit l'empire de sa vertu, que par-tout où Ébroïn l'envoyoit pour y trouver des persécuteurs, Léger acquéroit des amis et des disciples, et donnoit des serviteurs à Dieu. Enfin arriva du palais un nouveau message d'Ébroïn, qui enjoignoit au comte de hâter la mort de Léger, de jeter son corps dans un puits, de le couvrir de pierres, et de le dérober ainsi à la vénération des fidèles de peur qu'on ne lui rendît les honneurs décernés aux martyrs. Chrodobert, quoique dévoué aux ordres de la Cour, ne reçut ce message qu'avec une vive douleur. Il se disposa pourtant à obéir. Ne pouvant se résoudre à être témoin de la mort du prélat, il ordonna à quatre de ses serviteurs de le conduire en une forêt, et là d'exécuter en secret l'ordre du maire. L'épouse du comte qui révéroit déjà dans son prisonnier le martyr et le favori de Dieu, ne cessoit de pleurer amèrement depuis qu'elle avoit appris l'arrivée du message. Elle ne pensoit qu'en tremblant que sa maison eût été choisie pour un tel attentat, et son mari pour en être l'exécuteur. Léger la consola en lui faisant entendre que, loin que son trépas commandé par l'arrêt du palais, attirât la colère du Ciel sur sa maison et sur ceux qui lui avoient donné de pieuses larmes, elle n'en devoit attendre au contraire que des bénédictions et des grâces si elle prenoit soin de sa sépulture. Il s'achemina ensuite avec les quatre domestiques vers une forêt qui porte encore aujourd'hui le nom de Saint-Léger. Lorsqu'on fut arrivé à l'endroit le plus reculé de la forêt, ces hommes pénétrés d'horreur et d'attendrissement se mirent à pleurer. Ils tombèrent à ses pieds et lui demandèrent sa bénédiction. Léger la leur accorda. Remplissant jusqu'à la fin les fonctions de pasteur et de ministre de la parole divine, il leur donna ses derniers avis et ses dernières prières. Il resta quelque temps à genoux au milieu de ces satellites, le front tourné vers le Ciel, implorant la miséricorde divine sur eux et sur lui-même. Puis, lorsqu'il eut achevé, il fit signe à ses bourreaux. Tandis que trois de ces hommes restoient prosternés, l'un d'eux leva le bras et lui trancha la tête. La femme du comte, suivant sa promesse, alla recueillir en secret les restes de Léger; elle les fit inhumer avec les mêmes habits dans lesquels il étoit mort, en une petite chapelle que l'on voyoit au village de Sercin, sur la limite du diocèse de Cambray. Quelque temps après ce tragique événement, et lorsqu'Ébroïn eut cessé de vivre, le respect que les peuples avoient porté à Léger se réveillant avec plus de force, ils accouroient de toutes parts se prosterner sur sa sépulture et implorer par son intercession la guérison de leurs maux. Thierri lui-même, quoiqu'il eût à se reprocher d'avoir prêté son nom à la cruauté de son ministre, honora Léger comme un apôtre, comme un fidèle conseiller et un saint martyr. L'évêque d'Arras dans le diocèse duquel il avoit subi son supplice, ceux de Poitiers et d'Autun, se disputèrent son corps pour le déposer en leurs églises. Cette pieuse querelle se décida par le sort en faveur du diocèse de Poitiers, où Léger avoit d'abord exercé le ministère sacré. On transporta ses restes avec de grands honneurs au monastère de Saint-Maixent dont il avoit été abbé. On y construisit une basilique en son honneur, on lui dédia d'autres églises en différentes provinces, et sa mémoire long-temps chère et précieuse aux Gaules, y est encore en vénération.

Vit. S. Wilfrid. auct. Eddio. Mabillon. præfat. in sec. 4.

Cependant l'Austrasie offroit une scène non moins sanglante et encore plus horrible. Le jeune Dagobert étoit précipité du trône où ses peuples l'avoient fait monter, et mouroit d'une mort cruelle par la perfidie des siens. La fragilité des trônes, l'insolence des sujets, l'avilissement de la majesté royale présentoient chaque jour un spectacle plus effrayant. Le duc Vulfoalde et ses amis avoient été, comme nous l'avons vu, les principaux appuis de Dagobert contre la faction d'Ébroïn qui vouloit soumettre toutes les Gaules à sa tyrannie. C'étoit ce seigneur qui avoit rappelé d'Irlande le fils de Sigebert, et qui, aidé de la partie la plus saine et la plus nombreuse des Austrasiens, l'avoit rétabli dans le palais de ses pères. Mais Ébroïn, comme ces politiques fourbes qui n'agissent que par la corruption, conservoit toujours un parti en Austrasie. Durant sa courte domination sur ce royaume, et même dès le temps où, après la retraite de Bathilde, il gouvernoit les Gaules du palais de Neustrie, ce ministre s'étoit fait par-tout des créatures dans les compagnons de ses rapines. Des Grands qui tenoient de lui leur fortune, des évêques établis par force et par intrusion, craignoient toujours que le parti le plus juste ne vînt à dominer ; ils craignoient qu'un roi légitime entouré de la confiance des gens de bien, n'inquiétât leur autorité et ne leur fît rendre compte de leur conduite. Peut-être aussi Dagobert qui paroît avoir été un prince sage et pieux, ami et disciple de saint Vilfrid, étoit-il plus dangereux qu'un autre à ces hommes ennemis de toute discipline, parce qu'il vouloit achever de rétablir la subordination dans l'État ; ce qui ne pouvoit se faire qu'à leurs dépens. Une partie des seigneurs Austrasiens ou du moins les fauteurs d'Ébroïn, joints à quelques restes de l'ancienne faction de Grimoalde, ne purent supporter l'ordre et la paix qui alloient renaître ; ils redoublèrent d'efforts pour perdre leur roi. Il se fit donc une con-

678.

juration dans le palais d'Austrasie de la part de ces Grands vendus au parti neustrien, et même des évêques qu'Ébroïn avoit placés dans les chaires des légitimes pasteurs. La mort du roi fut résolue. Dagobert qui se reposoit sur l'amour des peuples dont il avoit des témoignages si manifestes et si récens, fut surpris par les conjurés; l'un d'eux lui plongea son épée dans le sein. Tel fut le sort de ce prince sur qui la fortune parut vouloir épuiser tous ses caprices. Rétabli sur le trône à l'âge d'environ vingt-trois ans, il en avoit régné quatre lorsqu'il fut tué en 678, l'année même du martyre de saint Léger. Il laissa pour fille sainte Hermine, qui fut première abbesse du monastère d'Oëren à Trèves, que ce prince avoit fondé ainsi que plusieurs autres monastères.

679.

Peu de temps après, saint Vilfrid ayant obtenu du pape Agathon, au milieu d'un concile convoqué à Rome, un jugement qui le rétablissoit dans sa dignité, et ignorant apparemment la mort du roi son ami, traversa les Gaules pour se rendre dans sa patrie. Il fut arrêté sur sa route par un de ces indignes prélats qui battoit le pays avec un corps de troupes. Cet homme courut à la rencontre de Vilfrid, dans l'intention de charger son escorte, de faire prisonniers les gens de la suite, et d'envoyer l'évêque lui-même devant Ébroïn chef de tous les factieux. Il l'arrêta avec insolence et lui demanda de quel droit, étranger comme il étoit, il avoit osé élever dans son île un roi pour les François, ramener dans le palais d'Austrasie un exilé qui n'avoit fait servir son pouvoir qu'à ruiner l'autorité des Grands et des évêques. Il s'apprêtoit à attaquer le prélat, lorsque Vilfrid lui remit sous les yeux les droits des supplians et le caractère auguste de l'épiscopat qui lui avoient fait un devoir d'accueillir et de protéger un roi fugitif; il dit qu'il n'avoit renvoyé Dagobert dans ses États qu'à la sollicitation des Austrasiens eux-mêmes, et en lui recommandant de faire le bonheur de ses sujets. Enfin il sut tellement défendre sa cause et tout ensemble imposer au satellite d'Ébroïn par une modération mêlée de fermeté, que celui-ci lui laissa continuer sa route. Vilfrid muni du décret du Saint-Siège, rentra heureusement dans sa patrie.

679.

La mort funeste de Dagobert ne livra point pourtant l'Austrasie à l'ambition d'Ébroïn. Le duc Vulfoalde, l'ami fidèle du jeune roi, ancien maire du palais de Childéric en Neustrie, suivit de près Dagobert, soit qu'il cessât de vivre naturellement, soit qu'il eût été enveloppé par les conjurés dans la ruine de son maître. Mais il garda jusqu'à la fin la principale part au gouvernement d'Austrasie. Cet État n'avoit plus de rois et n'en vouloit plus recevoir de la Neustrie. Car

679, 680.
Fredeg. cont. 97.
Gest. Reg. Franc. 46.

bien qu'Ébroïn, comme on n'en peut guère douter, eût été par ses intrigues l'un des principaux moteurs du complot, la plus nombreuse partie de la nation austrasienne rejetoit le joug de ce maire. L'horreur qu'inspiroit Ébroïn empêcha peut-être qu'aucun parti ne songeât à Thierri; ses complices même, qui avoient assassiné leur roi, ne voulurent point demander un maître à leurs voisins. Ainsi Ébroïn ne recueillit point le fruit de sa perfidie. L'autorité du palais, des mains de Dagobert et de Vulfoalde, tomba dans celles de deux seigneurs Austrasiens, les ducs Martin et Pepin, tous deux petits-fils de saint Arnoul évêque de Metz, le premier par son père Clodulfe qui avoit occupé à son tour le siège épiscopal de la même ville, le second par le duc Anségisèle. Pepin avoit pour aïeul par sa mère Begga, le vieux Pepin de Landen, maire du palais d'Austrasie, qui avoit autrefois établi Clotaire II dans ce royaume sur la ruine des petits-fils de Brunehaut, et pour oncle, l'ambitieux Grimoalde. Ainsi le parti qui prévalut encore en Austrasie, si l'on en juge par ces deux personnages, fut celui du vieux Pepin et de Grimoalde son fils, c'est-à-dire, la faction des maires, toujours ennemie de l'autorité royale, ennemie de la liberté des peuples qu'elle sembloit protéger, et qui prenoit toujours ses chefs et ses principales forces dans cette ambitieuse maison. On peut même soupçonner que ces deux seigneurs n'avoient point été entièrement étrangers à la conjuration. Unis par le sang et par l'ambition, Martin et Pepin se gardèrent bien d'appeler Ébroïn plus avide qu'eux-mêmes de commander, Ébroïn dont ils connoissoient trop bien le génie, et qui auroit tramé leur perte après s'être élevé par leur secours. Ils profitèrent de l'extinction de la race royale en Austrasie, et gardèrent la puissance publique en leurs mains. Il ne paroît pas même qu'aucun d'eux ait pris le titre de maire si respecté dans l'empire des Francs, mais devenu trop redoutable en Austrasie depuis les excès des derniers magistrats.

679, 680.

Les succès d'une faction qui, après avoir miné long-temps l'autorité royale venoit d'en éteindre jusqu'au nom, les nouveaux intérêts des chefs de parti et leurs desseins si opposés, durent nécessairement renouveler la guerre entre l'Austrasie et la Neustrie. Ébroïn pensoit avec indignation qu'une révolution qu'il avoit peut-être dirigée et qui devoit tourner à l'accroissement de son pouvoir, n'avoit fait que lui donner des rivaux plus puissans. Il voyoit son espoir renversé non plus par l'autorité légitime, mais par des complices qui s'étoient rendus, à son exemple, les arbitres de leur patrie. Il sembloit agir cette fois pour les intérêts de Thierri son maître et défendre la cause des rois. De leur côté, les ducs Austrasiens étoient résolus de soutenir leur usurpation. Tout les y invitoit : une haine personnelle née d'une ambition rivale, la crainte d'un ennemi qu'il falloit prévenir s'ils ne vouloient se perdre eux-mêmes, les instances des bannis de Neustrie. L'Austrasie étoit pleine de seigneurs Neustriens qui fuyoient la tyrannie d'Ebroïn et à qui Pepin avoit donné retraite ; car il avoit à cœur de gagner l'amitié des François des deux royaumes, qui pouvoit dès-à-présent servir sa faction et lui donner de nouveaux appuis dans l'avenir. Ces exilés l'excitoient à embrasser leur cause qui étoit celle de tous les François, à les sauver de la cruauté d'Ebroïn. On fit donc des levées de part et d'autre. Les Austrasiens conduits par les deux chefs s'avancèrent jusqu'au village de Lafau, entre Laon et Soissons sur la frontière des deux États. Ebroïn marchoit du même côté à la tête des bandes neustriennes. L'animosité des partis ne leur permit pas de rester long-temps en présence. On combattit sur ce même champ de bataille déjà célèbre par la victoire de Frédégonde. L'action fut vive, opiniâtre et long-temps disputée ; la perte considérable des deux parts. Enfin la fortune des deux nouveaux chefs céda à la vieille réputation d'Ebroïn. Après une mêlée sanglante, les Austrasiens furent mis en déroute, Martin et Pepin prirent la fuite. Celui-ci alla chercher une retraite au fond de ses provinces. Son compagnon se jeta dans la ville de Laon qui se trouvoit sur son passage. Il n'eut que le temps de s'enfermer dans les murs pour arrêter le premier effort de l'ennemi. Ebroïn s'étoit mis à la poursuite des fuyards. Il arriva jusque sous les remparts de Laon en ravageant la frontière austrasienne, et campa dans le village d'Eschery à la vue de la ville. Là, il prépara une nouvelle perfidie. Il amusa le duc Martin par une négociation. Afin de donner plus d'autorité à ses paroles, il lui envoya pour parlementaires deux prélats, Égilbert de Paris, et Régule de Reims. Les députés, de concert avec le maire, l'engagèrent à sortir des murs pour traiter d'une trève entre les partis. L'Austrasien se voyoit investi par l'armée ennemie, sans espoir d'être secouru par son compagnon qui fuyoit en toute hâte dans le centre de l'Austrasie. L'extrémité où il se trouvoit réduit lui faisoit désirer d'en sortir par un accord; mais il n'étoit pas assez peu avisé pour se fier à la parole d'Ebroïn. Les deux prélats dissipèrent ses craintes au moyen d'une fourberie horrible, digne du maire qui en étoit l'inventeur. Ils lui jurèrent que sa personne seroit respectée,

680.

et confirmèrent leur serment en posant la main sur des châsses vides, comme s'ils eussent pris à témoin, suivant l'usage, les reliques des Saints. Martin se fia à une promesse si solennelle. Il sortit de la ville, alla au devant d'Ebroïn avec ses amis et les capitaines qui avoient accompagné sa fuite. Mais à peine arrivé au village d'Eschery, sur le lieu de la conférence, il fut massacré, comme autrefois le maire Leudèse et par le même artifice, avec toute son escorte. Ebroïn parut aussitôt devant les murs de Laon. Profitant de la première terreur des habitans destitués de leurs défenseurs, il s'en fit ouvrir les portes et y entra en maître.

La victoire qu'Ebroïn venoit de remporter, la mort d'un des principaux chefs Austrasiens et la fuite de l'autre, lui livroient l'entrée du royaume d'Austrasie. Il embrassoit déjà les nouvelles espérances que la fortune lui offroit, et sans doute il seroit venu à bout de soumettre une seconde fois toutes les Gaules à l'autorité du palais de Neustrie, s'il n'eût été arrêté dans ses projets par une mort prématurée. Le moment étoit venu où celui qui avoit commis tant de forfaits devoit succomber lui-même sous la haine qu'il avoit excitée ; et le fer qu'il avoit levé contre tant d'innocens, devoit punir ses crimes. Ebroïn enorgueilli par ses succès ne ménageoit plus rien ; il pilloit

---

680.

Vit. S. Anstrudis, inter act. SS. Bened. sec. 2.

Fredeg. cont. 98.
Gest. Reg. Franc. 47.
Vit. S. Leodeg. auct. anonym. 16.

et opprimoit les amis comme les ennemis. Un seigneur François, nommé Hermanfroi, qui occupoit une des charges du fisc, s'étoit vu dépouiller, comme coupable de concussion, de la plus grande partie de ses biens. Le maire non content du tort qu'il lui avoit fait dans sa fortune, le menaça de le faire mourir. La crainte se joignant alors au désir de la vengeance, Hermanfroi résolut de prévenir le tyran. Il assembla de nuit ses amis et ses serviteurs, et les plaça en embuscade autour du palais. Le lendemain matin, jour de dimanche, le maire sortit pour se rendre à matines. Mais à peine avoit-il fait quelques pas hors du seuil, son ennemi qui l'épioit se jeta sur lui avec sa troupe et lui fendit la tête d'un coup d'épée. Puis, le voyant tomber roide mort, il prit la fuite. Il alla chercher une retraite en Austrasie près de Pepin qui ouvroit un asile à tous les mécontens, et que ce meurtre venoit de tirer d'un péril éminent en offrant une plus belle carrière et de nouvelles vues à son ambition.

Jusqu'à présent la Neustrie et l'Austrasie semblent le seul théâtre de ces révolutions turbulentes; mais l'empire des Francs déchiré au dedans par les guerres civiles, s'affoiblissoit encore à ses extrémités. Les provinces germaniques se détachoient du palais d'Austrasie où les Mérovingiens ne régnoient plus. Les Gascons s'étendoient dans la Novempopulanie. Le reste de l'Aquitaine étoit partagé entre les fils de Caribert et le palais de Neustrie. La domination austrasienne y étoit éteinte; et les provinces aquitaniques qui dépendoient encore de la Neustrie, fatiguées de la tyrannie des maires, alloient bientôt se rejoindre à l'héritage des fils de Caribert. Ces princes déshérités du trône des Francs régnoient seuls, pour ainsi dire, de la race de Clovis, à cette extrémité des Gaules. Comme l'empire des Goths n'avoit cessé d'être agité ainsi que celui des Francs, l'Aquitaine rassurée par la foiblesse de ces voisins, étoit encore à l'abri des orages du dehors. Toutefois ces provinces ressentirent vers ce même temps le contre-coup des séditions et des troubles qui éclatoient chez les Goths, et dont nous allons entreprendre un récit rapide en reprenant les affaires de cette nation au point où nous les avons laissées, c'est-à-dire, au règne de Sisénand qui avoit usurpé le trône de Suintila avec le secours de Dagobert I roi des Francs.

(636.)

Chron. Reg. Goth. ap. Bouquet, t. II, p. 704.

Fredeg. chr. 82.

Sisénand étoit mort à Tolède en l'an 636, après cinq ans de règne. Les Goths avoient élevé à sa place Cinthila. Celui-ci affermit son pouvoir sur un royaume nouvellement acquis et électif, par l'exactitude de la justice et par la sagesse du gouvernement. L'on dit même qu'il se vit en état, après quatre ans de règne, de laisser le trône à son fils. On ne sait presque rien de ce prince, si ce n'est que dans les deux premières années de son règne, il convoqua deux conciles qui furent le cinquième et le sixième de Tolède. Cinthila, en formant ces assemblées, parut avoir le même dessein que Sisénand, c'est-à-dire, de faire servir au maintien de sa propre puissance la vénération qu'elles inspiroient aux peuples, et en même temps d'y trouver un abri contre les craintes que causoient toujours aux rois l'indocilité et l'orgueil de la nation des Goths. Aussi les canons que l'on dressa dans le premier de ces conciles regardent presque tous la sécurité du prince et l'affermissement de sa puissance. On y recommande l'exécution du concile précédent convoqué sous Sisénand; on ordonne que le décret de cette assemblée touchant le salut du roi sera lu en tous les conciles d'Espagne. On défend sous peine d'anathême, de rechercher superstitieusement quel sera son successeur ou de briguer par avance les vœux et les suffrages; et à tous autres qu'aux nobles Goths d'aspirer à la couronne; car l'élection du prince doit être libre. Enfin on ordonne que la postérité du roi Cinthila sera honorée et chérie, sans que personne ose attenter à ses biens. Par ce décret, Cinthila pourvoyoit à la sûreté de ses enfans, toujours menacée dans un royaume électif où la

Isid. Pac. Vasæi chron. Fleury, hist. eccl. xxxviii, 10, 14.

famille du roi mort étoit souvent maltraitée par le successeur. Cinthila confirma par un édit les décrets de ce concile. Le suivant, qui fut le sixième de Tolède, n'a presque rapport qu'au temporel; il renouvelle plusieurs ordonnances du concile précédent. Le concile ordonne, avec le consentement du roi et celui des Grands, qu'à l'avenir aucun prince ne montera sur le trône qu'il ne promette, sous peine d'anathême, de conserver la Foi catholique, de ne pas souffrir qu'aucun de ses sujets professe une autre religion dans ses États. On répète les défenses d'attenter à la vie du monarque ou de conjurer contre lui; on condamne à l'excommunication et à la réclusion pour y faire une longue pénitence, quiconque aura eu recours aux ennemis, étant réduit sous l'obéissance du roi. Ce décret semble dicté par le souvenir de la chute du roi Suintila et de la révolte de Sisénand favorisée par les François, qui faisoit appréhender à Cinthila un sort pareil. « Mais ces canons, ajoute un historien de l'Église, et les vœux que l'on y fait pour le roi Cinthila, sont moins des preuves de l'affection des évêques que des craintes qu'avoit le roi et de la fragilité de sa puissance. »

Fleury.

Après la mort de Cinthila arrivée en l'an 640, troisième du règne du jeune Clovis fils de Dagobert I, et trentième de celui d'Héraclius, les

Fredeg. chr. 82. Chron. Reg. Goth. Isid. Pac.

Goths avoient élu Tulga, que Frédégaire, histo- Vasæi chr.
rien étranger mais contemporain, prétend fils Roder. Tolet. de reb. hisp.
du dernier roi. Ce prince étoit fort jeune, il n'étoit point même encore sorti de l'adolescence lorsqu'il parvint à la royauté. L'innocence de son âge le rendoit incapable de se prémunir contre les dangers qui assiégeoient son trône. Aussi ne l'occupa-t-il guère plus de deux ans. Malgré tant de précautions des deux derniers rois, malgré les anathêmes des conciles, ce fonds d'indocilité et d'inquiétude, cette humeur volage et turbulente des Goths qui alloit toujours croissant à mesure que leurs mœurs s'altéroient, causa encore la ruine de ce nouveau prince. Depuis que Suintila avoit achevé de chasser les Romains de l'Espagne, les Goths n'avoient plus d'ennemis à l'extérieur. Ils vivoient alors en paix avec les François, et les deux peuples ne faisoient plus d'entreprises sur leurs frontières respectives. L'activité inquiète de la nation retombant sur elle-même ne pouvoit plus enfanter que des troubles et des désordres. Les historiens François ont pensé que l'insolence et la légèreté d'un jeune roi corrompu par l'excès du pouvoir avant d'avoir appris à se connoître, donnèrent lieu à la nation des Goths de se soulever. Mais il est vraisemblable que la jeunesse et l'inexpérience de Tulga, conjoncture favorable aux séditions, fu-

rent la seule cause de ses revers. Et s'il faut en croire les historiens Espagnols plus dignes de foi sur ce point, ce prince, à part la foiblesse de son âge, étoit orné de toutes les belles qualités qui pouvoient faire aimer sa personne et assurer son trône. Son affabilité, sa douceur, sa générosité, son amour pour la justice, annonçoient qu'il feroit un jour le bonheur et la gloire de sa nation s'il atteignoit à un âge mûr. Mais ces vertus naissantes et déjà chères aux peuples ne purent rien contre la fureur des conspirations, vice irremédiable de la noblesse des Goths. Chindasuinthe, un des principaux seigneurs, forma un parti contre Tulga avec les Grands et les chefs de l'armée. Il le chassa du palais, le fit dégrader par la tonsure, condamner à la vie cléricale, et établit lui-même sa tyrannie sur l'Espagne en l'an 642.

<small>Fredeg. chr. ibid. Isid Pac. Chron. Reg. Goth. Roder. Tolet. de reb. hisp.</small>

Chindasuinthe étoit dans un âge très avancé lorsqu'il parvint à la couronne. Il avoit vu plusieurs règnes, avoit pris part à la plupart des conjurations qui s'étoient tramées contre les rois. Ce vieux conspirateur connoissoit par sa propre expérience le génie indocile des Goths qui ne pouvoit souffrir de maître, leur inconstance qui n'aspiroit qu'à se défaire de ceux qu'ils s'étoient donnés. C'étoit une ancienne maladie de la nation, qui l'avoit infectée dès l'origine. Il connoissoit sur-tout l'humeur arrogante de la noblesse parmi laquelle il avoit vécu. L'Espagne étoit pleine de factieux, d'artisans de séditions et de troubles qui n'aspiroient qu'à se replonger dans les intrigues et les complots. La plupart avoient été ses complices en divers temps, et même dans la dernière conjuration. Chindasuinthe devenu roi résolut de mettre à profit, pour ainsi dire, les intelligences qu'il avoit acquises dans le camp ennemi. Il imita la conduite du roi Leuvigilde qui, en partageant le royaume entre ses deux fils Herménégilde et Reccarède, s'étoit défait par le fer de tous ceux qui avoient trempé dans le meurtre des derniers rois. Chindasuinthe fit également la recherche des Goths qui avoient eu part à l'expulsion et à la dégradation des princes; il les fit mettre à mort. Pour s'assurer davantage de ses créatures et de ses partisans, il leur livra les femmes, les filles et tous les biens des proscrits. On rapporte qu'il fit périr environ deux cents personnages de la première noblesse et cinq cents de condition inférieure. Plusieurs furent sacrifiés à de simples soupçons. Quelques autres, moins coupables ou moins dangereux, furent simplement éloignés et punis de l'exil. Chindasuinthe, perdant ainsi ses ennemis ou ceux qui lui faisoient ombrage et enrichissant ses amis de leurs dépouilles, réprima par la crainte, du

Greg. Tur. IV, 38.

moins durant sa vie, l'humeur séditieuse des Goths. Il ne cessa de sévir jusqu'à ce qu'il crût avoir étouffé ce germe toujours renaissant de révolte et fondé la sécurité de son règne. Aussi l'on remarque que sous ce règne les Goths n'osèrent remuer ni former de mauvais desseins. On ne voyoit aucun tumulte, l'Espagne jouissoit d'une tranquillité profonde qui étoit l'effet de la terreur publique. Ce prince sévère et soupçonneux gouverna avec rigueur mais avec habileté, comme on pouvoit l'attendre d'un seigneur vieilli et endurci dans les factions. Un gouvernement si ferme et si violent ne dédaigna point le concours des lois et de la religion qui sont le fondement de la paix publique et de l'autorité légitime. Chindasuinthe, savant dans l'art de régner et soigneux d'entretenir dans son royaume les bonnes disciplines, assembla, à l'exemple de ses prédécesseurs, un concile national qui fut le septième de Tolède. Le premier canon en est remarquable ; il est dirigé contre les clercs qui prennent parti dans les révoltes : ces rebelles, depuis les évêques jusques aux moindres clercs, sont déclarés excommuniés pour toute leur vie. On voit par là jusqu'où étoit porté l'esprit de faction dans cette monarchie. Chindasuinthe, l'an septième de son règne, en 648, associa à son trône son fils Récésuinthe et

<small>Fleury, hist. eccl. xxxviii, 43.</small>

le fit reconnoître de son vivant à la nation des Goths. Ainsi ce prince qui étoit monté sur un trône si glissant où ses prédécesseurs n'avoient pu se soutenir, avoit assez affermi sa puissance par sa tyrannie, ou si l'on veut par la sévérité de son gouvernement, pour la léguer à sa postérité. Mais sur la fin de sa vie, il voulut expier le sang qu'il avoit versé, par la pénitence et par d'abondantes aumônes : soin tardif d'un usurpateur qui laissoit un trône dans sa famille. Il mourut à Tolède dans une vieillesse avancée (Frédégaire dit qu'il étoit nonagénaire) après dix ans et demi de règne. Il en avoit régné six sans partage et le reste avec son fils Récésuinthe. Celui-ci n'ayant plus besoin de l'élection, continua de régner, il occupa seul le palais en l'an 653. Vasæi chron.

Récésuinthe déploya sur le trône des vertus bienfaisantes et généreuses, bien opposées au caractère que son père avoit montré. Il ramena par la douceur les cœurs que les rigueurs de Chindasuinthe avoient aliénés, et fit presque oublier les violences du dernier règne. Mais en même temps, comme ce prince, dans un royaume qui portoit toujours un germe de révolutions, fournit une longue carrière, heureuse et florissante; il est à croire qu'il joignit à ces vertus qui le firent chérir de ses sujets, la fermeté, la vigilance et l'application. Il protégea sur-tout la Roder. Tolet.

religion, s'appliqua à maintenir dans sa pureté l'orthodoxie naguère altérée en Espagne par les erreurs de l'arianisme, et qui devoit y être moins bien affermie que dans l'empire des Francs où elle avoit toujours régné. Il honora les pasteurs, enrichit les églises de ses dons. L'autorité des prélats, fixe et immuable de sa nature, prenoit chaque jour plus d'extension par l'effet même des concessions du prince et de l'instabilité du pouvoir royal. Les princes, afin d'assurer leur propre prérogative, les avoient choisis pour protecteurs et garans de leurs droits; les usurpateurs même leur avoient soumis la censure de leurs prédécesseurs dépossédés. L'influence que Récésuinthe, à l'exemple de ses devanciers, accorda aux prélats, ne fit qu'accroître la prééminence de cet ordre. L'ambition et l'ignorance y concoururent, et sur-tout cette confusion de droits qui s'étoit propagée en Espagne comme dans les Gaules et dans toutes les monarchies où les prélats participoient au pouvoir civil; jusqu'à ce qu'enfin ils parvinssent à exercer une influence directe sur l'État. Cet ordre devint l'arbitre des rois comme par un plan formé et suivi de loin, quoique la nature des choses l'y eût d'elle-même acheminé. Les assemblées ecclésiastiques qui autrefois ne faisoient que juger le dogme et la discipline, devoient agiter des affaires profanes par l'effet de la condition mixte de ces prélats, à-la-fois pasteurs de l'Église et grands de la nation, mais pas toujours assez éclairés ou assez modérés pour distinguer ces droits divers. Réunissant deux pouvoirs qui se renforçoient mutuellement, ils sembloient les tenir au même titre; et par une conséquence naturelle le plus sacré devoit emporter l'autre, en paroître comme la source et l'origine. Ainsi ces prélats furent près de ruiner le pouvoir temporel et de l'anéantir sous le spirituel. Cette invasion du pouvoir ecclésiastique, née en partie de la grossièreté des peuples Barbares et qui s'étendit à tous les États qu'ils fondèrent, eut son principal accroissement chez les Goths d'Espagne. Comme les ministres de l'Église firent en ce royaume le premier essai de cette puissance exagérée, il semble qu'il a fallu retracer les règnes des derniers rois Goths, d'ailleurs assez obscurs, mais qui nous expliquent le développement de cette révolution singulière dont nous avons déjà découvert et reconnu les causes dans l'empire des Francs et dans l'Italie. Le roi Récésuinthe, durant le cours de son règne, ouvrit trois conciles à Tolède. Le premier qui fut le huitième de Tolède, se tint cette même année 653, que l'on compte pour la cinquième de ce prince depuis son association au trône de son père. Il suffira de parler de celui-ci. On y mêla indifféremment les affaires civiles et ecclésiastiques ; le roi lui-même soumit les intérêts de son royaume aux prélats. On inséra les lois civiles qui y furent promulguées, dans les actes même du concile. Il se trouva à cette assemblée, avec le roi, cinquante-deux évêques, dont quatre métropolitains ; plusieurs abbés et seize comtes. Récésuinthe ayant paru dans le concile, fit lire un écrit qui contenoit sa profession de foi et par lequel il prioit les prélats de régler non seulement les affaires ecclésiastiques, mais encore de donner leur jugement sur divers points qui avoient rapport au bien de l'État et à la réforme des lois ; exhortant les grands qui étoient présens à consentir à ce que les prélats ordonneroient et à l'exécuter avec soin.

Les évêques, à la demande du prince, abolirent le serment que toute la nation avoit fait au quatrième concile de Tolède sous le roi Sisénand, de condamner sans espérance de pardon ceux qui auroient conspiré contre le roi ou contre l'État. On donna pour motif de cette dispense, qu'un tel serment étoit la source d'un grand nombre de parjures. On décide que le roi sera élu dans la capitale, c'est-à-dire à Tolède, ou dans le lieu où son prédécesseur aura expiré. On réitère le décret d'un précédent concile qui

Roder. Tolet. Mariana, VI, 9. Fleury, hist. eccl. XXXIX, 10.

ordonne que l'élection se fera du consentement des évêques et des grands du palais : apparemment afin de détruire le droit d'hérédité que la famille royale sembloit avoir acquis par l'avénement du prince régnant, et de réparer l'infraction que le feu roi avoit portée à la loi de l'élection libre. Les derniers rois, et principalement, comme je le suppose, le roi Chindasuinthe, la plupart élevés par l'usurpation, ayant besoin d'enrichir leurs fauteurs et de se faire des créatures, avoient accru le poids des subsides. Le concile ordonne que les impôts seront modérés, et il en prononce lui-même la réduction. Il défend au prince de faire des exactions sur ses sujets. Enfin comme plusieurs se plaignoient du feu roi et disoient qu'il les avoit dépouillés injustement de leurs biens, on ordonne que Récésuinthe n'entrera en jouissance des biens du roi son père qu'à la condition de se représenter en justice avec les plaignans, et de leur faire satisfaction s'il est prouvé qu'il possède induement leurs biens. Afin de déterminer dans l'héritage d'un prince électif les droits de ses enfans et ceux de son successeur, d'empêcher qu'il ne détourne au profit de sa famille les trésors de l'État qui ne doivent servir qu'à l'entretien de la justice et aux frais du gouvernement ; on ordonne que les acquêts du roi passeront à son successeur, et qu'il ne laissera à ses héritiers que les biens qu'il avoit avant d'être roi. Le prince élu jurera d'observer ces différens réglemens avant de prendre possession du royaume. Tels furent entre plusieurs canons ecclésiastiques, les canons si l'on peut leur donner ce nom, qui réglèrent le gouvernement civil. Par où l'on voit que la conduite violente de Chindasuinthe, qui avoit accru le pouvoir en sa personne, n'avoit peut-être fait que l'affoiblir dans son héritier. Les prélats, effrayés encore de la tyrannie du dernier monarque, prirent dans cette assemblée, aussitôt après la mort de Chindasuinthe, de nouvelles et plus fortes précautions contre l'abus de la prérogative royale. Il faut observer encore que ce concile ne fut point souscrit seulement par les cinquante-deux évêques qui y avoient assisté, mais par les abbés qui n'avoient point eu jusque là de voix en ces assemblées et par les seize comtes. Le roi en confirma les décrets par un édit. Exemple remarquable d'une assemblée ecclésiastique qui statue à-la-fois sur les intérêts spirituels et sur ceux de l'État, et où les grands prennent part, sinon par leur délibération, du moins par leur assentiment.

Mariana, vi, 9. Mais, comme le dit un historien moderne de l'Espagne, ces conciles de Tolède doivent être considérés comme des états-généraux du royaume des Goths. Du reste on concevra sans peine que les délibérations publiques de l'État transportées dans des conciles où dominoit la voix des évêques, tendoient réellement à faire tomber en leurs mains toute la puissance des lois. Récésuinthe par sa sagesse, sa douceur, sa modération, et en se ménageant habilement entre l'ambition des grands et le pouvoir croissant des prélats, sut se conserver sur un trône exempt d'orages durant dix-neuf ans qui s'écoulèrent depuis la mort de son père. Son règne fut en tout de vingt-trois ans; durée bien remarquable dans un royaume aussi fréquemment agité et chez un tel peuple. On le compte parmi les rois Goths législateurs. Il réforma des lois, en dressa de nouvelles, qui subsistent dans le code de cette nation. Il paroît que ce long règne ne fut troublé ni au dedans, ni au dehors, si l'on excepte une incursion des Gascons ou montagnards des Pyrénées dans la Tarragonoise, qui fut réprimée par les armes de Récésuinthe. Ce prince mourut le 1er septembre de l'an 672, troisième de la monarchie de Childéric II, dans une de ses métairies située sur le territoire de Palencia. Il laissa, dit-on, un fils en bas âge, que l'on prétend sur des fondemens assez peu certains, être le même que le duc Théodefroi dont nous aurons lieu de parler dans la suite. La succession ne regardoit point cet enfant; je ne dis pas seulement à cause de son bas âge : mais les décrets des conciles de Tolède avoient trop bien fixé le droit d'élection décerné dorénavant aux prélats et aux grands. D'ailleurs l'occupation du trône par hérédité que l'on avoit supportée chez Récésuinthe, mais qui au fond étoit considérée comme une suite de la tyrannie du père, devoit faire donner l'exclusion à sa postérité, et disposoit moins que jamais les esprits à reconnoître ce jeune prince.

672.
Julian. Tolet. hist. Wambæ reg.
Ejusd. judic. in tyrannos.
Roder. Tolet. de reb. hisp.

Les Grands du palais de Récésuinthe lui rendoient les derniers devoirs sur le lieu où il venoit d'expirer. Ils donnoient leurs larmes et leurs regrets à ce bon prince. Quant tout-à-coup, au milieu des funérailles, jetant les yeux sur Vamba, capitaine d'une longue expérience et d'une grande vertu, ils lui déférèrent d'une commune voix la suprême puissance, et le proclamèrent leur roi. En vain le sage vieillard instruit par l'exemple des révolutions précédentes, et désabusé des vains honneurs dont il connoissoit les périls, veut résister. On se jette à ses pieds, on le presse de se rendre aux vœux de la nation qui, du vivant même de Récésuinthe, le désignoit pour son successeur. Vamba s'excuse sur son âge avancé, sur sa foiblesse qui le rendoit incapable de soutenir le poids du gouvernement dans des circonstances aussi difficiles et parmi des orages prêts à renaître, lorsqu'il falloit une main ferme

et toute la vigueur de la jeunesse pour soutenir
l'État chancelant. Un des seigneurs Goths mit la
main sur son épée, et le regardant avec des yeux
où brilloient la colère et la menace; Sachez, lui
dit-il, qu'il faut ici vous résoudre à être notre roi
ou à périr : car nous ne vous laisserons point
échapper que vous ne nous ayez promis de souscrire à nos vœux ou que vous n'ayez porté la
peine de vos refus. Vamba fut donc forcé de céder, et élu roi le jour même de la mort de son
prédécesseur. Il pouvoit, ce semble, se contenter de cette élection faite suivant l'ordonnance
d'un des conciles de Tolède, dans le lieu même
où le dernier roi étoit mort. Mais il voulut donner à son inauguration une forme plus solennelle,
en célébrer les cérémonies à Tolède, la ville royale
des Goths, qui avoit vu le couronnement de tous
les princes. En même temps il désiroit y faire
concourir le consentement des Grands et des prélats qui ne se trouvoient point alors sur les lieux ;
il ne pouvoit donner trop d'apparence de légitimité à une élection souvent surprise ou forcée,
et montrer qu'il ne devoit la sienne qu'aux suffrages unanimes de la nation. Ce prince, dix-
neuf jours après cette élection tumultuaire, fit
son entrée solennelle à Tolède, accompagné des
Grands du palais qui l'avoient reconnu. Il se rendit, revêtu des habits royaux, à l'église des Apô-

672.

tres; il fit sa profession de foi devant l'autel; confirma par serment, suivant la coutume, les lois de ses prédécesseurs et les décrets donnés dans les conciles qui fondoient le nouvel ordre du gouvernement. Après quoi, il fut sacré avec l'huile bénite, par Quiricus archevêque de Tolède. C'est la première fois qu'il est parlé dans l'histoire moderne de l'onction des rois. Je ne sais si elle fut renouvelée alors pour le roi Vamba; si, par cette cérémonie auguste par laquelle Dieu même avoit autrefois consacré les rois de son peuple, ce prince voulut rendre sa personne et son caractère plus inviolables. Mais il est vraisemblable que cette cérémonie qui s'introduisit un peu plus tard chez les François, avoit déjà été pratiquée pour les rois des Goths. Elle étoit sans doute chez ces peuples l'effet du grand ascendant que le clergé, comme nous l'avons vu, avoit acquis en Espagne; de la forme théocratique que le gouvernement des Goths avoit prise dans ces conciles où se régloient toutes les affaires de l'État par la voix de l'Église, où les rois interrogeoient la sagesse des évêques et recevoient leurs instructions. Car je remarque que Julien, archevêque de Tolède et successeur de Quiricus, lequel a vécu dans ce temps et nous a donné ce récit, n'indique nullement qu'il se passât rien de nouveau en cette

occasion. Il rapporte même cette inauguration
et ce sacre du roi Vamba, comme une cérémonie
usitée, que Vamba avoit voulu seulement différer pour être célébrée à Tolède et non dans le
lieu où il avoit été élu, afin de lui donner l'éclat
nécessaire. Après le sacre, les Grands reconnurent de nouveau leur prince, ils lui jurèrent fidélité, l'on dressa un acte de cet engagement et de
leur serment, auquel ils apposèrent leurs seings.

 L'événement montra bientôt que Vamba ne
s'étoit point trompé en redoutant de nouveaux
troubles à la suite du long règne de Récésuinthe.
Toute mutation, dans un État mal ordonné,
donne le signal aux esprits inquiets. Son élection
qui avoit eu l'assentiment de la nation fut contestée par quelques ambitieux. Dans la même
année, et peu après le sacre de Vamba, il éclata
une révolte dans la Septimanie. Le comte Hildéric qui commandoit à Nîmes en fut le chef et
le moteur. Il associa à ses desseins Gumilde,
évêque de Maguelonne, et l'abbé Ramir. Il rappela les Juifs, malgré les lois qui les proscrivoient. Arégius évêque de Nîmes ayant refusé
de se prêter à ses vues, Hildéric le chassa de son
siège, le fit charger de chaînes, et l'envoya en
exil sur les terres des François. Il mit à sa place
l'abbé Ramir qu'il fit ordonner par deux évêques

672. étrangers, en l'absence du métropolitain, sans observer aucune forme canonique. Les trois conjurés firent soulever une grande partie de la province. Le comte parcouroit le pays avec une bande d'hommes armés; il forçoit les habitans de se ranger à son parti par la séduction, par la crainte, par le ravage de leurs campagnes.

673. A ces nouvelles, Vamba envoya une armée dans la Narbonnoise sous la conduite du duc Paul, Grec d'origine, afin d'arrêter le soulèvement dans son principe. Ce capitaine se mit en marche pour les Pyrénées en traversant la Tarragonoise. Mais soupçonnant qu'un règne qui paroissoit d'abord si orageux, alloit fournir un vaste champ à l'ambition des Grands, il étoit peu porté à servir les intérêts de son roi. La sédition prenoit feu dans les Gaules. Il remarquoit sur sa route des fermens de rebellion et une inquiétude sourde que produisoit toujours un nouveau règne. Il résolut donc de fomenter la révolte qu'on l'envoyoit calmer, d'en diriger les mouvemens à l'avantage de sa propre ambition. Il retarda sa marche sous prétexte qu'il attendoit des convois; et parcourant lentement le pays, observant la disposition des esprits, il jetoit lui-même de nouvelles semences de mécontentement, formoit des liaisons et des intrigues avec les principaux factieux. Il se ligua avec Ranosinde duc de

la Tarragonoise et trouva d'autres complices non moins importans dans la province. Une partie des gouverneurs se donnèrent à lui. Il s'assura ainsi de Barcelone, de Girone et de plusieurs places voisines des Pyrénées. Ayant formé sa brigue dans la Tarragonoise, il traversa les monts. Il marchoit toujours au nom du roi Vamba, afin de n'éclater qu'à propos lorsque le parti auroit pris des forces, et en même temps afin d'avoir une entrée libre dans les villes qui tenoient pour l'autorité du roi. Les artifices de ce perfide seigneur ne purent tromper Argébalde archevêque de Narbonne. Ce prélat voulut engager les habitans à lui fermer leurs portes. Mais Paul le prévint. Instruit à temps du dessein de l'évêque, il se porta rapidement sur Narbonne avec un camp volant, s'empara des portes de la ville, s'y logea et donna au reste de l'armée le temps d'arriver. Elle se répandit en un instant dans toute la ville.

Paul vit alors qu'il falloit éclater. Comme cette foule de soldats mêlée parmi le peuple se pressoit dans la place, il parut au milieu d'elle, entouré des principaux conjurés, et se mit à haranguer l'assemblée. Il commença par invectiver contre le prélat qui avoit voulu lui interdire l'entrée des murs; il montra que cet affront leur étoit commun à tous. Puis dévoilant peu-à-peu ses desseins, à mesure que les esprits de la soldates-

673. que s'échauffoient, il se répandit en plaintes et en calomnies contre le nouveau roi qu'il dépeignit comme l'ennemi du peuple et de l'armée, dont l'élection avoit été faite illégitimement par quelques factieux et malgré le vœu de la nation. Il déclare, quant à lui, qu'il ne peut plus reconnoître le roi Vamba, qu'il renonce à son obéissance. Il exhorte l'assemblée à l'imiter, à se donner d'elle-même un roi plus digne de commander à de tels hommes; il dit qu'il est prêt tout le premier à reconnoître celui qu'ils auront élu. Alors le duc Ranosinde, par un mouvement concerté, s'écrie que Paul lui seul est digne d'être leur roi et lui jure fidélité. Les autres conjurés répètent ce serment par acclamation. Paul se laisse couvrir des ornemens royaux. Il met sur sa tête la couronne du roi Reccarède, qu'il avoit enlevée de l'église de Girone où ce prince l'avoit dédiée. Voyant alors le succès complet de la scène qu'il a jouée, il lève le masque, use de violence, contraint tout le monde à lui prêter le même serment qu'il avoit fait à Vamba lors de son élection. Le comte Hildéric et les deux prélats ses fauteurs, n'ayant plus de ressources que de ce côté, se joignent à sa faction. Toute la province gauloise le reconnoît ainsi qu'une partie de la Tarragonoise. Il appelle à sa solde par l'appât du gain des troupes de François et de Gascons,

envoie des capitaines s'assurer des différentes villes, renforce chaque jour le parti de nouvelles bandes d'étrangers et de rebelles ; se promettant, dès qu'il se croira assez puissant, de rentrer en Espagne et d'aller à main armée disputer la couronne au roi Vamba.

673.

Tandis que tout étoit en feu dans la Septimanie et dans la Tarragonoise, ce prince étoit occupé à défendre ses États sur un autre point. Il se trouvoit alors dans la Cantabrie où il avoit été appelé par les révoltes et les incursions des montagnards que les historiens nomment Gascons et qui habitoient principalement vers la partie de la Tarragonoise qui répond au royaume de Navarre. Mais nous penchons à croire que l'on donnoit ce nom à tous les montagnards de la partie occidentale des Pyrénées. De même les montagnes de la Cantabrie ou Biscaye jusqu'aux Asturies partageoient alors le nom de Pyrénées avec la longue chaîne qui sépare les Gaules de l'Espagne. On voit encore que les mouvemens de cette révolte s'étoient étendus jusqu'aux Asturies. Ce fut en ces cantons que Vamba reçut la nouvelle de ce qui se passoit dans la province gauloise. Il tint aussitôt conseil avec les Grands du palais. Les avis se trouvèrent partagés. Les uns pensoient qu'il falloit marcher sur la Gaule sans perdre de temps, afin d'étouffer la révolte à sa

Divis. Episcopat. Narbonn. apud Bouquet, t. II, p. 719.

673. naissance : d'autres vouloient qu'on rentrât dans le centre de l'Espagne afin de s'y procurer des renforts. Mais Vamba, avec la magnanimité d'un grand prince et d'un habile capitaine qui connoît bien ses forces et ses ressources et le prix de l'activité, ne voulut ni abandonner l'ennemi qu'il avoit en tête, ni remettre à un temps éloigné la soumission des rebelles. Il soutint qu'on ne pouvoit différer de punir les uns sans donner aux autres le moyen de s'accroître; qu'il falloit achever la guerre des Gascons dans le pays desquels ils ne faisoient que d'entrer; que cette guerre ne pouvoit être longue, tout étant préparé de sa part pour le succès; puis, forts de leur cause, et avec des troupes déjà enhardies par une heureuse expédition, animées par le butin, ils reviendroient sur la Septimanie. « Car les entreprises interrompues et dont le résultat tarde trop, refroidissent le courage des armées. Le soldat qui quitte les rangs pour rentrer dans ses foyers, ne rapporte plus sur les champs de bataille, lorsqu'il faut y reparoître, la même résolution et le même feu. Il falloit donc profiter de leur ardeur nouvellement enflammée; et après avoir châtié les Gascons et les montagnards de Cantabrie, marcher avec confiance à la défaite de ces perfides. Ils ne soutiendroient pas la vue de leur roi ni du concert des Grands qui appuyoient son élection et

leurs propres suffrages. Surpris au milieu de leurs préparatifs, ils seroient vaincus avant de combattre. » Ce discours releva le courage des capitaines. Vamba en profita. Il marche aux montagnards, pénètre le fer à la main dans leurs défilés. Il parcourt et bat leur pays durant sept jours, ravage les campagnes, brûle les édifices et force les habitans à faire leurs soumissions. Les Gascons viennent à ses pieds demander grâce. Ils apportent des présens, livrent des otages, paient humblement le tribut auquel ils s'étoient soustraits. Vamba leur ayant accordé la paix, quitta le pays et dirigea sa marche sur la Tarragonoise.

673.

Des montagnes de la Cantabrie, il descendit sur les bords de l'Ebre dont il suivit le cours. Il passa par les villes de Calahorra et Huesca et se trouva au milieu de la province de Tarragone. Alors il divisa son armée en quatre corps dont il se réserva l'un. Il confia les trois autres à des capitaines éprouvés, les dirigea sur les Pyrénées par trois chemins différens, afin d'entrer plus facilement dans la Narbonnoise sur toute la largeur des Pyrénées, et de réduire par leur seule approche la Tarragonoise qui n'étoit point engagée si avant dans la révolte. Le premier corps devoit se porter vers la partie occidentale de la Narbonnoise, par où cette province touchoit à

673. la Novempopulanie, et arriver sous les murs du Castrum-Liviæ, aujourd'hui Puycerda, capitale de la Cerdagne. Un autre longeoit la côte de la mer et se dirigeoit à l'extrémité opposée. Un troisième devoit gagner le centre du pays et se porter sur les Pyrénées en traversant la ville de Vique ou Ausona. Vamba suivoit à la tête du quatrième corps, pour appuyer les trois premiers et se porter où le besoin des affaires l'appelleroit. Ces différens détachemens soumettoient les villes sur leur route et les ramenoient à l'obéissance du prince. Vamba entra d'abord dans Barcelone où il fit prisonniers plusieurs chefs de la révolte qui s'y étoient jetés pour défendre la place. Girone lui fut rendue par l'évêque Amator. Cette ville avoit compté vainement sur les secours de Paul. Le duc annonçoit en vain qu'il alloit rentrer dans l'Espagne à la tête d'une armée. La Tarragonoise étoit soumise avant que cet imprudent conspirateur eût pu faire un pas pour secourir les places de son parti. Vamba atteignit les monts. Ses trois lieutenans y étoient arrivés sur les divers points qui leur étoient assignés, en traversant victorieusement la Tarragonoise. Ils avoient obtenu les mêmes succès dans les Pyrénées, surpris les postes et les châteaux qui se trouvoient à leur passage. Puycerda et Oltrera furent enlevées par le premier détachement. On y trouva

une partie du trésor des rebelles, qui fut la proie du soldat. Hiacynthe évêque d'Urgel, lié à la conjuration de Paul, vouloit se jeter dans la première de ces places; mais il tomba lui-même aux mains de l'ennemi. Clusas située dans les gorges des Pyrénées servoit de principale barrière pour protéger l'entrée de la Septimanie. Ranosinde, ce gouverneur de la Tarragonoise, s'y étoit renfermé avec plusieurs autres chefs du parti. Les lieutenans de Vamba les y forcèrent, firent prisonniers ces traîtres que l'on présenta au roi les mains liées. Un corps de François que le duc Paul envoyoit au secours de Clusas, rebroussa chemin, portant dans la Septimanie la nouvelle du passage des Goths qui avoient forcé les défilés et alloient inonder la province. En effet l'avant-garde s'avançoit déjà le long de la mer jusqu'à Collioure dans la Narbonnoise qu'elle emporta et où elle fit prisonniers d'autres rebelles. Vamba, maître des passages, descendit dans les plaines de Septimanie. Il resta deux jours au pied des monts pour donner le temps à ses lieutenans de lui ramener leurs détachemens. Il réunit sous ses ordres les trois autres corps qui avoient traversé la Tarragonoise. Puis ne voyant plus d'ennemis derrière lui, il fit une nouvelle division de son armée dans l'intention de diriger ses forces sur Narbonne, de faire tomber d'abord cette cité

673.

673. qui étoit la tête du parti. Une flotte qui l'avoit suivi, devoit ranger la côte et se présenter à la vue de Narbonne. Il envoya devant lui l'élite de son armée sous la conduite de ses lieutenans pour commencer le siège, tandis que la flotte paroîtroit devant le port. Lui-même ayant l'œil à tout, suivoit avec le reste de l'armée. Il se réservoit le soin d'appuyer le siège, de s'opposer aux troupes que le duc Paul pourroit rallier dans la campagne pour troubler les opérations des assiégeans.

Ce rebelle, peu de jours auparavant, venoit de quitter Narbonne. Enflé de sa fortune, et se flattant déjà de détrôner Vamba, il avoit, dans la première ivresse de ses succès, écrit à ce prince une lettre de défi dans laquelle il prenoit le titre de roi. Car il avoit appris que Vamba s'étoit ébranlé; mais il pensoit que le roi Goth ne pourroit jamais forcer les défilés, ni surprendre les citadelles dont cette barrière étoit hérissée. La nouvelle du passage de Vamba et de la prise des places, portée dans Narbonne par les fugitifs qui se retiroient vers cette métropole, avoit fait tomber cette vaine confiance. Paul commença à craindre, à envisager l'issue de son entreprise. Il sortit de Narbonne, y laissant une garnison sous le commandement de Vittimer, un de ses principaux capitaines, qui s'étoit lui-même échappé

Epist. Pauli, apud Bouquet, t. II, p. 706.

d'un château situé à la descente des Pyrénées. Il y laissa encore l'abbé Ramir qu'il avoit fait évêque de Nîmes, et quelques autres conjurés, pour fortifier le courage des habitans et de la garnison. Lui-même se retira vers Nîmes, pour rassembler les ressources qui restoient à son parti, recevoir les secours des François, et porter remède, s'il se pouvoit, à des affaires qui sembloient désespérées dès l'ouverture de la campagne. Cependant les généraux de Vamba sommèrent la ville de se rendre. Mais Vittimer fit fermer les portes. Du haut des murailles, il vomissoit des injures et des imprécations contre le roi Vamba. Les Goths enflammés de fureur commencèrent l'attaque à coups de flèches et de pierres. On combattit durant quelques heures. Indignés de la résistance d'une poignée de rebelles qui osoient faire face à l'armée du roi, les Goths s'avancent jusqu'aux portes, ils y mettent le feu, donnent l'assaut aux murs et se trouvent maîtres de Narbonne qu'ils ont emportée dès le premier jour du siège. Vittimer, voyant la ville prise, s'étoit réfugié dans l'église. Il embrassoit l'autel d'une main; de l'autre tenant son épée nue, dans l'attitude d'un homme qui menace plutôt que d'un suppliant, il sembloit se défendre par la force bien plus que par la révérence du lieu saint. On le terrasse sous les ais de l'église, on le saisit, on lui arrache son

673.

673. épée, ou le charge de chaînes ainsi que les compagnons de sa révolte. L'abbé Ramir, évêque intrus de Nîmes, étoit sorti avant que la ville fût investie; il s'étoit sauvé du côté de Béziers où il ne put échapper au même sort et tomba dans les fers du vainqueur.

L'armée royale, maîtresse de Narbonne, continua sa route sur Nîmes où Paul avoit concentré les restes du parti. Elle prit d'emblée Béziers et Agde. Gumilde, évêque de Maguelonne, l'un des premiers qui avoient conjuré avec le comte Hildéric, se préparoit d'abord à défendre sa ville épiscopale. Mais voyant les troupes qui alloient l'investir par terre, et en même temps la flotte qui avoit toujours rangé la côte et qui paroissoit en face du port; il perdit cœur, prit la fuite et alla rejoindre Paul à Nîmes. Les vainqueurs entrèrent dans Maguelonne. L'armée se porta ensuite sur Nîmes. Paul s'y étoit renfermé avec les principaux de ses complices, avec les débris des forces de la province et quelques secours de troupes françoises qu'il avoit attirées à son service. Après une marche rapide de nuit, les Goths parurent un matin, à la première lueur du crépuscule, sous les murs de la ville. Le roi Vamba suivoit toujours à quelque distance ce principal corps chargé de l'attaque des places.

Les rebelles ne voyant d'abord dans la plaine

qu'une armée avec laquelle ils se croyoient capables de se mesurer, hésitèrent; ils furent tentés de sortir des murs, d'aller livrer le combat aux troupes royales. Mais ils appréhendèrent quelque embuscade. Comme ils attendoient d'ailleurs un secours françois des provinces voisines, ils jugèrent plus convenable à leurs affaires de gagner temps, de se défendre derrière leurs remparts. Les Goths dès que le soleil parut attaquèrent. On combattit tout le jour avec une égale ardeur. Sur le soir, les assiégeans, à qui le nombre et l'obstination des défenseurs ne laissoit pas l'espoir d'emporter Nîmes d'emblée comme les autres places sous lesquelles ils s'étoient présentés jusqu'alors, craignant d'ailleurs d'être prévenus par le secours attendu, envoyèrent demander un renfort au roi Vamba. Ces troupes firent diligence durant toute la nuit, arrivèrent le lendemain au point du jour sous les murs de Nîmes, et l'assaut recommença. Il dura encore toute cette journée. Les Goths parvinrent enfin à faire brèche avec le bélier et à rompre les portes. Ils s'y précipitèrent avec une grande valeur, se firent jour l'épée à la main et se rendirent maîtres de la place. Les rebelles et leurs auxiliaires forcés de toutes parts, se réfugièrent dans l'amphithéâtre des Arènes, ancien ouvrage des Romains, dont les murs plus forts et plus solides que ceux

673.

673. de la ville même, pouvoient mieux soutenir l'effort des assaillans.

Ce fut là que le siège recommença. Les troupes royales investirent une seconde fois les rebelles dans l'intérieur des murs. Mais les assiégés, dans leur enceinte, commencèrent à se livrer une guerre intestine plus cruelle que celle qu'ils soutenoient au-dehors. Désespérés et aigris par le mauvais succès d'une entreprise si légèrement formée, ces complices malheureux s'accabloient de reproches mutuels; ils se défioient des habitans qui servoient la faction, et qui, voyant la ville prise, s'étoient réfugiés dans les mêmes murailles. Les Goths venus d'Espagne qui avoient suivi le parti de Paul, étoient aux prises avec les premiers rebelles, auteurs de la révolte sous le comte Hildéric. Les François auxiliaires et les autres mercenaires qui avoient cru trouver leur profit dans ces désordres, augmentoient encore le tumulte. Chaque parti craignant d'être livré par l'autre pour prix du pardon, ils se déchiroient de leurs propres mains. Leur chef, ce roi d'un instant, qu'ils avoient couronné dans Narbonne, leur devint méprisable et fut bientôt le jouet de leur insolence. Ils s'attaquoient au moindre soupçon dans cette enceinte funeste où ils n'attendoient que la mort et la vengeance due à leurs crimes. Paul vit ses amis et ses serviteurs massacrés entre ses bras, malgré ses supplications et les efforts qu'il fit pour les protéger. Alors ce chef de conjurés ne pouvant point même commander à un reste de parti réduit à l'enceinte d'une muraille, insulté par cette bande de furieux qui s'entr'égorgeoient, déposa les ornemens royaux qu'il n'avoit portés que quelques mois depuis cette inauguration tumultuaire dont il avoit donné le spectacle dans Narbonne. Il rentra dans le rang des simples rebelles. Il leur remit le soin de leur propre sûreté, abdiqua ce vain pouvoir dont ils l'avoient revêtu, l'anniversaire même, dit-on, du jour que Vamba avoit été couronné dans Tolède, et quelques jours après que lui-même s'étoit renfermé dans l'amphithéâtre de Nîmes. Les conjurés, d'une commune voix, demandèrent qu'on eût recours à la clémence du roi. Ils firent choix d'Argébalde archevêque de Narbonne, le même qui avoit voulu livrer sa ville à Vamba, et qu'ils avoient forcé de suivre leur faction. Ils le chargèrent d'aller au camp implorer leur grâce. Le prélat, après avoir offert le saint sacrifice, se rendit au camp du roi, à quelques milles de la ville, revêtu de ses habits pontificaux qu'il n'avoit point quittés. Dans ce même instant, Vamba se mettoit en marche, il s'avançoit vers Nîmes à la tête de son armée. Il avoit appris qu'un parti de Frau-

673. çois venoit au secours de Paul, et il se hâtoit, afin de presser la reddition de la ville. A sa vue, le prélat descendit de cheval ; il se prosterna à ses pieds, lui porta la soumission des assiégés ; il le supplia d'épargner un reste de malheureux qui survivoient à un parti détruit, et qui, malgré l'énormité de leurs crimes, avoient déjà peut-être satisfait à sa justice. Car telle étoit leur foiblesse, leur misère et leur épuisement, que pour peu qu'il voulût sévir, il ne resteroit personne sur qui il pût exercer sa miséricorde. Vamba touché des larmes du prélat, lui promit seulement d'épargner la vie des coupables ; c'étoit toute la grâce qu'il pût accorder à sa prière. Puis, il continua sa marche et s'approcha des murs.

A son arrivée, il envoya quelques-uns de ses capitaines recevoir la soumission des rebelles. Paul est descendu par une corde du haut de l'amphithéâtre et traîné aux pieds du roi. Les principaux conjurés sortent ensuite, et entre autres l'évêque Gumilde, l'un des premiers auteurs de la révolte : il n'est plus fait mention du comte Hildéric. Les habitans de Nîmes, les auxiliaires François viennent se rendre à la merci du roi des Goths. On trouve la retraite des rebelles pleine des trésors et des vases des églises qu'ils ont pillés pour fournir aux frais de la guerre. Ainsi se termina cette guerre civile imprudemment conçue,

entreprise avec audace, soutenue avec foiblesse. 673.
Les rebelles, prévenus et surpris par le vainqueur, avoient eu à peine le temps de se reconnoître. Vamba, aussi habile que généreux, fit traiter honorablement les François qui étoient venus à la solde du parti, il les renvoya dans leur patrie, charmés de sa générosité et de ses bons traitemens. Il fit mettre à part les chefs des factieux et les confia à la garde de ses troupes. Il fit rechercher les trésors des églises, afin de les replacer dans les lieux saints d'où ils avoient été enlevés. Paul et les autres chefs faits prisonniers dans les villes, furent ensuite représentés et jugés devant le tribunal du prince et des seigneurs, c'est-à-dire, dans l'assemblée de la nation, suivant les lois des Goths et les canons des conciles. Ils furent interrogés par le prince assisté des Grands du palais, des officiers de l'armée, et entouré de ses milices. On représenta les actes du serment fait à Vamba lors de son sacre, que Paul avoit confirmés de son seing, ainsi que les principaux rebelles. On lui opposa l'acte du serment qu'il avoit fait prêter à Narbonne, et par lequel ses complices s'étoient engagés à lui garder fidélité, à combattre jusqu'à la mort pour maintenir son élection et pour déposséder le roi Vamba. On lut le canon du quatrième concile de Tolède qui prononçoit des anathèmes contre

673. ceux qui conspiroient et qui manquoient à la foi due au prince. Puis les rebelles furent condamnés à la peine capitale, à moins que le prince ne voulût leur faire grâce de la vie. Mais l'assemblée déclara en même temps qu'il ne pourroit leur remettre la peine capitale qu'à la condition de leur faire arracher les yeux. Vamba, suivant la parole qu'il avoit donnée à l'évêque de Narbonne, leur accorda la vie; il se contenta de les punir par la perte des yeux. Comme le bruit se répandoit toujours qu'un corps considérable de François marchoit sur la Septimanie, Vamba s'arrêta autour de Nîmes à la tête de son armée, pour protéger le pays en cas d'invasion. Il resta ainsi campé durant quatre jours, à attendre les mouvemens de l'ennemi.

Cependant la présence des Goths et de leur roi dans la Narbonnoise alarmoit les provinces limitrophes. L'empire des Francs étoit alors plongé dans le plus affreux désordre. Le jeune roi Childéric fut assassiné vers ce même temps avec son épouse, victime des séditions des Grands. C'étoit au milieu de cette anarchie que les gouverneurs des frontières, presque indépendans des ordres de la Cour, avoient envoyé quelques secours aux rebelles, soit par l'effet d'une jalousie naturelle contre les Goths leurs voisins, soit pour trouver une occasion de gain dans les troubles de la Narbonnoise. Toutefois la paix subsistoit toujours entre les deux nations. La sage politique du roi Vamba qui, en punissant les rebelles, vouloit éviter de rompre avec les François ; et peut-être encore ses bons procédés envers les auxiliaires tombés en son pouvoir, empêchèrent qu'il n'éclatât sur cette frontière aucun mouvement considérable. Tandis qu'il étouffoit dans Nîmes les restes de la rebellion, le secours des François ou des milices d'Aquitaine que Paul avoit attendu, s'étoit mis en marche. Mais la prompte soumission des rebelles avoit déconcerté toutes les mesures prises avec ces auxiliaires. Le duc Lupus, un des gouverneurs de la frontière, commandoit ce parti. Il avoit poussé jusqu'à Béziers dont il ravageoit le territoire. Cinq jours s'étoient écoulés depuis l'entière reddition de Nîmes, lorsque Vamba fut instruit de la marche de ces nouveaux ennemis. Il alla aussitôt à leur rencontre. Le duc Lupus ne l'attendit pas. Apprenant de son côté la soumission des rebelles, et se sentant trop foible contre une armée royale victorieuse, il ne pensa qu'à la retraite. Il s'échappa précipitamment, abandonna sur la route une partie de son bagage, de son butin, et même de ses soldats qui ne purent le suivre. Vamba délivré de cette incursion, rentra en vainqueur à Narbonne. Ce sage prince se voyant alors maître paisible de la

673.

673. Narbonnoise, s'occupa de rétablir l'ordre et les lois dans cette province livrée durant près d'un an à la tyrannie et aux caprices des factions. Il fit relever les murs des villes, y plaça de bons gouverneurs; il remédia aux maux des peuples par ses libéralités, sa clémence, et par les bonnes dispositions qu'il prit pour la défense du pays. Il en arracha les dernières semences des séditions et des révoltes. Il chassa les Juifs rappelés par le comte Hildéric qui le premier avoit levé l'étendard de la rebellion.

Ayant ainsi pourvu à tout avec sagesse et laissé des garnisons dans le pays, il licencia le reste de son armée. Il reprit le chemin de l'Espagne et rentra dans la ville royale six mois après qu'il en étoit sorti. C'étoit dans ce court intervalle qu'il avoit apaisé les révoltes de la Cantabrie, de la Tarragonoise et de la Narbonnoise. En entrant à Tolède, il donna au peuple le spectacle d'une espèce de triomphe auquel servoient d'ornement le duc Paul et ses complices. Le chef des rebelles portant en tête une couronne de cuir noir, la tête rasée, les pieds nuds, traîné sur un chariot, précédoit ses complices qui le suivoient dans le même appareil, livrés à la dérision du peuple et à l'infamie. Vamba régna encore sept ans en paix et avec gloire. Il assembla, dans la quatrième année de son règne, en 675, le onzième concile de Tolède, après un intervalle de dix-huit ans écoulés depuis le dernier, tenu sous le roi Récésuinthe. Ce concile fixa, comme on croit, d'une manière certaine, les droits et la juridiction ainsi que la démarcation des sièges épiscopaux. Du moins est-il certain que cette réforme fut le fruit du zèle pieux de Vamba. Il donna par là la paix à l'Église d'Espagne, troublée par les usurpations et les envahissemens qu'avoient faits des sièges sur d'autres. Le même concile dressa des canons contre la corruption des prélats qui, à l'exemple de ceux des Gaules dont nous avons souvent parlé, et par l'introduction des Barbares dans les honneurs de l'épiscopat, avoient pris les vices et les mœurs violentes des conquérans. Les meurtres, les rapts, les séductions n'étoient point des crimes inconnus dans le sanctuaire ; ces excès avoient besoin d'être réprimés chez les évêques par les canons des conciles, par les anathêmes et la déposition. C'est à quoi il fut pourvu dans cette assemblée. On remarque que, sous ce règne, les Arabes qui avoient déjà fait de grands progrès en Afrique, comme nous le dirons plus loin, parurent pour la première fois sur les côtes d'Espagne. Les Sarrasins montés sur deux cent soixante-dix bâtimens, abordèrent, dit-on, sur ces côtes, commencèrent à exercer des pillages, à massacrer des habitans. Mais le roi ayant envoyé

Divis. Episc. Narbonn. apud Bouquet. Fleury, xxxix, 52.

Vasæi chr.

des troupes à leur rencontre, ces pillards furent pris ou taillés en pièces et leurs bâtimens livrés aux flammes. Ainsi Vamba occupa le trône avec autant d'honneur qu'aucun des rois qui l'avoient précédé. La fortune dont il s'étoit défié à bon droit en montant sur le trône, l'abandonna à la fin, mais sans nuire à ses vertus. Ces vertus du prince et la gloire de son règne, n'empêchèrent point qu'il ne perdît le trône, comme la plupart de ses prédécesseurs ; mais peut-être d'une manière encore plus déplorable pour le monarque, plus honteuse pour les grands et les prélats auteurs de la conjuration.

Chron. Reg. Goth. Isid. Pac. Roder. Tolet. Vasæi chron. Fleury, hist. eccl. XL, 29.

Le comte Ervige, parent du roi Chindasuinthe, avoit été élevé dans le palais. Il jouissoit d'une grande autorité dans le royaume et étoit parvenu aux premiers honneurs à la Cour des rois Goths. Son père Ardavaste, Grec de nation, ayant été exilé par l'empereur, étoit venu se réfugier en Espagne. Il avoit été accueilli par le roi Chindasuinthe, comme un homme de naissance et de réputation. Cet usurpateur qui avoit besoin d'appuis contre la haine et les complots des grands avoit admis cet étranger dans sa familiarité et dans sa faveur : il lui avoit fait même épouser une de ses proches parentes. Ervige fut le fruit de cette union. Élevé sous les yeux de Chindasuinthe, il avoit encore accru sa fortune sous le gouvernement de Récésuinthe son fils, et il se trouvoit alors au plus haut point de crédit dont pouvoit jouir dans l'État un seigneur de la nation, proche parent des derniers rois. Son ambition ne s'en contenta point. Mais plus habile que le duc Paul, ce ne fut point par des éclats imprudens, par des complots mal ourdis qu'il tenta de ruiner un prince solidement établi et vainqueur des factions. Il conspira d'une manière plus sourde, et dont il étoit moins facile de se garantir. Il gagna sous main une partie de la noblesse et du clergé, par l'artifice, les dons, les caresses ou les bienfaits. Sans se proposer ouvertement de renverser Vamba du trône par violence, il disposa si bien les choses qu'il avoit un parti tout prêt à servir ses desseins, à la première voie qui s'offriroit de le supplanter. Vamba, comme nous l'avons vu, étoit parvenu au trône dans un âge avancé. Il arriva qu'il perdit la mémoire à la suite d'une maladie dont il fut atteint, ou, comme le prétendent les historiens, par l'effet d'un breuvage qu'Ervige lui avoit fait prendre. A l'affoiblissement de la mémoire succéda bientôt une espèce de trouble et d'aliénation d'esprit. Les grands du palais, dévoués d'avance à Ervige, exagérèrent à dessein les tristes effets de cette maladie; ils déploroient le sort de l'État confié à un prince dont l'esprit avoit perdu sa force et sa lumière par un mal subit dont on ignoroit la cause. Dans ces conjonctures, Quiricus archevêque de Tolède, sous prétexte du danger que couroit le roi de tomber dans un état pire sans avoir reçu les secours de l'Église, proposa de concert avec les grands de lui administrer les sacremens. Il lui donna la pénitence et le revêtit en leur présence de l'habit monastique. Vamba étant revenu à lui et ayant recouvré sa raison, le prélat lui fit sentir qu'il devoit, selon la loi de Dieu et de l'Église et les décrets du sixième concile de Tolède, persister dans l'état de pénitence que l'Église lui avoit imposé. En effet un canon de ce concile ordonnoit que ceux qui après avoir reçu la pénitence publique, s'y soustrairoient pour reprendre l'habit séculier, seroient arrêtés par l'évêque, soumis malgré eux aux lois de la pénitence ecclésiastique, et enfermés dans des monastères. Que si l'on ne pouvoit employer la contrainte et qu'ils parvinssent à se dérober à cette loi, ils seroient excommuniés jusqu'à ce qu'ils rentrassent dans leur premier état. Les seigneurs qui s'étoient rendus déjà tout-puissans dans le palais d'un prince infirme, appuyèrent la voix du prélat; et le foible vieillard, soit par dégoût du trône où il n'étoit monté que malgré lui, soit scrupule et délicatesse de conscience, soit encore par l'effet de cette violence

Fleury, hist. eccl. xxxviii, 14.

qu'on lui faisoit dans sa propre Cour au nom de la religion, entouré du métropolitain et des grands du royaume et seul au milieu de tant d'efforts réunis contre lui, ne put résister à cette nouvelle espèce de conjuration. Il parut céder sans peine, témoigna en vrai fidèle le dessein de persister dans sa pénitence, de conserver l'habit de la religion qu'il avoit reçu et de déposer le sceptre. On dressa sur-le-champ un acte de cette renonciation en présence des seigneurs devant lesquels il avoit reçu la tonsure et l'habit monastique. Par cet acte, Vamba renonça solennellement au royaume, déclarant le désir qu'il avoit qu'Ervige fût reconnu à sa place, et le nommant lui-même pour lui succéder. Cet acte fut souscrit par le roi et par les seigneurs en l'an 680, neuvième de son règne. Au moyen de la renonciation du roi Vamba et de l'élection des grands notifiée dans ce même acte, Ervige fut reconnu roi des Goths. Du reste Vamba, en descendant du trône, montra la même vertu et la même noblesse de caractère qui avoient signalé le cours de son règne. Il écrivit lui-même à Julien archevêque de Tolède, lequel venoit de succéder à Quiricus, une instruction relative à l'onction qui devoit être donnée au roi Ervige et aux soins que l'on devoit apporter à la célébration de cette cérémonie. Vamba accomplit fidèlement sa pénitence. Il se retira dans le monastère de **Pampliéga** près de Burgos où il vécut encore sept ans. Mais son règne est digne d'être remarqué comme le dernier éclair, pour ainsi dire, du génie de la nation des Goths, qui déjà bien affoiblie et dégradée par les factions intestines et les révolutions arrivées dans le fond même du gouvernement, ne fit plus que se corrompre rapidement, décliner et décroître. Ce fut ainsi qu'Ervige parvint au trône par une conspiration d'un genre tout nouveau, où l'autorité ecclésiastique concourut avec la perfidie des grands et fit servir à la déposition du prince les sacremens même de la religion.

Huit jours après la renonciation de Vamba, Ervige fut reconnu solennellement dans Tolède, et reçut l'onction des mains du métropolitain. Il convoqua aussitôt après, le douzième concile de Tolède qui s'assembla au commencement de l'année suivante, 681, où nous sommes arrivés. Il s'y trouva quarante-un évêques, cinq abbés et treize seigneurs. Il se proposoit, à l'exemple des derniers rois, d'y légitimer son usurpation et de la faire consacrer en quelque sorte par la voix de l'Église. Mais si les prédécesseurs d'Ervige s'étoient servis utilement de cet instrument sacré, on peut dire que jamais aucun prince ne trouva la voix de ces assemblées plus docile; car ceux qui y siégeoient étoient en partie, comme on peut croire, les auteurs même de son élévation. Il est encore vraisemblable que le zèle du roi Vamba pour la réforme de l'Église d'Espagne, l'avoit rendu odieux à plusieurs de ces prélats dont les mœurs étoient peu canoniques. Le nouveau roi présenta dans le concile un mémoire par lequel il prioit les évêques de lui assurer le royaume qu'il tenoit de leurs suffrages. « Nous voyons évidemment et par écrit, lui répondent les Pères, comment notre sérénissime prince est venu à la couronne. Nous avons vu la notice souscrite par les seigneurs du palais, devant lesquels Vamba a reçu l'habit de la religion et la tonsure; son décret où il désire qu'Ervige lui succède, et une instruction à notre vénérable frère Julien évêque de Tolède, où il lui marque avec quel soin on doit célébrer l'onction d'Ervige; et cet écrit est souscrit de la main de Vamba. Ayant lu toutes ces pièces, nous avons cru devoir y donner notre confirmation. C'est pourquoi nous déclarons que la main du peuple est déliée de toute obligation du serment par lequel il étoit engagé à Vamba; et qu'il doit reconnoître pour seul maître le sérénissime prince Ervige que Dieu a choisi, que son prédécesseur a institué, et, qui plus est, que tout le peuple a désiré. Quiconque s'élèvera contre lui, sera frappé d'anathême. » Puis afin d'exclure à jamais Vamba du trône et de lui ôter toute espérance d'y remonter, le concile ajoute par un second canon : « Il en est qui, étant revenus en santé, prétendent quitter la tonsure et l'habit de religion ; assurant impudemment qu'ils ne sont point tenus de ce vœu, parce qu'ils n'ont point demandé la pénitence. Mais comme le baptême, que les enfans ont reçu sans connoissance, ne laisse pas de les engager; ainsi ceux qui ont reçu la pénitence sans le savoir, l'observeront inviolablement et nous leur interdisons le retour à toute fonction militaire.» Au reste, dit un sage historien de l'Église, c'est le premier exemple d'une pareille entreprise des évêques, de dispenser les sujets du serment de fidélité fait à leur prince, et d'interdire l'exercice de la puissance temporelle sous prétexte de pénitence.

Fleury.

    Le but de la politique du nouveau prince fut de se faire des amis et des partisans de ceux que le dernier gouvernement avoit justement condamnés, d'attirer la faveur sur son administration en jetant la défaveur et le mépris sur celle du sage roi Vamba, en décriant les opérations de son règne et révoquant ses ordonnances. Ce fut dans ce dessein qu'Ervige, dans le treizième concile de Tolède assemblé en l'an 683, trois ans après celui qui l'avoit confirmé dans la royauté, fit rétablir dans leurs droits, leurs biens et leurs dignités, par la voix des évêques et apparemment aussi des grands (ces conciles représentant alors des assemblées générales de la nation) tous ceux qui avoient été condamnés comme complices de la révolte du duc Paul; et qu'en même temps, pour se concilier le peuple, il remit les arrérages des tributs qui étoient dus au fisc jusqu'à l'avénement du prince régnant. On y confirma tous les décrets du précédent concile. On attribue encore à Ervige la réforme et la ré- *Vasæi chron.* vision des anciennes lois des Goths. Ce prince parut affermir son usurpation par la même politique artificieuse qui l'avoit élevé au trône. Il tint le sceptre durant sept ans et jusqu'à sa mort qui arriva en l'an 687. Il eut pour successeur Égica son gendre, proche parent du roi Vamba. Ervige avoit donné à Égica sa fille Cisilone pour s'en faire un appui. Il craignoit, dit-on, que Théodefroi fils de Récésuinthe ne profitât de son nom, de la réputation de son père, des intérêts divers des factions et de la foiblesse d'un règne encore mal assuré pour en troubler les commencemens, attaquer les droits de sa couronne, ou du moins lui susciter des embarras fâcheux.

FIN DU TOME CINQUIÈME.

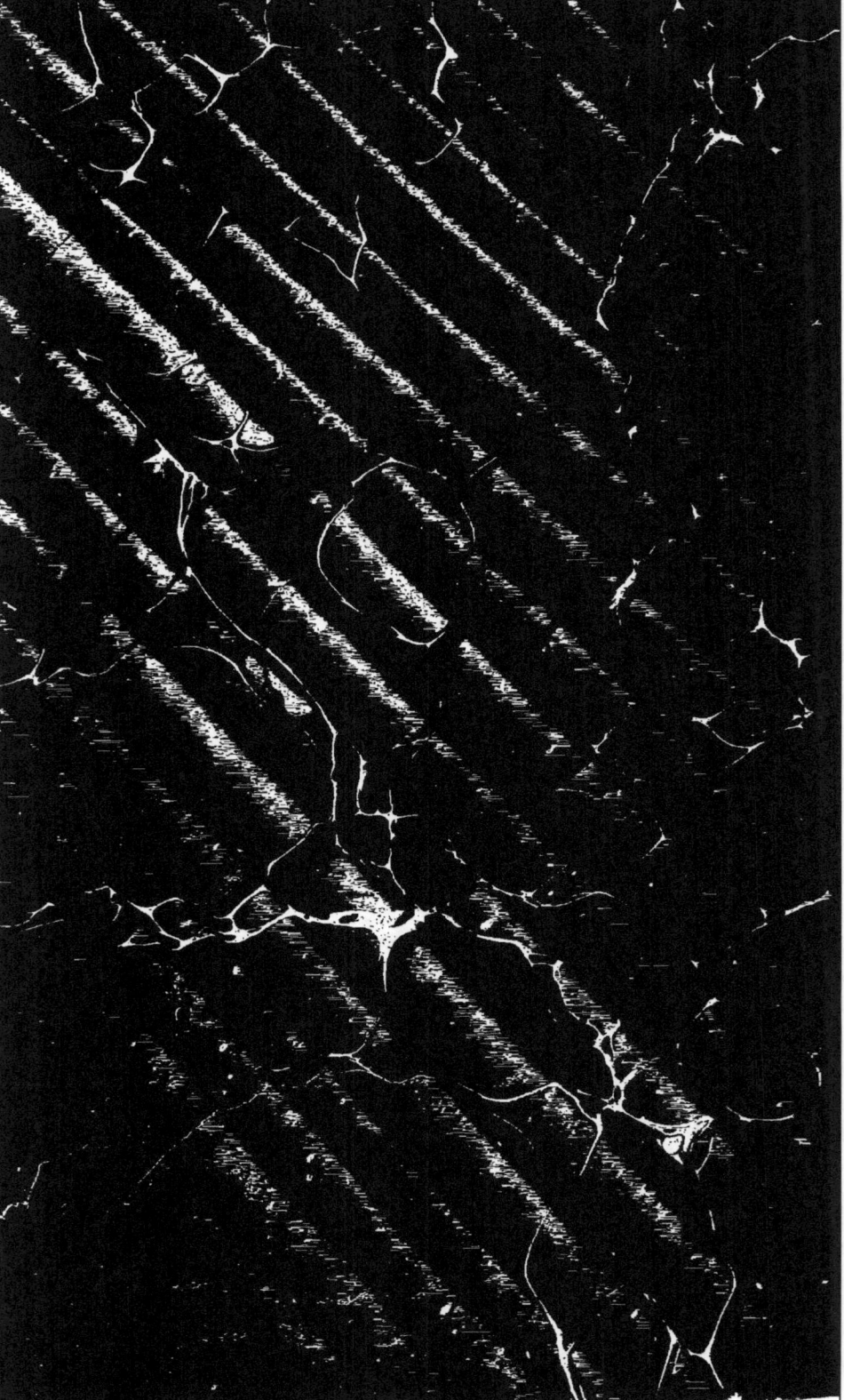